Extremos

Pedro Fernando Nery

Extremos

Um mapa para entender as desigualdades no Brasil

1ª reimpressão

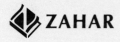

Copyright © 2024 by Pedro Fernando de Almeida Nery Ferreira

Grafia atualizada segundo o Acordo Ortográfico da Língua Portuguesa de 1990, que entrou em vigor no Brasil em 2009.

Capa
Bloco Gráfico

Preparação
Mariana Pinheiro e Moreira
Tatiana Custódio

Índice remissivo
Luciano Marchiori

Revisão
Angela das Neves
Nestor Turano Jr.

Dados Internacionais de Catalogação na Publicação (CIP)
(Câmara Brasileira do Livro, SP, Brasil)

Nery, Pedro Fernando

Extremos : Um mapa para entender as desigualdades no Brasil / Pedro Fernando Nery. — 1ª ed. — Rio de Janeiro : Zahar, 2024.

ISBN 978-65-5979-161-3

1. Brasil – Condições sociais 2. Desigualdade – Brasil 3. Desigualdade social 1. Título.

23-184877   CDD-305.50981

Índice para catálogo sistemático:
1. Brasil : Desigualdade social : Sociologia 305.50981

Aline Graziele Benitez — Bibliotecária — CRB-1/ 3129

Todos os direitos desta edição reservados à
EDITORA SCHWARCZ S.A.
Praça Floriano, 19, sala 3001 — Cinelândia
20031-050 — Rio de Janeiro — RJ
Telefone: (21) 3993-7510
www.companhiadasletras.com.br
www.blogdacompanhia.com.br
facebook.com/editorazahar
instagram.com/editorazahar
twitter.com/editorazahar

É um bom momento para os inquietos.

PAPA FRANCISCO[1]

Sumário

Prólogo   9

1. Pinheiros, o lugar mais desenvolvido   15

2. Ipixuna, o lugar menos desenvolvido   44

3. Morumbi, o bairro em que se vive mais   77

4. Mocambinho, o bairro em que se vive menos   110

5. Distrito Federal, a unidade mais rica da Federação   140

6. Maranhão, o estado mais pobre   170

7. Nova Petrópolis, a cidade com mais aposentados   200

8. Severiano Melo, a cidade com mais auxílio
   emergencial   229

Epílogo   265

Agradecimentos   267
Notas   269
Índice remissivo   353

Prólogo

A CORDELISTA ESCREVIA MAIS durante a pandemia: "Esse período foi de sensibilidade maior". Magaly acabara de inaugurar a cordelteca da cidade quando o vírus surgiu. Foi um pouco depois, ainda ali em 2020, que conversamos. Contou que as "alampianas" — como são conhecidas as integrantes da Associação Literária e Artística de Mulheres Potiguares (Alamp) — estavam produzindo aceleradamente.

Ela é professora e assistente social em Severiano Melo, no sertão do Rio Grande do Norte. Proporcionalmente à sua população, esse pequeno município foi onde mais pessoas receberam o auxílio emergencial de seiscentos reais pago durante a crise provocada pela pandemia do coronavírus — mais que em qualquer outra cidade do Brasil. Magaly define Severiano como "um canto simples, mas de pessoas acolhedoras".

"Para a pessoa que não tem, qualquer ajuda é importante", diz ela. Magaly elencou os efeitos positivos do auxílio emergencial na cidade, principalmente para as crianças: "Nós temos muitas situações em que a criança vai para a escola não só buscar a escolaridade. Ela vai porque o pai tem certeza de que cedo elas estão alimentadas". Com escolas fechadas, não havia comida.

A professora disse que os seiscentos reais ajudaram também os alunos a fazer as atividades passadas pela escola durante o isolamento. "Muitas famílias [precisam] até para o próprio material de apoio escolar. Elas usam os recursos para isso." Magaly tinha medo de que as famílias não conseguiriam fazer as atividades em casa, por exemplo, se precisassem de algo tão simples quanto uma cartolina.

Severiano Melo não é só o município com o maior percentual de habitantes que sacaram o auxílio emergencial: ele já liderava o ranking anterior do Bolsa Família, valor muito menor, substituído temporariamente pelos seiscentos reais. Conhecido como Terra do Caju, esse município do Semiárido brasileiro tinha sido afetado pela longa seca da década anterior. "Teve peste de mosca e tudo", lembra Magaly.

Se as dificuldades do município pré-pandemia podem ser explicadas pela peste da mosca-branca, a cordelista demonstra incômodo com os números sobre a cidade. No caso do auxílio emergencial, a quantidade de beneficiários era maior que a população de Severiano segundo o Instituto Brasileiro de Geografia e Estatística (IBGE), numa razão entre auxílios e habitantes de 120%.

A causa é Itaú, explica Magaly.

Itaú e Apodi, mais especificamente, os municípios ao lado. É que comunidades nas divisas entre eles e Severiano têm sua população oficialmente contabilizada como sendo dos vizinhos, mas os habitantes se sentem pertencentes a Severiano. É lá que dizem que moram quando pedem um benefício social ou se registram para votar. Daí que a cidade com frequência é notícia por ter mais eleitores ou beneficiários de programas sociais do que habitantes, algo visto como indício de fraude pelos jornais. Assim "não é nada bacana virar manchete". Magaly não parece achar que esses rankings, em que a cidade

Prólogo

aparece como campeã, refletem a realidade do local. Nos seus cordéis, a região é até associada a fartura. Ressalta a riqueza da vida comunitária, as trocas de favores e o que chama de olhar para o outro.

O que a "entristece" mais, no entanto, é que Severiano seja visto como um local de corrupção. Conta que o problema dos números já virou tema para cordel: "Tem um em que eu digo que os números da minha cidade nem todos vão entender". As manchetes contariam uma história errada de cidade onde "ainda existe muito aquela questão da honradez, da palavra".

Conheci Magaly pelo Instagram. O encontro virtual, diante da impossibilidade de viajar no auge do isolamento social, supriu em parte meu desejo de saber mais de pessoas e lugares que tecnocratas como eu, servidor federal, somente imaginam a partir de dados do IBGE ou outras fontes. É uma inquietação que vem de anos e se mistura com uma síndrome do impostor. Quantos títulos me qualificam para opinar sobre brasileiros com os quais não convivo? Ou qual o efeito real do trabalho que fazemos sob o ar-condicionado na capital?

A curiosidade com a pequena cidade no Sertão foi despertada por um colega de Brasília, depois de trabalharmos em uma solução para uma grande ampliação do auxílio emergencial no Senado. Ele passou a repetidamente me enviar relatos do alcance do benefício e sua importância na vida das pessoas durante a pandemia. Sugeria que nosso trabalho importava.

Na minha planilha, era Severiano Melo o município brasileiro onde mais pessoas tinham sido beneficiadas pela ampliação do auxílio. Eu queria ir até lá.

Usei a busca por local e cheguei a registros fotográficos feitos durante a pandemia por pessoas que se marcaram na cidade no aplicativo. Magaly postara assim uma foto que se destacava e que me intrigara. Segurava um cartaz com os dizeres:

SOMOS MUITAS
Magaly Holanda
CORDELISTA
Severiano Melo — RN
#CORDELSEMMACHISMO

Ela me explicou que a foto era uma campanha de um grupo recém-formado de mulheres nordestinas que se dedicam ao cordel: o Cordel das Rosas. Tentam superar o predomínio histórico do homem na atividade. Como as alampianas, o grupo interagia virtualmente — não livre de problemas de conexão. De um sítio onde postava fotos acompanhando seus cordéis na quarentena, Magaly comentava bem-humorada que as tecnologias não conspiravam a favor dos trabalhos dos grupos on-line de cordel.

Considerava que hoje em dia há, na verdade, muitas oportunidades na região — quando comparado à época em que era jovem. Os irmãos mais velhos tiveram que trabalhar nas plantações para que a família tivesse comida — só os mais novos puderam estudar. Ela comemora programas de transporte escolar, incentivo à leitura, uma escola de ensino médio. Um sinal de progresso para ela: já há médicos nascidos na cidade.

De fato, pelo Índice de Desenvolvimento da Educação Básica (Ideb), Severiano Melo tem batido suas metas. Supera os

Prólogo

resultados da capital do estado, Natal, e, a depender do ano escolar, até mesmo do município de São Paulo. Não são resultados espetaculares — é apenas intermediária, por exemplo, no ranking das cidades de sua microrregião, Pau dos Ferros. Contudo, por destoarem da situação econômica da cidade, são resultados que dão esperança de um futuro melhor. Mas Magaly não está satisfeita com as melhoras desde a sua juventude. Pede mão de obra especializada para os alunos, como profissionais para apoio psicossocial e terapia ocupacional, em falta na região: "Ainda tem que fazer muito".

Ao fim da pandemia, pude finalmente ir a Severiano Melo e andar pelo município. Esse e outros percursos comporão este livro, cobrindo oito destinos, pelas cinco regiões do país. Será, assim, um itinerário de viagens a extremos de um Brasil desigual.

O projeto é inspirado em *Extreme Economies*, de Richard Davies, e, como o meu título sugere, iremos aos limites da realidade brasileira. No primeiro capítulo, para o lugar com qualidade de vida mais alta. Na sequência, para o lugar com qualidade de vida mais baixa. Depois, vamos mudar os temas e a amplitude de nossas áreas. O bairro em que se vive mais. O bairro em que se vive menos. A unidade da Federação mais rica. A mais pobre. A cidade com mais aposentados. A cidade com mais auxílio emergencial.

Cada ponto de nosso itinerário permitirá compreender pautas relevantes e discutir um conjunto de propostas para mudar o Brasil. Que esse turismo de estatísticas traga novos ângulos sobre a nossa desigualdade e torne menos áridos os números de nossa distribuição de renda e das reformas econômicas, como a tributária, a administrativa ou a previdenciária.

Veremos que não somos só um país desigual, mas um país profundamente injusto: há ainda muito o que os governos e as legislaturas podem fazer para tornar o Brasil melhor. Nos destinos que visitaremos, vamos entender também as ideias — muitas vezes polêmicas — para mudarmos essa realidade.

Sigamos então, até o encontro com Magaly, na última parada.

1. Pinheiros, o lugar mais desenvolvido

EU ESPERAVA VER MAIS PATINETES. Eles marcaram, nos últimos anos, a Faria Lima, ladeada por combos de arranha-céus onde estão empresas líderes da economia nacional. Nessa avenida, poucos minutos separam os endereços de vários grandes bancos, as sedes de *big techs* no Brasil e escritórios de faturamento alto — de advocacia a *assets*. Há edifícios com lobbies espaçosos e pés-direitos altos, muitos de construção recente.

Estamos em uma área de São Paulo, cidade que tem o maior Produto Interno Bruto (PIB) do Brasil, onde se concentram bairros líderes em desenvolvimento humano. Uma área ao redor da avenida Brigadeiro Faria Lima, mas que certamente não se resume a ela. Nesse lugar habitam moradores que vivem bem, têm elevado nível educacional e contam com rendas altas. Um extremo do Brasil.

Esse lugar é Pinheiros — como podemos chamar, de acordo com a divisão administrativa da cidade, um conjunto de bairros prósperos e valorizados, que inclui o homônimo Pinheiros, o Itaim Bibi, a Vila Olímpia, o Brooklin Novo ou os Jardins.[1] Essa subprefeitura é uma mancha de alto desenvolvimento humano na Zona Oeste da metrópole: uma característica que, segundo as estatísticas oficiais, se vê também em lugares de outras cidades ricas do Brasil. Nesse sentido, podemos pensar na Zona Sul do Rio de Janeiro ou no Plano

Piloto de Brasília, ambos clusters de bairros desenvolvidos, segundo o ranking do *Atlas do desenvolvimento humano*.[2]

Será Pinheiros agora a nossa ilustração de qualidade de vida altíssima, padrão marcado por ótimo acesso a informação, infraestrutura, bens e serviços — inclusive culturais. No jargão técnico, o que também poderia ser chamado de alto desenvolvimento humano. De fato, na última versão do *Atlas* eram espaços ao longo de Pinheiros que lideravam o Índice de Desenvolvimento Humano (IDH) no Brasil — com resultados comparáveis aos de Noruega, Suíça ou Hong Kong. Uma das ilhas de bem-estar em um país onde muitas famílias lidam com privações de todo tipo.

O elevado poder aquisitivo é visível nos estabelecimentos sofisticados da área, que abriga inclusive um dos endereços comerciais mais caros do mundo.[3] A oferta de alguns produtos às vezes lembra mesmo o arquétipo *"farialimer"*. Devem ser poucos os lugares do país em que é possível almoçar em uma "tartuferia". Ou tomar um sorvete sabor mascarpone com figo. Há coisas expressamente exclusivas, únicas. Uma hamburgueria anuncia que tem "o primeiro *ultrasmashed* do Brasil" e uma concorrente se vende como "a primeira hamburgueria 100% *wagyu* certificado BR" — preço dos sanduíches: a partir de cinquenta reais. Uma padaria é especializada em pães com "farinhas certificadas francesas". E é como se no Brasil até o luxo fosse burocrático.

Inspirados por essa área de São Paulo, podemos começar a analisar a desigualdade do nosso país. Muito se fala sobre o Brasil ser um país muito desigual, quer dizer, um país onde muito do dinheiro fica com poucos. Mais que isso, é comum ouvirmos também que o Brasil é um dos países mais desi-

Pinheiros, o lugar mais desenvolvido 17

guais do mundo. Isso é verdade? Para tomarmos pé nessa discussão, é importante trazermos alguns números sobre nossa distribuição de renda. Ademais, tenho perguntas que quero responder: como essa desigualdade evoluiu nos últimos anos, ou décadas? Ela tem caído ou tem piorado?

Pode ser fácil se perder entre tantos indicadores e números, mas o spoiler é este: o Brasil é muito desigual, está sim no grupo dos países mais desiguais do mundo e a desigualdade de renda não caiu de forma relevante nos últimos tempos. Além disso, passamos por uma crise econômica brutal com a pandemia, que foi mais dura para os mais vulneráveis.

Comecemos pelo começo, com os números.

Um microcosmo do mundo

Temos toda a riqueza e toda a pobreza do mundo no Brasil. Esse é o tamanho de nossa desigualdade. Nossos ricos ombreiam com ricos americanos, chineses ou franceses. E nossos miseráveis pareiam com pobres congoleses, indianos ou uzbeques. Como explica Branko Milanović, um dos principais especialistas mundiais em desigualdade, o Brasil sintetiza a própria desigualdade que existe no mundo:

> O Brasil, com sua distribuição de renda desigual, cobre praticamente a totalidade do espectro global, indo do porcento mais pobre ao mais rico. Pode, portanto, ser visto como um microcosmo do mundo [...]. O Brasil tem [...] algumas das pessoas mais pobres e algumas das pessoas mais ricas do mundo.[4]

Nesta introdução, já vemos um tipo de cálculo comum a outros especialistas, que para analisar a desigualdade dividem a população em percentuais. Funciona assim: os habitantes de algum lugar — como um país — são classificados de acordo com sua renda, em um ranking que vai do mais pobre ao mais rico (ou vice-versa). Essa fila pode ser repartida em vários grupos, como em cem grupos, e nesse caso, cada grupo tem 1% da população. Podemos falar assim, por exemplo, do 1% mais rico da população.

Esse tipo de divisão permite a extração de uma informação simples, como o quanto do dinheiro do país fica com esse 1% mais rico e quanto fica com os 99% restantes.[5] Para o Brasil, a análise da apropriação da renda pelo 1% mais rico revela uma desigualdade alta, quando comparada com outros países, e persistente, quando cotejada com a nossa história. Em um trabalho recente e bastante premiado, o pesquisador Pedro Ferreira de Souza — do Instituto de Pesquisa Econômica Aplicada (Ipea) — fez um esforço inédito de identificar a parcela do 1% no Brasil ao longo de décadas.

Em *A desigualdade vista do topo*,[6] ele mostra que essa fração teria aumentado bastante em nossas ditaduras, a militar e a de Vargas. Ela cede, mas não completamente, nos momentos democráticos.[7] Por quase todo o período analisado, entre 1926 e 2013, a fração recebida pelo 1% mais rico foi superior a 20% de toda a renda nacional. Quer dizer, de cada cinco reais gerados pela sociedade, ao menos um real vai só para este 1%.

O que é ainda mais desesperador é a ausência de tendência de melhora — ou seja, a fatia recebida pelos 99% restantes não tem aumentado. Mesmo após a luta pela redemocratização e a Constituição de 1988, a fração do 1% mais rico tem ficado

Pinheiros, o lugar mais desenvolvido

relativamente estável — sem apresentar queda continuada e, nos picos, chegando a quase 30% do total.[8] Mais importante do que se ater ao número exato é perceber que a concentração de renda nessa elite não caiu nas primeiras décadas deste século, e é bastante alta na comparação internacional. Não pode, assim, ser normalizada. Como é possível que quem tem peso de um na população tenha peso maior que vinte na renda?

Nas projeções do Programa das Nações Unidas para o Desenvolvimento (PNUD), o Brasil teria sido o quinto país mais desigual na década passada — por essa métrica.[9] A apropriação do 1% mais rico só seria mais gorda no Maláui, na República Centro-Africana, em Moçambique e no Catar — em uma amostra de quase 120 países.[10]

Para 2022, as estimativas do Laboratório da Desigualdade no Mundo eram de uma captura de 27% da renda pelo 1% no Brasil.[11] Esse é um nível equivalente ao de outros países latino-americanos desiguais, como Chile e México, mas bem acima do da Argentina, por exemplo (18%). E é o dobro dos números de Austrália, Alemanha ou Japão, ou o triplo do da Itália. Nosso 1% fica com muito mais da renda nacional do que acontece em países cuja desigualdade é mundialmente famosa, como a Índia das castas (22%) ou a Coreia do Sul de *Parasita* e *Round 6* (15%).

E se olharmos ainda mais para o topo? Por exemplo, para o grupo dos 0,1% brasileiros mais ricos? Esses são aqueles que farão parte do grupo mais rico se dividirmos a população em mil grupos de acordo com sua renda. São cerca de 200 mil pessoas. Segundo Marc Morgan, pesquisador da Universidade de Genebra, o quinhão desses brasileiros esteve acima de 12%

durante esse começo de século, até 2015. A porção recebida por este 0,1% foi equivalente à dos 50% mais pobres, ou seja, a metade mais pobre. Contemple isso: a regra no nosso país tem sido as 200 mil pessoas mais ricas ficarem com a mesma renda que os 100 milhões mais pobres.

Essas diferentes medidas apontam para uma elevada concentração de renda na elite brasileira, em particular em um grupo de poucos brasileiros que poderíamos chamar de super-ricos.

Onde você está?

Outra forma de entender nossa profunda desigualdade é vendo que nível de renda está associado a cada parte da distribuição de renda. Onde fica quem ganha 5 mil reais por mês? E 40 mil reais? Quanto é preciso ganhar para estar no 1% mais rico? Ou no 0,1%? E aqueles que ganham um salário mínimo, onde estão? Qual é a renda necessária para se sair da metade mais pobre dos brasileiros?

Uma renda de 5 mil reais mensais coloca um brasileiro entre os 20% mais ricos do país, nas estimativas da World Inequality Database.[12] Com 8 mil reais, mais ou menos o teto máximo das aposentadorias do INSS (o Instituto Nacional do Seguro Social), um indivíduo estaria entre os 10% mais ricos. E com 15 mil reais, dentro dos 5%.

Com cerca de 40 mil reais ao mês, um indivíduo estaria no 1% mais rico. O sarrafo para entrar no clube do 0,1% é mais alto: 150 mil reais mensais. Essa talvez possa ser chamada de "linha de extrema riqueza". (Certamente há chance maior de esbarrar com alguém deste clube ao redor de Pinheiros.)

Já quem recebe o salário mínimo ainda seria menos pobre que 33% da população. Com menos de 2 mil reais, já estaria na metade mais rica dos brasileiros — este é o valor aproximado que dividiria em duas a fila dos brasileiros classificados por sua renda. E, para sair do quinto mais pobre dos brasileiros, isto é, dos 20% mais pobres, basta uma renda mensal de novecentos reais.[13] Pelo menos 40 milhões de brasileiros estariam vivendo com menos que isso.

Por imputar valores para construir a distribuição de renda, a fonte que usamos para a comparação dos últimos parágrafos pode ter um viés para cima. Sendo esse o caso, na prática seriam menores os valores de entrada para algum percentual da distribuição (5% mais rico, 1% mais rico etc.). Podemos usar então, como contraponto, outra fonte: a famosa calculadora do Nexo Jornal.[14] Ela tem um viés em outra direção, para baixo, já que considera apenas a renda que as pessoas informam em pesquisas feitas pelo IBGE,[15] e não dados efetivos do imposto de renda, por exemplo.

Nesse cálculo, uma renda de 5 mil reais mensais colocaria alguém mais acima da distribuição de renda — já perto dos 10% mais ricos.[16] Com 8 mil reais mensais, já dentro dos 5% mais ricos. Com 15 mil, dentro dos 2% mais ricos. Para entrar no 1% mais rico, não seriam precisos mais que 20 mil reais por mês.

Alguém ganhando o salário mínimo estaria melhor do que 46% da população, que ganha menos do que isso. Para estar na metade mais rica dos brasileiros, 1800 reais seriam suficientes.[17] Uma renda de oitocentos reais por mês colocaria o cidadão em situação mais favorável que a de mais de 40 milhões, ou seja, do que os 20% mais pobres.

Apesar das discrepâncias desses dois exercícios que fizemos para a distribuição de renda no Brasil, podemos afirmar com tranquilidade que eles mostram realidades em comum. Por exemplo: servidores que receberem salários perto do teto remuneratório do serviço público estariam no 1% mais rico, assim como aposentados próximos ao teto do INSS pertenceriam ao grupo dos 10% mais ricos. Ainda, uma renda menor de 1,5 salário mínimo poderia até colocar alguém na metade mais rica da população.[18]

As duas comparações, embora diferentes, ratificariam todas essas afirmações. Seja como for, não é preciso se prender fielmente a esses números, sobretudo depois da crise econômica provocada pela pandemia — que, como veremos, chacoalhou padrões anteriores. Os números servem como uma bússola para nos ajudar a navegar pela desigualdade e suas tantas camadas no Brasil.

Copo meio cheio: medidas que mostram progresso

Não há uma única forma de medir desigualdade:[19] há várias — e algumas mostram que houve progressos nas últimas décadas. O interesse pode não ser apenas a concentração no topo, nosso foco até agora, mas uma medida mais "ampla" de desigualdade — como o famoso índice de Gini.[20] Esse é um indicador mais comumente divulgado pela imprensa, em geral como um número entre 0 e 1 (quanto mais próximo de 1, mais desigual é a distribuição de renda). O índice de Gini, ao contrário de outros indicadores que vimos, de fato melhorou nas últimas décadas no Brasil.

Pinheiros, o lugar mais desenvolvido

Nas estimativas de Pedro Ferreira de Souza, o Gini caiu de 0,75 nos anos 1980 para pouco acima de 0,60 na década passada. Já segundo Marc Morgan, houve queda nos primeiros governos do PT, de 0,64 para 0,62. Essa ligeira melhora no Gini, se analisada em conjunto com a manutenção da concentração no topo apresentada nas páginas anteriores, sugere alguma redistribuição de renda no Brasil. Só que, embora positiva para os mais pobres, ela não decorreu de perdas para os mais ricos: foram na verdade os grupos intermediários que perderam.

A desigualdade de renda, porém, não é a única que importa. Houve uma substantiva queda na desigualdade de consumo nas últimas décadas no Brasil. Isto é, os mais pobres passaram a ter acesso a serviços e produtos que antes só estavam disponíveis para os mais ricos. Segundo publicação do Fundo Monetário Internacional (FMI), assinada pelo pesquisador brasileiro Carlos Góes, houve convergência bastante considerável no acesso a energia elétrica, celulares, geladeiras, televisões, máquinas de lavar e computadores entre 2004 e 2014.[21]

Outra lente para examinar o Brasil das últimas décadas sem levar em consideração apenas a renda é por meio de indicadores de saúde e educação — áreas essenciais para o desenvolvimento do capital humano e para o bem-estar dos indivíduos. Recentemente, uma tentativa de reestimativa do índice de Gini levando em conta esses serviços públicos foi feita pelos professores Ricardo Paes de Barros e Laura Müller Machado, do Insper:[22] eles detectaram uma queda contínua da desigualdade até 2015. Fernando Gaiger, do Ipea, é outro pesquisador que também tem investigado essas chamadas "rendas não monetárias" que os mais pobres podem receber, e que teriam crescido neste século.[23]

Não podemos fugir, contudo, da conclusão de que não houve queda substancial da desigualdade de renda monetária nas últimas décadas no país. E que há, sim, muito para ser feito para que ela desça a patamares mais civilizados. A vida no Brasil ainda pode ser muito melhor para muita gente. As privações desses brasileiros, sabemos, ficaram ainda mais evidenciadas a partir do início de 2020.

A montanha-russa da pandemia

Em 2020, 12 milhões de brasileiros perderam seus empregos em um intervalo de poucos meses.[24] Boa parte destes se ocupavam informalmente no mercado de trabalho, e, assim, a chegada do coronavírus representou para eles não apenas um risco para a saúde, mas o de cair para a pobreza ou a extrema pobreza. Da diarista ao ambulante, as necessárias medidas de distanciamento afetaram subitamente o ganha-pão de muitos cidadãos. O golpe final veio com a aceleração da inflação em âmbito mundial em um segundo momento da pandemia, reduzindo ainda mais o poder de compra dos mais pobres: eles agora não só tinham menos dinheiro como seu dinheiro valia menos.

Assim, "nos acostumamos" em 2021 com manchetes sobre famílias buscando matar a fome com pés de frango ou entrando em filas para conseguir restos de ossos de boi.[25] Ficou fácil esquecer a rápida e acentuada melhora na pobreza, extrema pobreza e desigualdade de renda — que caíram para

Pinheiros, o lugar mais desenvolvido 25

níveis historicamente baixos em 2020 quando foi concedido o auxílio emergencial completo, com valores entre seiscentos e 1200 reais (o teto para mãe solo), destinados a todos os brasileiros com menos que meio salário mínimo de renda e sem emprego formal (observado o limite por família). Mais de 60 milhões de cidadãos receberam os pagamentos.

Subitamente, a desigualdade de renda medida pelo índice de Gini teria caído mais de 10%, estimaram Rogério Barbosa e Ian Prates, pesquisadores da Universidade de São Paulo (USP).[26] Logo em seguida, porém, nos primeiros meses de 2021, quando houve uma piora nos números de contágios e mortes, o auxílio não foi pago. Como a vida cotidiana não voltou plenamente ao normal, a ocupação dos mais pobres continuou prejudicada. Junto com a alta dos preços, isso fez com que observássemos em 2021 um aumento da miséria tão intenso que voltamos a falar de fome no Brasil.

A inflação é uma média ponderada do aumento de preços. Sendo uma média, isso significa que a variação do custo de vida para cada pessoa pode ser maior ou menor do que a inflação registrada — a depender de sua cesta de consumo. Para os brasileiros com renda muito baixa, a inflação na pandemia foi pior.[27] Prejudicados pelo desemprego e sem possibilidade de ter teletrabalho na sua ocupação, a renda real dos mais vulneráveis ficou ainda menor com a acentuada alta de preços a partir de 2021.

Também o PIB é uma espécie de média ponderada, pela renda de cada um.[28] Por essa razão, ele sente pouco o sofrimento dos mais pobres. O PIB, matematicamente, tende mais a subir quando os ricos vão bem e os pobres não do que quando os pobres vão bem e os ricos não.[29] É como se os pobres fossem pobres demais até para contar no PIB. E em 2021 ele cresceu 5%, valor expressivo em termos históricos. Se esse crescimento ocorreu enquanto havia fila por ossos, foi porque ele refletia a melhora de vida de grupos já abastados. Na Faria Lima, um novo monumento foi erguido no fim daquele ano: uma enorme escultura representando uma baleia. A opção pelo maior animal do planeta simbolizaria "a busca por realizar sonhos e objetivos", bem como a própria cidade, "magnífica gigante".[30]

De fato, em termos de consumo, observamos nesse período inclusive uma demanda grande por itens de luxo — talvez por uma certa poupança provocada pela mudança de hábitos no isolamento forçado. Ela foi suficiente para provocar esperas demoradas na entrega dos produtos — inclusive helicópteros e jatinhos, chegando a oito meses para um carro que não custa menos de 300 mil reais e pode passar de 1 milhão de reais.[31] Cinco quarteirões: a fila de ossos em Cuiabá. Mil e quinhentas pessoas: a fila do Porsche Taycan.[32]

Como suportar tal desigualdade? Uma forma otimista de encarar um cenário tão desolador é percebendo que grandes mudanças históricas só costumam ser possíveis em momentos de grave crise, como guerras. A visibilidade de nossas mazelas nos anos trágicos da pandemia poderia então ser um empurrão para transformações de que precisamos.

"A única coisa, historicamente, que reprimiu a desigualdade [foram] catástrofes", argumenta o historiador Walter Scheidel, da Universidade Stanford.[33] Fazendo um paralelo com a história, Branko Milanović, da City University of New York, levanta a perspectiva de uma elevação da tributação dos mais ricos em decorrência da crise da covid-19: "Após a

Pinheiros, o lugar mais desenvolvido 27

Segunda Guerra as elites políticas reagiram de modo a reforçar o papel do Estado e aumentar os impostos dos mais ricos para compensar as perdas de classes mais baixas [...]. Foi uma reação política. Ela se repetirá agora?".[34]

Muitos no Brasil de fato concordam que é a hora de uma grande reforma tributária.

Em Pinheiros não se paga muito imposto

Esse lugar dinâmico que na burocracia de São Paulo ganha o nome de Pinheiros é uma parada pertinente para falar de renda, e, portanto, do sistema tributário. Afinal é o poder de compra alto que permite aumentar a gama de escolhas de um indivíduo, base para o bom padrão de consumo de bens e serviços. É possível dividir com outras partes do país a bonança visível nas modernosas *towers* da Vila Olímpia e do Brooklin, nas amplas casas dos Jardins, no cool das galerias de arte da Vila Madalena? E é justo buscar esse objetivo?

A resposta é sim, para ambas as perguntas. Porque a verdade é que não se paga muito imposto por aqui. Vários países são desiguais. Mas alguns usam de forma efetiva instrumentos para atenuar a desigualdade — como o imposto de renda, que reduz a renda líquida dos mais abastados e permite que esses recursos sejam usados por um conjunto mais amplo da sociedade.

Quando nos comparamos a países desenvolvidos, vemos que tributamos de forma diferente. De modo geral, usamos pouco o imposto de renda para a arrecadação do Estado, o que beneficia os mais ricos, mas tributamos muito o emprego formal e o consumo de bens. Por tudo isso, é comum dizer que no Brasil a tributação é regressiva, o que quer dizer que ela pesa mais sobre quem ganha menos — em vez de ser progressiva, pesando mais sobre quem ganha mais. Dessa forma, não é tanto que nossa carga tributária seja alta em si, mas ela é mal distribuída: é muito alta para alguns (como os mais pobres) e muito baixa para outros (como os mais ricos).

Apesar de tanta polarização na cena política nos últimos anos, há uma elevada convergência nas críticas a esse sistema (ainda que menos quanto às soluções). "A desigualdade é enorme no Brasil porque a gente tributa errado." Pode surpreender que essa frase seja de Paulo Guedes, ministro da Economia no governo Bolsonaro, que não é nenhum comunista.[35] Parte da razão para a desigualdade ser enorme no Brasil de fato decorre de tributarmos errado.

As regras para o pagamento de tributos são chamadas de "sistema tributário", e — motivados por Pinheiros — buscaremos entender seu papel na desigualdade neste capítulo.

O 0% do 1%

A concentração do dinheiro no topo não é inevitável. Brasileiros no topo da distribuição de renda — ou seja, parte da população de Pinheiros e outros lugares prósperos do país — pagam menos imposto do que brasileiros que ganham menos. O imposto de renda foi concebido para ser progressivo, isto é, cobrar proporcionalmente mais de quem ganha mais. Mas, na prática, o nosso IR é progressivo somente até certo ponto. Depois, ele é regressivo: cobra *menos* de quem ganha mais.

Pinheiros, o lugar mais desenvolvido

Por exemplo, em 2019, um brasileiro declarou à Receita Federal ter recebido, sozinho, quase 1,4 bilhão de reais. Isso dá mais de 100 milhões de reais por mês. E ele pagou de imposto de renda muito pouco — ao que consta, menos de 3%.[36] Não é um caso isolado: enquanto a alíquota para um trabalhador assalariado pode chegar a 27,5%, pois salários não são isentos de IR, boa parte da renda dos mais ricos não é obrigada a se submeter ao imposto. Está isenta de pagar IR, ou, em outras palavras, sofre alíquota de 0% (neste exemplo, mais de 1 bilhão de reais de renda estava isenta).

Por que uma professora ou um metalúrgico deve pagar bem mais — em proporção ao que ganha — do que um bilionário? Além disso, quando há isenção, não apenas os beneficiados ficam com mais da sua renda para si, como o Estado perde recursos que poderiam custear benefícios sociais, computadores em escolas ou a construção de hospitais.

Na prática, o efeito é o mesmo que existiria se as famílias mais ricas recebessem um pagamento do governo brasileiro. É como se houvesse um "Bolsa Lucro" para quem ganha mais. Ou, para fazer uma analogia com o auxílio emergencial pago aos mais pobres na pandemia, é como se houvesse um "auxílio permanente" para a elite. Não à toa, também o FMI, uma instituição tantas vezes rotulada de "neoliberal", recentemente defendeu que os mais ricos deveriam pagar muito mais impostos na América Latina.[37]

Quanto cada faixa de renda paga de imposto de renda no Brasil? É possível calcular uma média do que chamamos de alíquota efetiva: o quanto se pagou de IR em relação à renda recebida.[38] A alíquota efetiva é diferente da alíquota nominal (aquela que pode chegar a 27,5%). Em 2021, a maior alíquota efetiva estava na faixa dos que recebiam entre quinze e vinte salários mínimos por mês: 11% da renda ia para o Estado pelo imposto de renda.[39] A partir daí, essa média caía quanto mais alta fosse a faixa de renda.

Por exemplo: 8% era a alíquota para quem ganhava entre sessenta e oitenta salários mínimos. Para quem ganhava mais de 320 salários mínimos, somente 5%. "É uma desfaçatez completa", conclui Arminio Fraga, ex-presidente do Banco Central. "A gente tem que acabar com isso. É difícil entrar em um debate mais profundo sobre política pública, política social, enquanto se convive com essas aberrações".[40]

A principal distorção que permite esses números é provavelmente a alíquota de 0% para lucros e dividendos distribuídos de empresas para pessoas físicas. Essa isenção beneficia não só empresários como profissionais liberais, que se registram como empresas para pagar menos tributo.[41] Uma carreira que usa muito esse sistema é a dos advogados, que contam adicionalmente com baixa tributação na empresa de advocacia.[42] Mas a isenção também ajuda médicos, engenheiros, artistas, programadores, jogadores de futebol, produtores rurais.[43]

Chama a atenção que, mesmo no grupo que recebia entre quinze e vinte salários mínimos, a alíquota média estava distante da alíquota máxima de 27,5%. Isso ocorre porque parte da renda está sujeita a alíquotas mais baixas, e ainda é possível se beneficiar de deduções (por exemplo, com consultas médicas) e isenções (por exemplo, auxílios de assalariados que não precisam pagar o IR). Assim, a proporção do que é efetivamente pago sobre a renda — a alíquota efetiva — fica abaixo da alíquota nominal.

Pinheiros, o lugar mais desenvolvido

No cume, o desequilíbrio é tal que um grupo de 3 mil brasileiros milionários com renda mensal média de 4 milhões de reais tem quase dois terços dela isenta de pagar o IR. Isso quer dizer que a alíquota do imposto só incidirá sobre uma pequena parte do que ganham.[44]

Na síntese do atual presidente da Câmara, Arthur Lira, no sistema tributário hoje vigente "cada brasileiro milionário, cada pessoa física [é] um *tax-free*, uma Suíça individual ambulante".[45] São quase 400 bilhões de reais o total de lucros e dividendos distribuídos de pessoa jurídica para pessoa física no Brasil a cada ano.[46] Um estudo do Ipea projeta que uma reforma do imposto de renda ampliaria sua progressividade e também a arrecadação do Estado, com ganhos entre 70 bilhões e 120 bilhões de reais ao ano.[47]

O Brasil poderia ser a Finlândia?

Se a redução da desigualdade de renda por meio do sistema tributário parece uma ideia radical, vale ter em mente que em muitos países é exatamente isso que os tributos fazem. Em verdade, alguns países que parecem referências de igualdade de oportunidades seriam quase tão desiguais quanto o Brasil — não fosse justamente o papel do Estado. Nessas democracias, a desigualdade de renda cai bastante depois da atuação do Estado, que tributa de forma a onerar mais os ricos e gasta efetivamente com os mais pobres.

Medindo a desigualdade pelo índice de Gini, ela ficaria perto ou até acima de 0,50 em países como Finlândia, França e

Irlanda — quando se considera a renda derivada dos mercados de trabalho, de capitais etc. Quer dizer, esses poderiam ser países bastante desiguais. O resultado mais igualitário só é observado quando se considera a distribuição da renda após a tributação do Estado e após os seus gastos. Isso é algo que o Brasil não faz bem.

Não é que por aqui o Estado não atenue a desigualdade: ela até cai após ele entrar na jogada, e cai mais do que em outros vizinhos desiguais (Chile, México). Mas é uma queda modesta, especialmente diante do tamanho da carga tributária e do gasto público.[48] Seguir o caminho desses países pode nos ajudar a derrubar a desigualdade, sem necessariamente aumentar muito a carga tributária, ou quiçá até sem aumentá-la.[49] Outra forma de dizer isso é a seguinte: talvez o Brasil não destoe tanto na comparação internacional por ser desigual, mas sim pela atuação pouco efetiva dos governos para reduzi-la.

O fato de países com nosso nível de carga tributária reduzirem muito mais seus níveis de desigualdade pode ser frustrante, mas é melhor encará-lo como um alento: nossa desigualdade não é inevitável. Ele é também um primeiro sinal de que uma tributação contundente sobre as elites não necessariamente provocará fuga de capitais do país ou prejudicará o crescimento econômico. Inclusive não é difícil perceber que há muitos países que lideram rankings de inovação e têm carga tributária maior e que onera mais os ricos. Sem pretensão de estabelecer uma relação de causalidade, exemplos incluem a Alemanha, a Dinamarca, o Reino Unido e a própria Finlândia.[50]

Há muito espaço no Brasil tanto para ampliar a arrecadação sobre as elites quanto para redirecionar o gasto pú-

Pinheiros, o lugar mais desenvolvido 33

blico para os mais vulneráveis.[51] Há propostas ousadas nesse sentido no Congresso Nacional, combinando as duas coisas, isto é, sugerindo caminhos para se combater a pobreza sem aumentar o endividamento público (porque a arrecadação também aumenta).

"A responsabilidade fiscal não é um obstáculo para a responsabilidade social: ao contrário, a complementa" — assim justificou a deputada Tabata Amaral (então PDT-SP) um projeto que estendia o auxílio emergencial em 2021 e suspendia isenções, deduções e tratamento favorecido no imposto de renda para aqueles que ganham mais que 40 mil reais mensais.[52] Essa proposta de simplesmente suspender as isenções no IR para quem tem altas rendas também foi apresentada pelo senador Alessandro Vieira (então Cidadania-SE) como um dos gatilhos a serem acionados em caso de desajuste fiscal.[53]

De fato, muitas propostas para ampliar o gasto social sem elevar a dívida passam pelo retorno da tributação de lucros e dividendos. Uma delas é o projeto da política permanente de redução da desigualdade, do senador Jorge Kajuru (então Podemos-GO), em que uma agressiva transferência de renda aos mais pobres seria financiada pela revogação de isenções e deduções no IR para rendas altas e pela redução de benefícios tributários a empresários.[54] Seu objetivo expresso é a erradicação da pobreza extrema em dois anos e da pobreza infantil em cinco anos, bem como a redução da desigualdade de renda a um patamar similar ao de Portugal dentro do intervalo de uma geração.[55]

Outras propostas nessa direção, redistribuindo as rendas do topo para baixo, incluem a Emenda das Oportunidades, iniciada pela senadora Eliziane Gama (então Cidadania-MA);

o projeto da renda básica permanente, do senador Eduardo Braga (MDB-AM); e o projeto do senador José Serra (PSDB-SP) que revisita a "renda básica de cidadania" de Eduardo Suplicy (PT-SP).[56] Já a redução de benefícios tributários a empresários — cujo alvo é a renda da pessoa jurídica e não da pessoa física — é foco do projeto da Lei de Responsabilidade Social, que cria um conjunto de benefícios sociais, e da Proposta de Emenda à Constituição (PEC) do Benefício Universal Infantil, ambas do senador Tasso Jereissati (PSDB-CE).[57]

Finalmente, ainda no âmbito do "tributar e transferir", a PEC do teto de pobreza infantil, que tem o senador Alessandro Vieira (Cidadania-SE) como primeiro autor, custearia transferências de renda voltadas à infância tributando mais a renda dos bancos mais lucrativos (até que as taxas de incidência de pobreza entre crianças caíssem a determinados níveis).[58]

O caminho dessas ideias é justamente o que foi seguido por várias social-democracias desenvolvidas. Mesmo que não houvesse tantos mecanismos como isenções no IR, possivelmente a elite brasileira ainda pagaria pouco imposto na comparação internacional, porque além de tudo nossa alíquota máxima é baixa. Nenhum tipo de renda tem que recolher mais que 27,5%, mesmo para um contribuinte que ganhe muito.

Em outros países, a alíquota máxima chega a cerca de 50% para quem ganha demais — em países avançados da Europa (Alemanha, Áustria, Finlândia, França, Holanda, Irlanda, Suécia), mas também de outros continentes (Austrália, Canadá, Japão).[59] O Brasil mesmo tinha uma alíquota máxima de 45% para a faixa de renda mais alta até 1988.[60] Durante a tramitação na Câmara, uma emenda da depu-

Pinheiros, o lugar mais desenvolvido

tada Tabata Amaral à proposta de reforma tributária enviada pelo governo Bolsonaro em 2021 autorizava que a alíquota máxima chegasse a 50%, no caso de rendimentos acima de 1 milhão de reais por ano.[61]

Esse é um nível que pode parecer absurdo à primeira vista. É oportuno conhecer, então, a literatura científica que busca calcular qual deveria ser o nível "ótimo", ou ideal, para a alíquota máxima. Ou seja, levando em conta não só a arrecadação de recursos e os efeitos redistributivos, mas também os desincentivos que um imposto muito alto poderia trazer para os agentes econômicos (da sonegação ao desestímulo à inovação ou ao investimento particular em educação).[62]

O estudo do prêmio Nobel Peter Diamond, junto com Emmanuel Saez — uma referência na área —, aponta que a alíquota máxima poderia ser superior a 70%.[63] Essas e outras evidências motivam o pleito da deputada americana Alexandria Ocasio-Cortez por uma alíquota máxima de 70% sobre a renda dos ultrarricos.[64] Observe que a alíquota máxima incidiria não apenas sobre uma pequena parcela da população, mas também somente sobre uma parte da sua renda (o valor acima de um determinado limite suficientemente alto).[65]

Já conhecemos melhor o topo que se beneficia do sistema tributário brasileiro, mas há ainda uma grande lacuna em nossa história. Esse topo não é exatamente representativo da população brasileira em termos de gênero, raça e idade.[66]

Brancos, negros, homens, mulheres, mais velhos e mais jovens não estão colocados de forma igual na distribuição de renda. Quando falamos do 1% mais rico ou dos 20% mais pobres estamos falando de grupos que têm uma homogeneidade maior do que o conjunto da população brasileira. Isso quer dizer não só que os mais pobres pagam muito imposto, mas também que há um gênero e uma raça específicos sobre os quais recai desproporcionalmente a carga tributária. Como esses percentuais da distribuição de renda de que falamos tanto nas últimas páginas se relacionam com outros recortes?

Essa pergunta foi respondida por um estudo do Centro de Pesquisa em Macroeconomia das Desigualdades (Made) da USP.[67] Homens brancos, por exemplo, são cerca de um quinto da população, isto é, correspondem a dois em cada dez brasileiros. Mas, no clube do 1% mais ricos, são seis de cada dez. No 0,1% mais rico, sete de dez.

Outro prisma que evidencia a relação entre desigualdade de renda e desigualdade racial (e de gênero) é trazido pelo mesmo estudo, que soma a renda de todos os indivíduos de um desses quatro grupos demográficos. Homens brancos respondem por 40% de toda a renda recebida no Brasil, mulheres brancas por 25%, homens negros por 20% e mulheres negras por 15%. Em verdade, somente os homens brancos do 1% mais rico já têm renda maior do que todas as mulheres negras juntas em nosso país.

Se o sistema tributário exige relativamente pouco dos que ganham mais e relativamente mais de quem ganha menos, fica evidente que a questão é também de raça e de gênero. Para além do IR e para além da tributação pesada sobre o consumo, há outra forma pela qual o nosso arranjo penaliza os mais vulneráveis. Ao priorizar a tributação do trabalho e não a do capital, o sistema encarece a contratação formal de trabalhadores pelas empresas, o que dificulta o emprego de grupos com menos experiência — algo que debateremos mais adiante.

Pinheiros, o lugar mais desenvolvido

Esse tratamento favorecido para o capital, aliás, não alcança apenas as pessoas físicas dos empresários, mas também suas pessoas jurídicas — quer dizer, as próprias empresas. São os benefícios tributários que mencionamos anteriormente. Quando o Estado decide deixar de arrecadar o valor de um tributo, total ou parcialmente, em favor de algum grupo, isso tem sobre as contas do governo o mesmo efeito de gastar mais com alguma despesa: significa menos dinheiro para todo o resto (ou ainda mais déficit e mais dívida). Por isso, esses benefícios tributários são chamados de gastos tributários — afinal, são uma forma *indireta* de o governo gastar.[68]

Os gastos tributários também podem ser uma maneira importante de manutenção e ampliação de desigualdades. Por exemplo, se os recursos que deixam de ser arrecadados pelo Estado formam fortunas pessoais em vez de alcançar efetivamente o alegado ganho social que justificou a medida. Apenas no âmbito federal, essas isenções e afins são da ordem de 400 bilhões de reais ao ano.[69] Um estudo de Amaury Rezende, da USP, mostra inclusive que empresas de capital aberto usariam as renúncias como a principal forma de se financiar, isto é, como uma alternativa a ter que pegar empréstimos bancários ou levantar recursos no mercado de capitais.[70]

Não sem razão, é difícil avançar na direção de acabar com privilégios decorrentes do nosso sistema tributário. Vamos então analisar os argumentos dos grupos que se opõem ao fim desses favores.

Vencendo as narrativas

A resistência a reformas que redistribuem recursos na sociedade tipicamente se utiliza de narrativas — afinal, ninguém protestaria erguendo uma faixa dizendo "Nenhum privilégio a menos". Ou, como afirmou o então ministro da Economia Paulo Guedes em um debate sobre a sua tímida proposta de mudança na tributação da renda, "tem muita gente gritando que está piorando, mas é quem vai começar a pagar".[71]

Para convencer outros grupos da sociedade de que sua vantagem deve ser mantida, milionários e bilionários alegam que mudar as regras seria de alguma forma negativo para o conjunto da sociedade. O célebre economista Albert Hirschman, em *A retórica da intransigência*, elenca tipos de narrativas usadas contra reformas, entre as quais a narrativa da futilidade (a reforma não terá efeitos) e a do prejuízo (a reforma prejudica outro objetivo relevante).[72]

Elas se moldam bem ao debate da reforma tributária no Brasil. Por exemplo, quando se diz que o esforço de aumentar a arrecadação do Estado será fútil, já que os mais ricos serão obrigados a inventar formas de fugir da tributação. Ou que o esforço de reduzir a desigualdade prejudicará outro objetivo — o do crescimento econômico. Em todos os casos, é importante ter em mente que as reformas podem ser calibradas: nem tudo é "oito ou oitenta". Ou, como diz o chavão comum em políticas públicas, a diferença entre o remédio e o veneno é a dose.

Uma questão legítima contra o aumento da tributação das maiores rendas no Brasil diz respeito aos efeitos que a tributação de dividendos poderia ter sobre o investimento e, em

Pinheiros, o lugar mais desenvolvido

consequência, sobre o crescimento da economia. Isso porque empresas teriam dificuldades de se financiar caso os dividendos se tornassem menos atrativos para os seus investidores.[73]

No entanto, o pesquisador Adrien Matray, de Princeton, encontra o resultado contrário para a França após uma mudança na tributação na década passada. Ele explica que a tributação provoca uma retenção de recursos nas empresas (porque dividendos deixariam de ser distribuídos), fazendo com que as companhias acabem tendo mais dinheiro para investir.[74] Os economistas Pedro Forquesato, Luis Meloni e Fabiana Rocha, da USP, resumiram recentemente a literatura a respeito: "Os problemas apontados com a tributação de dividendos, de que ela prejudicaria o investimento produtivo e o crescimento econômico, não correspondem à compreensão atual da teoria econômica nem às evidências empíricas atualmente disponíveis".[75]

Ainda assim, o argumento da elisão/ evasão merece ser considerado: afinal, o aumento da cobrança de tributos sobre a renda dos mais ricos tende a provocar algum esforço para não pagar o imposto majorado. Ainda que esse esforço de fuga não seja capaz de anular todo o potencial de arrecadação (narrativa da futilidade) que seria obtido, o Estado deve ter os instrumentos para combatê-lo.

Durante a tramitação da reforma tributária do governo Bolsonaro em 2021, causou algum rebuliço a emenda da deputada Tabata Amaral para criar uma espécie de agência reguladora da profissão de tributarista, assim entendido como o advogado, o contador ou outro profissional que trabalhe para reduzir o pagamento de tributos do seu cliente — no caso, no imposto de renda.[76] Baseada em proposta dos professores Gabriel Zucman e Emmanuel Saez, de Berkeley, a futura Agência de Proteção do Público deveria ser notificada pelos tributaristas sobre quaisquer novas práticas usadas para fugir do imposto de renda, a fim de informar aos legisladores, que, se assim quisessem, fechariam mais rapidamente as brechas na lei.[77] Justificou a deputada:

> No mundo todo, legisladores e servidores dos fiscos competem com uma gama de especialistas cujo trabalho — bem-remunerado — é encontrar formas de manipular riquezas para que paguem menos impostos. [...] O Estado não pode assistir passivamente às suas iniciativas de dar um caráter mais progressivo à tributação serem minimizadas por um corpo qualificado de técnicos que atuam no sentido contrário à legislação.

Não se trata exatamente de combater a sonegação (evasão), mas a elisão: a fuga da tributação que é considerada legal e se dá de acordo com a lei, ou ao menos de acordo com a jurisprudência dos tribunais. E para isso os ricos têm seus próprios mordomos do sistema tributário. Uma verdadeira "indústria da desigualdade".

Uma forma de viabilizar reformas diante da dura resistência é ampliando a informação para o conjunto da sociedade e os formuladores de políticas públicas: a verdade é que hoje sabemos muito menos sobre o lado da receita do que sobre o lado do gasto do governo. A Lei de Acesso à Informação (LAI), por exemplo, é amplamente aplicada para as despesas públicas, disponibilizando dados como os salários de cada servidor público ou os valores recebidos por beneficiários de programas sociais (ambos nominalmente).[78] Mas ela não tem

Pinheiros, o lugar mais desenvolvido 41

sido usada para permitir o mesmo grau de profundidade no acesso a dados tributários.

Por que um gasto *direto* demanda transparência mas um gasto *indireto* não? Do ponto de vista do interesse público, os valores envolvidos podem inclusive ser marcadamente diferentes e bem maiores no gasto indireto (o gasto tributário). Se com poucos cliques é possível saber que uma determinada dona de casa recebia cinquenta reais mensais no Bolsa Família, é impossível saber quanto um ricaço específico recebe de privilégios tributários: não é pública a informação de quem ele é. Por sua vez, o Portal da Transparência permite que qualquer usuário denuncie imediatamente eventual pagamento indevido do Bolsa Família recebido por outro cidadão.

Essa ideia pode parecer até excêntrica a princípio, mas algumas democracias levam bem a sério a transparência quando o assunto é imposto. Em países nórdicos, cidadãos podem consultar detalhes do imposto de renda uns dos outros — não só valores recebidos do governo, mas sim de todos os rendimentos.[79] A prática é centenária na Noruega. Mesmo os Estados Unidos chegaram a ter dados de renda expostos em um momento: no site do *New York Times* ainda é possível ler debates acalorados do século XIX sobre a pertinência dessa exposição no jornal, em que se confrontavam as demandas por privacidade com a necessidade de punir malfeitos ("a justiça e o bem público exigem sua publicação", protestava-se em uma página).[80]

No Brasil contemporâneo, abrir ao público tão somente os valores recebidos a título de gastos indiretos do governo por meio do sistema tributário é mesmo uma ideia extrema? Estamos falando de uma alocação de centenas de bilhões ao ano, e a ampla maioria da sociedade desconhece detalhes da destinação. A legítima preocupação com a segurança de pessoas ricas parece atualmente menos meritória, após quase uma década da experiência de divulgação irrestrita da remuneração de agentes públicos no Brasil com o advento da LAI sem que episódios de violência tenham se mostrado relevantes. Um avanço mais tímido seria disponibilizar a alíquota média paga por cada um, o que já fortaleceria o debate no país.

Em entrevista a Luciano Huck, o economista francês Thomas Piketty faz uma provocação interessante quanto a esse ponto:

> Supostamente, nós vivemos a era da Big Data, mas, na prática, a nossa Big Data é falsa [...]. Estamos, na verdade, na era da grande opacidade no que se refere à administração pública. [...] Existe um grande discurso sobre justiça social, mas não os meios para rastrear e monitorar se [os governos] estão realmente indo nessa direção.[81]

Assim, ampliar a transparência e a disponibilidade de dados pode fomentar a reforma e enfraquecer as resistências existentes.

EM 2022, a Faria Lima ganhou mais um endereço exclusivo. O *investment center* para clientes VIP do maior banco do país é uma espécie de agência bancária — mas com degustação de vinhos e chocolates Lindt e baristas da Nespresso, além de especialistas em imóveis, câmbio e proteção ao patrimônio.

Pinheiros, o lugar mais desenvolvido

A pandemia parecia chegar ao fim, mas ao redor do *investment center* não se sentiam as ruas movimentadas. Os patinetes agora pareciam ser usados predominantemente por entregadores de comida. Havia mais pessoas em situação de rua nas calçadas, e mais roubos em Pinheiros.

É fácil ver a riqueza, mas não é fácil passear por ela. Andando com a bike laranja compartilhada na região, me bate tanto o medo de ser assaltado como o de ser atropelado por uma BMW. Esse não é um lugar desenvolvido, alguém pode dizer.

Reflexões como essas são naturais. Teremos mais perspectiva sobre isso já no próximo capítulo. Aproveitaremos para conhecer alguns instrumentos para redução da desigualdade do outro lado, o lado do gasto público (como transferências de renda). Hora de ir para outro extremo do Brasil.

2. Ipixuna, o lugar menos desenvolvido

"Tive dengue, malária e covid na gravidez", reclama Thaynara (nome fictício). "Não tive muita assistência porque aqui a saúde é péssima." A gestação foi da sua primeira filha, carregada de sonhos. Mas sonhar pode ser difícil no município menos desenvolvido do Brasil.

Saindo de São Paulo, chega-se mais rápido ao Catar ou à Etiópia do que a Ipixuna — a cidade com pior colocação no índice de desenvolvimento da Federação de Indústrias do Estado do Rio de Janeiro (Firjan).[1] Estamos em um município do Amazonas já colado no Acre, acessável por um dos maiores rios do Brasil: o Juruá, que nasce nos Andes peruanos e é afluente do Amazonas.[2]

Uma disputa feroz entre dois irmãos delimitou a geografia — dois jacarés que brigavam pelo rio e, segundo a lenda, provocaram seu formato repleto de curvas, como se puxado de um lado e de outro. É um dos rios mais sinuosos do planeta. A distância entre a cidade-polo da região, Cruzeiro do Sul, no Acre, e Ipixuna é de somente 130 quilômetros, mas o trajeto até lá pode levar de um a três dias de barco. Depende da época do ano e dos efeitos do clima no Juruá.

Não há qualquer estrada conectando a população de cerca de 30 mil pessoas, tampouco voos comerciais. Essa é a realidade de muitas cidades da Amazônia, e tal isolamento obvia-

Ipixuna, o lugar menos desenvolvido   45

mente se reflete na qualidade de vida local. "Tudo em Ipixuna é ruim", diz Thaynara, a nova mãe. "É o pior município do estado." Quando a escola pegou fogo, coube à população e aos policiais militares o apagarem: não há corpo de bombeiros.[3] Tampouco rede de coleta de esgoto.[4] A dificuldade de infraestrutura é comum a muitos municípios da região. Neste índice de desenvolvimento, outras cidades do Amazonas e de estados vizinhos rivalizam pelas piores posições.

O longo caminho até Ipixuna revela a floresta ainda exuberante e permite vislumbrar alguma fauna. A paisagem fica mais alegre com as casas pintadas de roxo, o que parece ser uma tendência — são várias as de pintura recente nas margens do Juruá. Vamos então por horas, perdendo referências da vida urbana moderna — sobra o boné dos Yankees usado pelo barqueiro. Ele conversa com o auxiliar sobre um avanço tecnológico que chegará no próximo ano, melhorando finalmente a comunicação na região. É um novo celular desenvolvido pelo homem mais rico do mundo, cujo nome difícil não conseguem lembrar. Vai ser a satélite, dispensando a necessidade de torres, assim pegando em qualquer lugar. E vai se carregar com o sol, prescindindo da precária rede de energia elétrica. "Mas vai ser mais caro que iPhone." Eu rio do devaneio da prosa, para depois descobrir que o bobo sou eu: trata-se de um projeto de Elon Musk, o Tesla Pi Phone.

O município de Ipixuna abriga duas terras indígenas — Mawetek e Kulina do Médio Juruá. Está ainda ao limite sul do Vale do Javari. A chegada na sede da cidade chama a atenção pela abundância de lixo, mesmo nas ruas principais ou até na frente da Secretaria de Meio Ambiente. Na praça, é com ele que crianças indígenas estão brincando. Elas estão alojadas perto dali, numa palafita. Ou melhor, sob a palafita. São famílias que pegam emprestado esse espaço para pendurar redes e secar roupas, aproveitando a vazante do Juruá, que deixa parte do leito do rio seca. Elas vêm à sede esperar a concretização de algum serviço público. Essa é, aliás, uma cidade jovem. Há muitos adolescentes, vários já com filhos no colo.

A ocupação do Juruá tem relação com o ciclo da borracha — entre o final do século XIX e início do século XX —, mas ao seu fim parte da população ficou, e cresceu. No conjunto da Amazônia Legal, a população que era de 8 milhões há cinquenta anos agora é de algo como 30 milhões.[5] A região Norte tem índices de pobreza e de extrema pobreza equivalentes aos do Nordeste — marcado pelas imagens de plantas secas e falta de água, e não pelas árvores frondosas e rios copiosos daqui. Geografias diferentes, privações semelhantes.

E por que, entre 5 mil municípios brasileiros, os indicadores levantados pela Firjan colocam Ipixuna como o menos desenvolvido? O município está sempre entre os 5% piores em qualquer das três divisões do índice de desenvolvimento: emprego/ renda, educação e saúde. São medidas de emprego com carteira assinada, geração de renda, creche e pré-escola, qualidade do ensino, pré-natal, mortes por causas mal definidas, mortalidade infantil evitável.[6] Um lugar de péssima infraestrutura que nada tem a ver com Pinheiros.[7] Thaynara apresenta a situação em palavras simples: "Tem muita fome e pobreza".

De que forma extremos como Ipixuna podem se desenvolver? Não vamos tratar agora de considerações mais polêmicas ligadas à questão ambiental, por exemplo se rodovias devem ser abertas na floresta: essas opções são criticadas por facili-

Ipixuna, o lugar menos desenvolvido 47

tarem a atuação de madeireiros, garimpeiros e grileiros, e também por colocarem os indígenas em perigo. Vamos por enquanto tratar de uma alternativa menos controversa, relativamente mais barata e que tem ganhado o entusiasmo dos economistas: o investimento na infância.

As crianças vão mal em Ipixuna — e nos dedicaremos agora a entender por que isso é tão ruim para o progresso. Não há creches para crianças de até três anos. Noventa por cento é vulnerável à pobreza. Um terço daquelas na primeira infância (os primeiros seis anos da vida, ou três anos, dependendo dos critérios) não têm a altura adequada para a idade. Um terço dos nascimentos envolve mães adolescentes. E somente uma a cada quatro mulheres fazia o acompanhamento correto de pré-natal antes da pandemia.[8] Ipixuna tem números piores que os da média nacional, mas é apenas um caso representativo de uma realidade comum a outros lugares.

A equação

O Brasil possui uma rede de proteção para atender às privações mais básicas das famílias com crianças. É o Bolsa Família, sucessor do Bolsa Escola. Esses programas de transferência de renda dão tratamento especial para famílias com crianças, adolescentes ou gestantes. As transferências são condicionadas, quer dizer, exigem contrapartida das famílias, como frequência escolar, adesão ao calendário de vacinação e realização de pré-natal. Os resultados são positivos e expressivos, mas ainda há muito o que se pode fazer — como os dados ruins de Ipixuna mostram.

Até recentemente os recursos destinados ao Bolsa Família eram modestos: cerca de 2% das despesas primárias do governo federal, ou 0,5% do PIB antes da pandemia. Foi com montantes assim que ele foi responsável por cerca de 10% da queda na desigualdade de renda observada pelo índice de Gini entre 2001 e 2015, bem como por atenuar a miséria de milhões de pessoas — segundo o PNUD e o Ipea.[9] Mas privações permaneciam.

Metade das crianças no Bolsa Família continuava vivendo na pobreza mesmo recebendo o benefício, calcula Naercio Menezes, coordenador da cátedra Ruth Cardoso no Insper e membro da Academia Brasileira de Ciências.[10] Um estudo do governo brasileiro com famílias pobres, quase todas beneficiárias do programa, identificou que mais de 90% não possuíam qualquer material de leitura em casa para as crianças (como "revistinha" ou livro). Uma a cada quatro mães tinha sintomas depressivos.[11] Um ambiente pouco favorável para que essas crianças floresçam como as das famílias mais ricas.

Na verdade, em países desenvolvidos é cada vez mais comum a existência de uma renda universal para a infância. O valor do benefício chega a superar mil reais por mês em países como a emblemática Finlândia, famosa por distribuir para todos os pais de recém-nascidos uma caixa com os artigos necessários nos primeiros meses de vida.

Por que diversos países investem no pagamento desses benefícios? As transferências de renda para a infância são bem-vistas pelos meios como podem levar à superação da pobreza ao longo da vida — como lembram os economistas da Fundação Getulio Vargas (FGV) Marcelo Gonçalves e Vinícius Botelho, ex-secretário do Ministério da Cidadania. Ele

Ipixuna, o lugar menos desenvolvido

ressalta que, pelo mundo, benefícios pagos a famílias com crianças apresentaram ainda resultados relevantes de queda na mortalidade e no trabalho infantis — além de ganhos em nutrição, escolaridade e desenvolvimento emocional.[12]

Naercio e Vinícius estão entre os principais economistas brasileiros estudando a infância, tema cada vez mais comum na profissão, à medida que sua relevância para o crescimento econômico e o combate à desigualdade fica cada vez mais clara. Influenciados pelo prêmio Nobel James Heckman, pesquisadores estimam inclusive a "taxa de retorno" do gasto público na infância — identificando taxas altas, de mais de 10% ao ano, de fazer inveja a tantas aplicações financeiras.[13] Nessa matemática, para cada real investido, seis voltariam para a sociedade quando o indivíduo fosse adulto.

Heckman fez da infância, em particular da primeira infância, sua bandeira. Sua lógica é resumida pelo que chama de "equação de Heckman", também o nome de uma iniciativa patrocinada pelo bilionário Warren Buffett.[14] Ele denomina de "loteria ovariana" o fato de nosso destino depender tanto de onde nascemos — o que Heckman por sua vez trata por "acidentes de nascimento". A equação de Heckman é a seguinte:

Investir (recursos para as famílias vulneráveis terem oportunidades para o desenvolvimento humano precoce)
+ Desenvolver (habilidades cognitivas e sociais em crianças de até cinco anos)
+ Manter (o desenvolvimento precoce com educação até a fase adulta)
= Ganhar (uma força de trabalho capaz e produtiva que traz retornos para a sociedade)

Essa síntese simples justifica economistas preocupados com que bebês tenham brinquedos para serem estimulados ou uma casa com um piso que permita que engatinhem.[15] Crescer em um ambiente adequado e livre de estresse está associado à formação de habilidades sobre as quais incidem efeitos cumulativos rumo à prosperidade.[16]

Naercio vê na primeira infância inclusive uma questão de responsabilidade fiscal.[17] Sem o investimento apropriado nessa faixa etária, o país seguirá formando adultos com pouca capacidade de gerar renda — baixa produtividade, no jargão — e incorrendo em uma série de despesas em consequência — por exemplo, presídios. Heckman, por sua vez, argumenta que quem se preocupa com a redução de déficits deve apoiar o investimento na primeira infância — seguindo a linha de que a arrecadação cresce (com mais pagadores de impostos no futuro) e a despesa se reduz (com menos usuários de benefícios assistenciais ou seguro-desemprego).[18]

A pobreza é em parte um fenômeno etário. Mesmo antes da pandemia, a taxa de pobreza para o conjunto das crianças brasileiras era de cerca de 40%, segundo o Instituto Mobilidade e Desenvolvimento Social (IMDS) — um novo *think tank* baseado no Rio de Janeiro.[19] Em termos absolutos, são cerca de 20 milhões de crianças e adolescentes brasileiros vivendo abaixo da linha da pobreza. Um problema mais grave para crianças negras (metade na pobreza) e nas regiões Norte e Nordeste (60% na pobreza). Paulo Tafner, economista que dirige o IMDS, resume a mazela: "O Brasil ainda não acordou para o fato de que a pobreza é muito concentrada entre aqueles com até dezessete anos. A gente não investe no futuro".[20]

Ipixuna, o lugar menos desenvolvido

Mães com filhos pequenos têm dificuldades maiores para se inserir no mercado de trabalho, parte da explicação para indicadores tão altos de vulnerabilidade na primeira infância). Os casos limites são os dos bebês negros: mesmo antes da crise da covid-19 eram 60% na pobreza, com 20% vivendo sob a extrema pobreza, nas contas do pesquisador Daniel Duque, da Escola Norueguesa de Economia (NHH).[21]

"No Brasil, infância é igual a pobreza", sintetiza Sergei Suarez Soares, economista da Organização Internacional do Trabalho (OIT) e ex-presidente do Ipea.[22] Ele destaca um cenário de indiferença impressionante: havia, antes da pandemia, mais de 10 milhões de crianças brasileiras na metade mais pobre da população e que não estavam cobertas por qualquer benefício social. Isto é, suas famílias não recebiam nenhum dos pagamentos estatais direcionados a crianças.

O Brasil perdendo a corrida

O país desperdiça metade do talento das suas crianças, de acordo com a economista espanhola Paloma Anós Casero.[23] Diretora do Banco Mundial para o Brasil, ela aponta para o baixo potencial produtivo com que nossas crianças chegarão, quando adultas, ao mercado de trabalho — após anos de perdas em sua nutrição e/ou educação. A economista indica que transferências de renda, como o Bolsa Família, não apenas reduzem a pobreza extrema como também são relevantes para o desenvolvimento do capital humano desses cidadãos — que comporão nossa força de trabalho.

O desenvolvimento adequado da criança é base para o seu eventual sucesso futuro no mercado de trabalho. Como lembra Michael França, pesquisador visitante na Universidade Columbia e professor do Insper, "estima-se que cerca de 50% da variabilidade dos ganhos ao longo da vida entre as pessoas poderia ser explicada pelas habilidades desenvolvidas até os dezoito anos de idade".[24]

Uma "tecnologia" da nossa formação de habilidades foi descrita pelo premiado economista brasileiro Flávio Cunha, professor da Universidade Rice, junto com Heckman. Baseados nas evidências dos campos da psicologia, educação e neurociência, eles escreveram um modelo matemático com as diversas relações que existem no desenvolvimento de um indivíduo. Haveria um conjunto de complementaridades dinâmicas e multiplicadores que justificaria a atenção aos primeiros anos de vida.[25]

Por exemplo, uma criança que vem a ser emocionalmente confiante (o que se relaciona a uma habilidade não cognitiva) pode passar a explorar mais e assim aprender melhor (o que se relaciona a uma habilidade cognitiva). O desenvolvimento propício dessas habilidades cognitivas e não cognitivas contribui para resultados na educação e, futuramente, no mercado de trabalho.

A relevância de investir de forma precoce na vida é assim resumida por Vinícius Botelho e Marcelo Gonçalves:

> O retorno diferencial do investimento nos primeiros anos de vida está relacionado ao desenvolvimento das habilidades cognitivas, como raciocínio lógico e capacidade de resolver problemas, e não cognitivas (ou socioemocionais), como autonomia, motivação, persistência e autocontrole. A aquisição precoce dessas habilidades aumenta o potencial de desenvolvimento de

Ipixuna, o lugar menos desenvolvido

novas habilidades no futuro, gerando um círculo virtuoso de crescimento pessoal com repercussões no domicílio.[26]

O presidente norte-americano Joe Biden, no lançamento de uma iniciativa de educação infantil e auxílio financeiro a famílias com crianças, vislumbrou essas políticas como parte de uma disputa: "É o investimento de que precisamos para vencer a competição — a competição com outras nações pelo futuro. Porque estamos em uma corrida. *Nós estamos em uma corrida*".[27]

A lógica aqui é que o PIB de amanhã depende da força de trabalho que formamos hoje. Uma economia próspera que seja capaz de dar maior qualidade de vida à sociedade precisa de investimento em produtividade desde o início da vida.[28] Como argumentam Botelho e Gonçalves, "é mais importante concentrar esforços em estimular o desenvolvimento de crianças em desvantagem na primeira infância do que tentar remediar a desvantagem nos anos seguintes".[29]

Esses são anos em que "a arquitetura do cérebro está em construção, fornecendo o alicerce para a evolução das futuras habilidades da vida adulta, como resolução de problemas, planejamento, criatividade e pensamento flexível", diz Mariana Luz, CEO da Fundação Maria Cecilia Souto Vidigal — referência na área. Mariana vai além, defendendo que o desenvolvimento da primeira infância será, por esses motivos, o motor da quarta revolução industrial: "Investir em ter capital humano [...] que se possa ajustar às dinâmicas de um mercado imprevisível é nossa única esperança de garantir o futuro do trabalho".[30]

Um novo estudo traz essas evidências de forma categórica. Nos Estados Unidos, um grupo de mil famílias pobres com crianças que nasceram na mesma época participou de uma espécie de sorteio, que as dividiu em dois grupos. Como em um teste de uma vacina, um grupo recebeu uma intervenção e o outro, não. A intervenção envolvia um pagamento mensal. Entre outros métodos de avaliação, o estudo fez uso de eletroencefalogramas. Os filhos das famílias que receberam o dinheiro, detectou-se, tinham atividade cerebral mais veloz — "em um padrão associado ao aprendizado e desenvolvimento em idades posteriores".[31]

THAYNARA DESCONVERSA QUANDO PERGUNTO sobre seu pedido de ajuda. Em sua gravidez, escreveu na internet apelando por doações. Contava que sua morada em Ipixuna era precária e estava se despedaçando. Queria construir uma nova para que a bebê tivesse um canto melhor quando nascesse. Só o Bolsa Família e o dinheiro que o marido ganhava com bicos não permitiam a conclusão da obra. Quem sabe com a ajuda poderia fazer um enxoval. Arrecadou zero real. Disse não se lembrar de jamais ter feito a postagem. Não insisti.

Se investir no desenvolvimento infantil é uma aposta considerada segura para o crescimento da economia, é também uma opção que não traz tantas mudanças relevantes em curto prazo para a geração atual de adultos.

No caso da pobreza amazônica, evidente em Ipixuna, um dilema tão óbvio quanto evitado se coloca: preservar ou desenvolver? Que grau de desmatamento é aceitável para melhorar a vida de quem mora na Amazônia? Ou que opções realmente sustentáveis existem para a economia local capazes de levar a um padrão de consumo moderno, como o desejado por habitantes dos grandes centros urbanos?

Biodiversidade e economia

Jair Bolsonaro venceu em cinco dos sete estados da região Norte em 2018, ostentando vantagens de mais de quarenta pontos em parte deles — o que se repetiu em 2022. É um resultado sugestivo da resistência da população local em relação à agenda ambiental que ganha apoio em países desenvolvidos e entre as elites intelectuais do país. Enquanto o mundo gritava contra a devastação, que aumentou no período Bolsonaro, o eleitorado de alguns estados amazônicos continuava a apoiar em peso o ex-mandatário.

Nos municípios menores, o isolamento em relação às redes da infraestrutura prejudica a geração de oportunidades e eleva o custo de vida. Ipixuna, por exemplo, está a 2800 quilômetros de Manaus por rio (equivalente à distância entre Porto Alegre e Salvador por estrada). Um município no Amazonas com ligação terrestre para alguma cidade grande é exceção. Ainda há restrições de energia elétrica, telefonia e internet — as operadoras na prática ofertam apenas o 2G, embora vendam pacotes mais modernos que não funcionam.[32] Problemas que seriam inaceitáveis em nossos lugares mais desenvolvidos, como Pinheiros.

As dificuldades são de todo tipo no transporte fluvial. As passageiras com toucas protetoras no Juruá são lembrete da desgraça dos escalpelamentos, acidentes mais comuns em barcos de ribeirinhos e que têm meninas e mulheres como as principais vítimas: o cabelo preso ao eixo do motor faz com que em instantes o couro cabeludo seja arrancado. Há ainda a violência: quando o barco em que estamos para por dificuldades técnicas, o auxiliar do barqueiro faz piada com seu nervosismo, lembrando dos ataques de piratas na região.

Se é verdade que riscos também existiriam fosse o transporte terrestre, é inegável que o translado pelos rios é lento. Na seca, levam-se dias nos barcos maiores entre Ipixuna e Cruzeiro do Sul: passageiros podem ter que descer e caminhar no leito seco para reduzir o peso, evitando por exemplo um encalhe. Reingressam mais à frente, quando o rio permite. É possível que barcos grandes fiquem semanas sem poder fazer o trajeto. Já quando as chuvas voltam, o rio arrasta os "balseiros", e grandes troncos e galhos de árvores que causam acidentes, como o que provocou o desaparecimento de um bebê em 2021. Outro caso de sumiço no rio havia sido notícia no mesmo ano quando quatro homens desapareceram no trajeto entre Cruzeiro do Sul e Ipixuna, sem nunca terem sido encontrados — não se sabe se devido à cheia do rio ou a um ataque.[33]

A opção da ampliação das redes logísticas, porém, gera grave preocupação pelo impacto ambiental negativo — particularmente as rodovias, porta de entrada para atividades ilegais. Nesse sentido, é um chavão apontar que a Amazônia prescinde desses investimentos para se desenvolver, bastando alternativas como a exploração da biodiversidade. Além de ser sustentável, ela estaria apta a gerar riqueza em áreas como a medicina, pela fabricação de remédios baseados numa dada matéria-prima local.[34] Conhecimento científico, preservação da floresta e desenvolvimento econômico andando juntos.

Será? A economia da biodiversidade é mesmo capaz de levar prosperidade a uma população equivalente às de Suécia, Noruega, Dinamarca e Finlândia somadas, em um mesmo patamar de consumo que o de cidadãos desses países?

Ipixuna, o lugar menos desenvolvido 57

O Brasil até é líder mundial em biodiversidade. Entre todos os países do planeta, seria aquele com maior quantidade de espécies de animais e plantas. Mas é preciso frieza para entender esse dado. Além da população, há outro denominador para se considerar quando falamos do potencial econômico da biodiversidade: a área. Um ranking simples de biodiversidade acaba tendo no topo países com grandes territórios — como Brasil, China e Estados Unidos. Por unidade de área, o Brasil fica bem atrás na comparação de biodiversidade, perdendo até para países europeus como Croácia, Geórgia e Portugal — ou mesmo o Japão.[35]

Uma comparação simples ajuda a entendermos, por exemplo, a rejeição do eleitorado local à agenda ambiental progressista, ou o apoio recebido por Jair Bolsonaro na região. Mato Grosso, estado vizinho, se distingue do Amazonas pela trajetória marcadamente diferente nas últimas décadas, com agressiva exploração da agropecuária. Se a média de desmatamento nos municípios amazonenses é hoje de 6% do seu território,[36] no caso dos mato-grossenses a média é seis vezes maior.

Nos anos 1990, Amazonas e Mato Grosso tinham percentual parecido de suas populações vivendo abaixo do nível da pobreza.[37] De lá para cá, os caminhos foram diversos. O Amazonas de Ipixuna é um dos estados brasileiros com os maiores níveis de pobreza, e Mato Grosso está entre aqueles com menor taxa.[38] Evidentemente, transformar o Amazonas e outros estados em um novo Mato Grosso está fora de questão. Entretanto, alternativas para o crescimento econômico como exploração da biodiversidade, extrativismo ou turismo não parecem ter, sozinhas, o potencial de reduzir a pobreza nos demais estados amazônicos como a agropecuária a reduziu no Mato Grosso. A floresta de pé traz ganhos para o restante do país e para o planeta, que deveriam apoiar os habitantes locais em sua preservação.

Chama-se de "serviços ambientais" ou "serviços ecossistêmicos" a contribuição da natureza para o PIB. No caso da Amazônia, a floresta tem efeitos positivos para o clima do restante do país — chuvas que beneficiam o Centro-Sul, favorecendo a produção do agro e o abastecimento de energia elétrica e de água. Tem também efeitos positivos para o mundo: a captura de carbono que age para mitigar a mudança climática. O estado do Amazonas tem uma iniciativa de transferência de renda para "pagar" os moradores que conservam a floresta, como se estivesse pagando por esse serviço: é o Bolsa Floresta (atualmente Guardiões da Floresta), que envia cem reais mensais para 15 mil famílias que moram em unidades de conservação e desenvolvem atividades verdes.[39] Mas será que enquanto país não deveríamos ser mais contundentes?

Talvez programas de transferência de renda possam ter valores maiores ou acesso facilitado na região, seja para indenizar a população por não poder explorar certas atividades econômicas no território, seja para torná-las menos necessárias. Um novo sistema minimizaria as adversidades que viver em certos lugares da Amazônia implica e facilitaria a aceitação de medidas restritivas de mitigação à mudança climática. Vale até imaginar um desenho em que municípios que mais preservam tenham a população premiada, incentivando que ela cobre as autoridades locais contra o desmatamento.

É frustrante que a população local viva diante da miséria enquanto a preservação da floresta tem consequências positi-

Ipixuna, o lugar menos desenvolvido

vas para outras partes do país e do planeta. "Não é justo nem realista", escreve o especialista dinamarquês Jørgen Henningsen, sobre a preservação sem compensações de outros países. Ele critica as propostas atuais de ajuda de países europeus, pelos valores irrisórios, e sugere que o combate ao desmatamento na Amazônia seja custeado com um tributo modesto sobre o alto consumo de energia dos países desenvolvidos.[40]

Limitando a pobreza

Os brasileiros em periferias econômicas como Ipixuna, notadamente as famílias com crianças pequenas, precisam de novas políticas para que chegue dinheiro aos seus domicílios — seja por meio do Estado (transferência de renda), seja por meio de empregos (salários). Muito pode ser feito.

Para suceder o auxílio emergencial, Naercio Menezes propôs um benefício destinado especialmente à primeira infância, de oitocentos reais por criança.[41] Ele seria custeado pela tributação sobre camadas mais ricas da sociedade, com arrecadação sobre heranças e sobre lucros e dividendos. O valor representaria um incremento: menos de dois reais por dia era o quanto o Bolsa Família chegava a transferir por criança em situação de pobreza reconhecida pré-pandemia.[42] Seria uma grande diferença na vida de pessoas como Thaynara, que provavelmente não teria de recorrer a uma vaquinha se tivesse essa segurança.

No Senado a ideia de Naercio foi transformada em projeto de lei complementar (PLP) e PEC — a já mencionada Emenda das Oportunidades, da senadora Eliziane Gama (Cidadania-MA).[43]

Também no Senado, tramitam outras propostas de ampliação de benefícios voltadas para esse grupo. Uma é a PEC do Teto de Pobreza Infantil, do senador Alessandro Vieira (Cidadania-SE). Pela proposta, se indicadores nacionais de pobreza entre crianças ficassem acima de determinados limites estabelecidos, automaticamente o número de beneficiários e o valor dos benefícios aumentariam. O financiamento viria de mordidas nos lucros dos bancos ou redução em despesas menos prioritárias.[44]

A proposta é inspirada nos Objetivos de Desenvolvimento do Milênio da ONU, a Organização das Nações Unidas, e em países que neste século estabeleceram metas para a redução da pobreza — caso de Canadá (2019), Nova Zelândia (2018) e Reino Unido (2010). A violação no modelo brasileiro implicaria crime de responsabilidade do presidente, por um paralelo com a violação de regras orçamentárias (como o teto de gastos).

Outra PEC, do senador Tasso Jereissati (PSDB-CE), prevê o Benefício Universal Infantil (BUI) — como o da Finlândia, com base em estudos de pesquisadores do Ipea liderados pelo técnico Sergei Suarez Soares, da OIT.[45] Diversas políticas separadas seriam unificadas para que um pagamento universal fosse feito a todas as crianças. Ele é uma boa ideia — vamos entender o porquê.

O BUI

Imagine se pudéssemos evitar sobreposições na rede de proteção social brasileira e, ao mesmo tempo, atender às crianças pobres que hoje não recebem benefício algum. E também acabar com linhas de pobreza que são exigidas para o acesso a benefícios como o Bolsa Família, desfazendo a preocupação com desincentivos ao trabalho. Esses são alguns dos motivos para o pagamento de um benefício universal a todas as famílias com crianças.

O BUI integraria várias políticas que já existem para famílias com crianças. Elas não dialogam atualmente entre si: há crianças que nada recebem, inclusive pobres, e há outras que recebem mais de um benefício.[46] Sergei Suarez Soares se refere ao BUI como "uma ideia cujo tempo chegou".[47] Ele destaca que o Brasil tinha cerca de 17 milhões de crianças que não recebiam nenhum benefício social e, entre essas, dois terços estavam na metade mais pobre da população — isso já antes da pandemia.[48] "Se considerada como um todo, na situação em que se encontra, a proteção social para crianças no Brasil é simplesmente inaceitável", manifesta nota em defesa do BUI assinada por Sergei e outros pesquisadores do Centro Internacional de Políticas para o Crescimento Inclusivo.[49]

Assim, se uma espécie de renda universal causa a princípio uma estranheza por incluir crianças ricas, é preciso ficar claro que estas já são beneficiárias de recursos estatais — com um benefício indireto pago via imposto de renda (a dedução por dependente). Articular essas políticas com a universalização segue o caminho de várias outras democracias. Na Organização para a Cooperação e Desenvolvimento Econômico (OCDE), benefícios universais existem em quase vinte países.[50] Em outros países, existem benefícios semiuniversais — quer dizer, ficam de fora os cidadãos muito ricos.[51] Mesmo nos Estados Unidos, que têm tradição de um Estado menor, a própria direita tem defendido o benefício — que seria de quase 2 mil reais mensais na proposta do ex-presidenciável Mitt Romney.[52]

Dividindo a população brasileira em três grupos, podemos classificar cada família como pertencente ao terço mais rico, ao terço do meio ou ao terço mais pobre. E 99% das crianças que são beneficiadas pela dedução no imposto de renda integram famílias que na verdade estão no terço mais rico da população. É um foco marcadamente diferente daquele do Bolsa Família (0% das crianças que recebem estão no terço mais rico). Um benefício universal não provocaria uma situação mais injusta que a atual — em que famílias mais ricas já recebem dinheiro público pelas suas crianças e muitas famílias pobres nada recebem.[53] Sergei é crítico do sistema atual de "altos impostos" com "alta desigualdade". Apesar de um nível de gasto social razoavelmente elevado, teríamos dificuldade de reduzir a disparidade de renda.[54] Na sua visão, isso ocorre "porque gastamos muito com quem precisa menos e muito pouco com quem precisa mais".

A universalização também pode significar o fim das linhas de pobreza usadas pelo governo para decidir quem pode receber um pagamento. Veja que não há necessidade delas se o direito é universal. Tanto faz se a renda *per capita* em uma família é de cem, quinhentos ou oitocentos reais: ela irá receber em qualquer caso. Há algumas vantagens nesse arranjo. Supera-se a controvérsia sobre portas de saída — a necessidade defendida por alguns de haver na política social estímulos para que os mais pobres saiam de um programa. Nesse argumento, a linha de pobreza do Bolsa Família estimularia os beneficiários a não aceitar empregos formais, ou qualquer

Ipixuna, o lugar menos desenvolvido 63

ocupação, porque o aumento da renda seria detectado pelo governo e provocaria sua exclusão dos pagamentos. Em uma política universal, esse risco não existiria: ganhos de renda não provocam exclusão do benefício — simplesmente porque a renda não é critério para recebimento.

Outra vantagem é que as linhas de pobreza não captam adequadamente as necessidades de proteção de parte de nossa população. São os brasileiros que podem até viver acima dos limites de programas sociais, mas estão em risco de serem subitamente jogados na pobreza por uma doença, uma demissão ou uma intempérie climática (além da própria maternidade). "É preciso ter em mente que a pobreza é para muitos uma condição intermitente; o entra e sai na miséria não é bem absorvido em critérios rígidos de concessão", defendeu o senador Tasso Jereissati (PSDB-CE) em emenda para que o BUI fosse universal.[55]

Políticas para pobres causam estigma. "Fábrica de ruminantes", "Bolsa Farelo" e "voto de cabresto" são algumas das expressões que Jair Bolsonaro usou para (des)qualificar o Bolsa Família no passado, antes de sua presidência.[56] "Não faz nada, não produz nada", dizia ele sobre o beneficiário do programa. As falas do ex-presidente podem ser especialmente abomináveis, mas a resistência a programas assim é comum. Pode haver preconceito de outros grupos da sociedade e angústia entre os próprios beneficiários. Já um programa universal ou semiuniversal, por atingir uma parcela maior da população — como classes médias e a elite —, não tende a ser visto da mesma forma. Uma coalizão emergiria capaz de garantir recursos do orçamento para o programa, com efeitos virtuosos para a sociedade.

64   *Extremos*

Vale ressaltar, por fim, que o pagamento de benefícios é uma alternativa verde interessante para o combate à miséria em cidades como Ipixuna: o dinheiro entra, sem que tenha que sair madeira — ou qualquer outro produto comercializado a partir da destruição da floresta.

Além das transferências de renda

O desenvolvimento humano dos brasileiros passa também por outras políticas públicas — benefícios em dinheiro não podem resolver todos os desafios. Por exemplo, crianças precisam de ambientes salubres e de espaços adequados para os seus primeiros movimentos: estamos falando, portanto, de uma agenda de habitação, que transferências de renda podem ajudar apenas parcialmente.

No Brasil, é crítica também uma questão correlata que afeta o desenvolvimento: o saneamento básico. Em nosso país ainda morrem mais crianças pequenas por diarreia do que pela síndrome de morte súbita, afogamentos, acidentes de trânsito ou aspiração de objetos.[57] São diversos vírus, bactérias e vermes que ameaçam pela água a saúde desses brasileiros. Eles atrapalham a absorção de nutrientes, prejudicando o desenvolvimento do próprio cérebro. E em lugares como Ipixuna a rede de esgoto simplesmente não existe.

A oferta de educação infantil (creches e pré-escola) é outra política para esse público que deve ser vigorosamente expandida. O Brasil ainda está muito distante da cobertura de vários países desenvolvidos — em que creches parecem fazer parte da própria concepção do Estado de bem-estar so-

Ipixuna, o lugar menos desenvolvido 65

cial. A educação infantil é importante porque contribui para a nutrição de crianças pobres e pode ser uma fonte adicional de estimulação. A ênfase de muitos países nesse tipo de política se justifica ainda por outro canal de efeitos positivos: a possibilidade de aumentar a renda do domicílio, ao ajudar os responsáveis a trabalhar.

Em verdade, muito da pesquisa de James Heckman e coautores é focado especificamente nesse tipo de investimento — que teria efeitos duradouros, aumentando por exemplo a chance de uma criança chegar à universidade.[58] Um estudo publicado em 2021 por economistas das universidades de Chicago, Califórnia em Berkeley e o Instituto de Tecnologia de Massachusetts (MIT) encontrou novas evidências de impactos vantajosos da educação infantil sobre taxas de conclusão do ensino médio e envolvimento com crime no futuro.[59] A pesquisa se baseou em sorteios no preenchimento de vagas na cidade de Boston entre 1997 e 2003, podendo assim comparar a trajetória de vida daqueles que foram sorteados com a dos que não conseguiram as vagas na educação infantil.[60] Nos termos da filantropa Melinda Gates, esses estabelecimentos deveriam ser tratados como "uma infraestrutura essencial – tanto quanto estradas ou cabos de fibra óptica".[61]

Recentemente, um estudo feito para o México mostrou de forma engenhosa como a oferta de creches é importante para a inserção das mães no mercado de trabalho. Um pesquisador da Universidade Northwestern documentou que, quando falecem avós de crianças pequenas, o nível de emprego das mães diminui — um indicativo da necessidade de ter cuidadores para os filhos para que elas possam trabalhar.[62] Sem creches e sem *abuelas*, há perda de renda das genitoras.

O Brasil tem 35% das crianças de zero a três anos em creches. Ainda longe da meta do Plano Nacional de Educação (PNE), de 50% até 2024.[63] Há também disparidades regionais relevantes — cobertura acima de 40% no Sul e Sudeste, mas inferior a 20% no Norte —, segundo o IBGE.[64] Na nossa Ipixuna mesmo não há creches para crianças de até três anos. Além da restrição de oferta, nem sempre há regra para preenchimento das vagas existentes, que não necessariamente priorizam quem mais precisa. Nesse sentido, o Senado aprovou em 2022 o projeto da Lei dos Direitos da Mãe Solo, do senador Eduardo Braga (MDB-AM), que assegura às mães solo de menor renda prioridade na alocação de vagas na rede pública — inclusive nas instituições mais próximas de sua residência.[65]

Finalmente, outra política que tem se mostrado promissora na formação de capital humano na primeira infância são os programas de visitação domiciliar, nos quais famílias com crianças pequenas recebem visitas do Estado não apenas para aferir as condições de saúde do bebê, mas também para garantir que os pais tenham os instrumentos para estimulá-los.[66] A ciência tem mostrado que crianças se beneficiam muito quando mães e pais recebem dicas de como cuidar delas. A Universidade de Chicago já tem um laboratório inteiro para fazer prescrições a formuladores de políticas públicas quanto às melhores práticas (o Laboratório de Insights Comportamentais e Parentalidade — BIP). Afinal, "os pais [...] podem ser considerados os primeiros professores de um indivíduo", como afirma Michael França, do Insper.[67]

Tanto as visitações domiciliares quanto a educação infantil têm mais a ver com atribuições dos municípios do que de outros entes. Uma possibilidade para estimular a ampliação dessas redes é alterar os critérios de partilha de tributos (federais ou estaduais) para que municípios que mais investem na primeira infância sejam recompensados — tendo direito a receber mais da arrecadação dos impostos. No Rio Grande do Sul, a ideia foi discutida como "ICMS Primeira Infância".[68]

Mas toda essa agenda esbarra em um obstáculo principal: crianças não votam. Há uma grande desigualdade na apropriação do gasto público entre diferentes gerações de cidadãos — e só os acima de dezesseis anos podem manifestar sua preferência nas urnas. Vários dos principais desafios do país, porém, recaem sobre os mais novos — como a pobreza infantil ou a mudança climática. Na literatura de ciência política até se discutem modelos em que pais pudessem votar pelos filhos pequenos. Mas, salvo uma discussão no Parlamento alemão na década passada, essa proposta não foi levada a sério em nenhum país.[69]

Como empregar mais pessoas?

"Nem se tivesse creche", me respondeu Thaynara quando perguntei se a renda da família poderia aumentar se tivesse com quem deixar a filha. "Eu não poderia trabalhar porque aqui não tem emprego." Efetivamente, dados oficiais de 2019 indicavam menos de cinquenta empregos com carteira assinada em toda Ipixuna, em uma população estimada de 30 mil pessoas.

A ausência de ocupações formais é comum a moradores de outras áreas periféricas do país — me refiro à "periferia da economia" como um todo. Não apenas de municípios distantes como também de bairros pobres de grandes cidades. Para falar sobre geração de empregos, retornaremos agora a um tema do qual já começamos a tratar — o sistema tributário brasileiro — e adiantaremos nossa análise sobre outro — o mercado de trabalho no país.

Empregos permitem tanto a geração de renda para um cidadão e seus familiares como a inserção em uma comunidade, a formação de propósitos, o planejamento de objetivos de longo prazo, a afirmação de uma identidade. Além disso, benefícios sociais podem erradicar a extrema pobreza (um limite de insuficiência de renda mais baixo), mas eles não têm ainda o condão de erradicar a pobreza (entendida como um limite de insuficiência de renda mais alto, que abarca cerca de um quarto da população brasileira). Já as políticas de desenvolvimento infantil, claro, não beneficiam imediatamente a atual coorte de adultos. Por isso, a redução das desigualdades passa também pela geração de oportunidades no mercado de trabalho. Isso quer dizer mais empregos, principalmente — e também maiores salários e empregos de maior qualidade.

O Brasil, porém, conviveu nas últimas décadas com vários períodos de desemprego alto e quase sempre com informalidade alta. Isso quer dizer que boa parte das ocupações que existem não se dão com carteira assinada: são vagas instáveis, que não contam com proteção de benefícios trabalhistas e previdenciários.[70] A falta de benefícios não é o único problema. Como o emprego informal se dá tipicamente fora das empresas de maior produtividade, ele não favorece o desenvolvimento de uma carreira. E, além disso, não oferece es-

Ipixuna, o lugar menos desenvolvido

tabilidade e segurança para o planejamento familiar, porque dificulta o acesso a bons empréstimos.

Contudo, o emprego formal, com carteira assinada, conta com uma série de obstáculos no Brasil, que não atingem de forma homogênea nossa população. Historicamente, esse emprego é mais raro para jovens, mulheres, negros, habitantes das regiões Norte e Nordeste. Esses obstáculos incluem a alta tributação do emprego (que compensa a baixa tributação do capital no Brasil) e regras mal desenhadas que prejudicam exatamente os brasileiros mais vulneráveis. Por isso, uma agenda de abertura do mercado de trabalho passa tanto pela reforma tributária (para reduzir a tributação) quanto por reformas trabalhistas (para que regras de contratação facilitem a inclusão dos brasileiros excluídos).

A exclusão no mercado de trabalho

Temas trabalhistas costumam ser considerados polêmicos, mas na verdade são falsamente polêmicos. Veremos que governos de esquerda e direita empreenderam ao longo do tempo um conjunto de iniciativas para melhorar o acesso ao mercado de trabalho dos brasileiros mais pobres que parecem baseadas em um mesmo diagnóstico. E esse diagnóstico é de que no Brasil é difícil empregar os mais pobres.

O ponto de partida para compreender essa realidade é até simples: a lei da demanda (ou a lei da procura). Em um mercado, quanto maior o preço, menor é a procura. No mercado de trabalho, quanto maior for o custo, menor seria a demanda por trabalho.[71] O custo de contratar — salários e encargos — é uma variável importante, mas precisamos introduzir outra. É que a decisão das empresas de contratar, segundo os modelos matemáticos da microeconomia, também leva em conta o quanto cada funcionário poderá gerar para ela.

Quando elas vão contratar alguém? Simplificadamente, quando compensar. Isto é, quando o custo da contratação for menor do que o aumento no faturamento gerado pelo funcionário. Essa última variável é chamada de "produtividade". Esse termo significa então, de forma ampla, o produto associado a cada trabalhador.

A produtividade depende desde o acesso à tecnologia até o nível de instrução. Um trabalhador bem formado e com bons equipamentos pode produzir mais, ajudando a empresa a ganhar mais dinheiro. Ademais, a produtividade depende da própria economia: não havendo atividade econômica forte em uma localidade, a produtividade também será menor. A capacidade de um bom vendedor de aumentar o faturamento (produtividade) será bem diferente em uma lojinha no interior de uma região pobre e em uma grande empresa de uma cidade próspera.

E o que os governos devem fazer então para elevar o emprego formal? Podemos concluir que é não permitir que o custo de contratar seja sistematicamente maior que a produtividade (o faturamento que cada funcionário gera). De um lado, o governo não deve exigir tributos demais do emprego, porque aumenta o custo. De outro, deve atuar para aumentar a produtividade, por exemplo investindo na educação e na qualificação da população. Países ricos podem estabelecer salários mínimos relativamente altos sem que isso afete as contratações, porque a produtividade é alta e contratar continua compensando.

Ipixuna, o lugar menos desenvolvido

Essa equação entre custo e produtividade pode até ser sempre a mesma, mas o resultado não será o mesmo em qualquer caso — porque a força de trabalho não é homogênea. A produtividade varia com cada trabalhador. Por isso é tão importante haver reformas que sejam orientadas para os grupos vulneráveis, de menor produtividade. Por exemplo, faz sentido exigir o pagamento dos mesmos tributos de um trabalhador mais velho e de um trabalhador mais jovem?[72] E exigir o cumprimento das mesmas regras trabalhistas para a contratação de um trabalhador experiente e de um que nunca foi empregado? Nesse sentido, muitos países desenvolvidos optam por diferenciar a tributação ou as regras para grupos vulneráveis, a fim de ampliar a demanda das empresas por essa mão de obra (e fazem isso com certo sucesso).

A taxa de desemprego normalmente reportada pela imprensa é uma média — não conta toda a história. Para brasileiros mais pobres, a taxa é maior, realidade que acaba escondida se analisarmos apenas a taxa total. Por exemplo, no início de 2023, a taxa de desemprego era de 9%, mas, enquanto o desemprego na região Sul estava em 5%, no Nordeste a taxa era mais que o dobro, 12%.[73] Para pretos, a taxa era 50% superior à dos brancos — mesma discrepância que existe entre mulheres e homens. Há ainda a desigualdade geracional: o desemprego entre adultos jovens era três vezes maior que entre adultos mais velhos.[74]

Além do desemprego, há o desafio da informalidade. Antes da crise da covid-19, considerando apenas quem de fato tinha uma ocupação, a taxa de informalidade era de 60% no Norte e no Nordeste, enquanto no Sul e no Sudeste eram cerca de 30% os trabalhadores ocupados que estavam informais.

Quase metade dos negros (pretos e pardos) com emprego estava na informalidade, frente a um terço dos brancos no conjunto do país.[75]

Juntando as informações de desemprego e informalidade, podemos afirmar que a carteira de trabalho, se fosse uma pessoa, seria um homem branco mais velho do Centro-Sul do Brasil. É ele quem predomina nessas melhores vagas. Para outros grupos, o mercado de trabalho formal está fechado — são os brasileiros que estão informais ou desempregados ou até fora da força de trabalho, porque nem mesmo são considerados desempregados.[76] Como em Ipixuna.

O Brasil tributa muito o trabalho

A tributação alta do emprego tem como uma consequência intuitiva o desestímulo às contratações, que ficam dificultadas. Há um contraste: enquanto do trabalho pede-se muito, exige-se relativamente pouco imposto do capital. Como vimos, é comum que o capital receba tratamento favorecido, se somando a instrumentos, como a isenção sobre lucros e dividendos, que acabam tendo característica de privilégio.[77]

A baixa tributação dos ricos e a alta tributação do trabalho não são temas separados. O Estado precisa arranjar recursos em algum lugar para se financiar. Não é, assim, possível simplesmente reduzir a tributação do trabalho — porque isso seria danoso às contas públicas. E não há espaço para isso em parte porque o sistema tributário já dá benesses demais para as elites. A tributação do trabalho no Brasil tem que ser alta para compensar a baixa tributação dos ricos.

Ipixuna, o lugar menos desenvolvido

O principal encargo que os empregadores devem pagar mensalmente é a contribuição previdenciária, via de regra de 20% do valor da remuneração de cada empregado.[78] Esse tributo é tão relevante que compete com o imposto de renda das pessoas físicas como o principal tributo em arrecadação da União, levantando centenas de bilhões por ano.

Diversos países adotam uma tributação maior que a nossa no imposto de renda e muito menor sobre a folha de salários. Esse é o modelo da Dinamarca, da Nova Zelândia, da Austrália. São democracias famosas pelos altos índices de desenvolvimento humano, nas quais a tributação amigável ao emprego coexiste com redes de proteção social robustas para aqueles trabalhadores que não conseguem ser bem-sucedidos no mercado de trabalho. Um modelo para o qual deveríamos buscar convergir.

Mas, aqui no Brasil, a contribuição previdenciária é só um dos tributos, entre os mais de dez, que pesam sobre o emprego.[79] Estimativas apontam que para o empregador o custo de um vínculo trabalhista vai de 25% a 200% do valor recebido pelo empregado como remuneração (a depender do que é considerado como remuneração).[80] Em 2023, uma ampla consulta realizada pelo governo Lula junto ao setor privado revelou que o principal componente do Custo Brasil ainda era "empregar capital humano", com grande relevância para os tributos sobre os salários.[81]

A redução dos encargos sobre a folha costuma ser tratada no Brasil pelo nome de "desoneração".[82] No Senado, o projeto do Sistema de Metas de Emprego, do senador Angelo Coronel (PSD-BA), propõe uma desoneração regionalizada: apenas para regiões com alto desemprego.[83] Um gatilho de taxa de desemprego de 14% em um estado zeraria os tributos sobre a folha em seu território — alcançando estados mais pobres como o Amazonas.[84]

Por sua vez, o especialista Bernard Appy, diretor do Centro de Cidadania Fiscal (CCiF) e, no momento em que escrevo, secretário extraordinário da Reforma Tributária do terceiro governo Lula, propõe uma desoneração de âmbito nacional, mas apenas do salário mínimo. Isso significaria uma desoneração de 100% para trabalhadores mais pobres. E uma desoneração também para os demais, ainda que menor (correspondente aos primeiros mil e trezentos reais de salário, equivalentes ao salário mínimo).[85] "A melhor medida para estimular a geração de empregos formais no longo prazo seria reduzir significativamente as contribuições sobre folha incidentes sobre o primeiro salário mínimo da remuneração de todos os trabalhadores", argumenta Appy.

O HINO DE IPIXUNA TEM UMA PASSAGEM CURIOSA: "Teu desenvolvimento causa espanto". Uma afirmação inusitada para o lugar que estamos chamando de o menos desenvolvido do Brasil, às voltas com mazelas como doença de Chagas e onde centenas de domicílios ainda não tinham banheiro no último Censo. O que significa ser desenvolvido, afinal?

Indicadores de desenvolvimento, como o da Firjan ou do *Atlas do desenvolvimento humano*, são medidas de prosperidade. Popularizaram-se pelo objetivo de aferir progresso sem se basear somente em medidas de renda — ambos tratam também de educação e saúde, correlacionando-se ainda com outros atributos (como acesso a boa infraestrutura ou cultura, por exemplo).[86]

Ipixuna, o lugar menos desenvolvido

O lugar mais desenvolvido e o lugar menos desenvolvido refletiriam, assim, desigualdades em qualidade de vida. Mas alguém também poderia contestar essa visão. E é perfeitamente natural, porque nenhum indicador pode agregar todas as dimensões de tudo que é importante para todo mundo.

Tomemos alguns exemplos. Conversando com uma mãe de Ipixuna, eu queria extrair dela o sentimento de que era ruim morar naquela cidade e a sua vontade de se mudar dali. Ganhei outra resposta. Ela me contava sobre como preferia morar em uma cidade pequena e como adorava poder almoçar com sua filha, além de poder visitar os avós no fim de semana — o que não conseguiria fazer se buscasse uma vida diferente em outro lugar, tanto porque seu trabalho poderia ser distante de casa quanto porque sua rede de afetos estaria fora dali. Um indicador construído com esses atributos apresentaria qualidade de vida maior em Ipixuna ou em Pinheiros?

Os rios que banham e batizam esses lugares também são diferentes: o do lugar mais desenvolvido é podre, o do lugar menos desenvolvido chega a esbanjar vida selvagem — como as dezenas de queixadas que nadam à nossa frente no retorno a Cruzeiro do Sul.

Ipixuna, de fato, conserva muito mais do seu território que outros municípios da Amazônia que são tidos como mais desenvolvidos. Se nossos indicadores de desenvolvimento considerassem preservação, estaria em uma situação diversa: Ipixuna tem 98% de seu território preservado — contra apenas 45% de Pacajá,[87] município amazônico que recentemente se destacou como um dos que mais emitem CO_2 em todo o país (com nível de poluição equivalente ao da cidade de São

Paulo). Em nossos dados, porém, é Pacajá que é considerado mais desenvolvido. Até que ponto isso faz sentido?

"Seja simples. Dê amor. Ria muito. Seja grato." São os dizeres das populares placas de um balneário de Ipixuna, onde nenhum prédio parece ter mais de dois andares. Nos próximos capítulos, traremos outras perspectivas para nossa conversa sobre desigualdade no Brasil, para além da dicotomia Pinheiros-Ipixuna. Visitaremos novos extremos. O vento no barco afasta minha paranoia com mosquitos e finalmente dá algum alívio no calor. Me faz lembrar de vovó, que, quando nos visitava, vinda de Belém, vestia casacos e comentava como era frio — em Brasília. Estamos deixando então o Juruá (e meus tênis, perdidos depois de atolar no embarque).

3. Morumbi, o bairro em que se vive mais

Parecem quilômetros e quilômetros de muros verdes, que ficam mais altos na rua Gália — tão altos que há guaritas avançadas cuja base é lá pela altura do meio do muro e cujo topo fica ainda abaixo do fim dele, devidamente encapsuladas pelas heras ou qualquer que seja o nome da planta trepadeira que ali encontra amplíssimo espaço. Só consigo ver acima dos muros a cerca elétrica que se projeta sobre a própria calçada. Queria bisbilhotar a icônica mansão Safra, construção de mais de 10 mil metros quadrados, no Morumbi — o bairro paulistano no topo do ranking brasileiro de longevidade.

Consegui ver pouco do que é descrito como uma casa com cinco andares, nove elevadores e 130 cômodos, a maior da cidade, com seu estilo parecido com o do Palácio de Versalhes. Foi a residência de Joseph Safra, que, com patrimônio superior a 100 bilhões de reais, era o homem mais rico do Brasil e o banqueiro mais rico do mundo quando faleceu, durante a pandemia, de causas naturais. Tido pela imprensa como discreto, teria se arrependido da construção da casa.[1]

Do outro lado da rua, outra mansão famosa. Também enorme, essa se exibe para a rua, como numa rinha de banqueiros — o vizinho era Edemar Cid Ferreira, do falido Banco Santos. "Não existe nada igual no Brasil", anunciou a apresentadora Patrícia Poeta no *Fantástico* enquanto imagens internas do imóvel eram mostradas na TV pela primeira vez.[2] A mansão seria conhecida nacionalmente pela bela coleção de arte contemporânea que abrigava.

Sem muros, a residência quebra a monotonia da paisagem, não apenas por suas curvas, mas também pelo estado de abandono do prédio modernista assinado por Ruy Ohtake. Nas paredes descascadas, pichações. Dias antes fora colocada à venda por 70 milhões de reais — dez anos após o despejo do ex-banqueiro.[3]

As mazelas que reduzem a expectativa de vida dos brasileiros em outros lugares não parecem mesmo presentes ali: a miséria e a falta de saneamento responsáveis pela mortalidade infantil, a violência urbana e no trânsito que mata os adultos jovens, a falta de acesso à saúde que afeta os mais velhos.[4] É simbólico que o Morumbi sedie a principal unidade do Albert Einstein, considerado o melhor hospital da América Latina e do Hemisfério Sul.[5]

O Morumbi é frequentemente ligado à tensão dos moradores com a vizinha favela de Paraisópolis, uma das maiores do Brasil. É muito conhecida uma foto aérea de Tuca Vieira ressaltando o contraste entre o que parecem dois mundos diferentes. Símbolo mundial de desigualdade, a foto traz de um lado a alta densidade de construções pequenas e de menor qualidade da favela e, de outro, apartamentos com piscinas na varanda em prédios rodeados por quadras de tênis.[6]

"Então nós temos que dar estudo de graça, nós temos que dar uniforme de graça, nós temos que dar Bolsa Família de graça, e eles não têm que dar nenhuma contrapartida?" Essa fala de um morador do Morumbi tinha ficado comigo por um tempo. Ele reclamava sobre a favela, em uma reu-

Morumbi, o bairro em que se vive mais

nião entre moradores e a Polícia Militar. Tanta coisa estava errada. A sugestão de que se "dá" demais, quando são os mais ricos que efetivamente pagam menos tributos. A ideia, enraizada na elite, de que ela não se beneficia dos serviços públicos — mas quem alfabetiza seus funcionários? Quem vacina seus consumidores? Imagine como deve ser difícil mesmo para ricos prosperarem em uma economia na qual as pessoas não têm o capital humano mais básico. A cena da reunião, no documentário em curta-metragem *Entremundo*, de Thiago Mendonça e Renata Jardim, inclui ainda recomendações para os policiais: limpar aquilo, comprar granadas, retirar a favela do Morumbi.

Para ser justo, pode ser que os moradores hostis não sejam representativos, e o Morumbi, apesar de afluente, não é formado só por mansões. Estão no bairro o maior estádio da cidade — casa do São Paulo Futebol Clube — e o Palácio dos Bandeirantes, sede do governo estadual. Na opinião do arquiteto Anthony Ling, editor do *Caos Planejado*, um site atento a questões urbanas no Brasil, a própria elite que cobiçava o Morumbi foi com o tempo deixando o bairro, nos últimos anos. Ele explica que a busca por maior proximidade com comodidades em áreas com um zoneamento mais flexível resultou hoje em muitas casas à venda. Cresceu o número de condomínios fechados em municípios vizinhos — é anedótica a existência da "Escola Morumbi em Alphaville". De fato, vi vários anúncios nos labirintos verdes.

Na verdade, este capítulo poderia ser baseado em outros bairros de tradição em grandes cidades brasileiras, que empatariam com o Morumbi no subíndice de longevidade do *Atlas do desenvolvimento humano*.[7] É o caso do Jardim Botânico no

Rio de Janeiro, de Icaraí em Niterói e do Mata da Praia em Vitória. Ou ainda o Agronômica em Florianópolis e o Água Verde em Curitiba. É útil, porém, voltarmos a São Paulo e ressaltarmos a montanha de riqueza que há aqui. O Morumbi deve ser considerado, assim, apenas uma alegoria dessa desigualdade — como nos demais extremos desse livro.[8]

Na pandemia, o Morumbi de fato apresentou resultados mais favoráveis do que outras regiões da cidade que tinham população de idosos semelhante, mas que eram mais pobres. No limite, essa disparidade no número de mortes chegou a ser de 50%.[9] Como em outras partes do Brasil, a riqueza se relaciona com menor mortalidade pelo vírus. Infelizmente, essa não é uma característica apenas dessa doença.

Vidas mais longas

Pessoas valorizam dinheiro porque entendem, em maior ou menor grau, que ele conduz a uma vida melhor. Mas há evidência também de que ele leva a uma vida *maior* — ou mais longa.

A expectativa de vida é muitas vezes usada como uma medida alternativa à renda para aferir progresso das sociedades. Contudo, é verdade também que essas duas variáveis podem andar juntas: dinheiro importa para a saúde. Em breve, em outro extremo, vamos tratar de outras variáveis que afetam a expectativa de vida. Por ora, aproveitemos as mansões do Morumbi para conhecer a relação entre dinheiro e vida longa. Não é coincidência que esse lugar com tanta riqueza aparente tenha surgido no topo do ranking nacional de longevidade.

Morumbi, o bairro em que se vive mais

Indivíduos mais ricos podem gastar mais em consumo, inclusive no consumo de serviços de saúde. Como explica o prêmio Nobel Angus Deaton e coautores em *Os determinantes da mortalidade*, isso inclui melhores planos de saúde, médicos e hospitais.[10] Os economistas ressaltam que, para quase todas as doenças e para todas as idades, as taxas de mortalidade tendem a diferir entre ricos e pobres. De fato, a existência de recursos materiais faria diferença mesmo antes de a doença chegar. Aqueles com melhores condições de alimentação e de habitação já estariam menos expostos a elas. Por sua vez, o "estresse psicossocial" decorrente da pobreza seria em si uma fonte de desgaste da saúde.

Deaton, professor da Universidade de Princeton, sublinha ainda que indivíduos mais ricos apresentam comportamentos mais saudáveis, como os relacionados a dietas e exercícios — bem como maior adesão a tratamentos e a práticas preventivas. Esses comportamentos estariam indiretamente relacionados à renda. Podemos especular que pessoas mais afluentes transitam por círculos com bom acesso à informação, e o "contágio social" ajudaria a entender por que certos hábitos saudáveis se disseminariam mais em um grupo (mais ricos) do que em outro (mais pobres).

Contudo, o ponto central para Angus Deaton é outro: o acesso à educação, que explicaria a maior parte da correlação entre a renda e longevidade. "O link entre status social e saúde é complexo, talvez complexo demais para uma única explicação", concluem os especialistas. Para a realidade brasileira, é possível conjecturar que os mais pobres também tenham maior exposição ao trânsito ou à violência urbana.

O premiado professor Raj Chetty, da Universidade Harvard, e outros pesquisadores identificam, para uma amostra de americanos mais velhos, que — para qualquer nível de renda — mais dinheiro significa maior expectativa de vida.[11] A diferença de sobrevida entre mulheres ricas e mulheres pobres nos Estados Unidos chegaria a ser tão grande que poderia ser comparada à diferença esperada entre grupos de não fumantes e fumantes por toda uma vida.

Outro estudo recente buscou de forma inédita investigar a relação especificamente entre patrimônio e expectativa de vida.[12] Pesquisadores de universidades americanas acompanharam dados da trajetória ao longo da vida de irmãos e até de gêmeos, permitindo isolar a influência de genética, experiências comuns e outros atributos familiares sobre a longevidade. Aqueles que tinham maior patrimônio na vida adulta tendiam a viver mais.[13]

A opulência no Morumbi nos inspira a falar justamente sobre patrimônio. Tratamos nos últimos capítulos das distorções na tributação da renda e do trabalho no Brasil. As mansões são um gancho para tratarmos enfim da tributação sobre patrimônio, isto é, de outros instrumentos que permitiriam redistribuir a prosperidade evidente por aqui. Esse discurso, porém, pode incomodar quem vê tons comunistas nesse tipo de conversa. Vamos dar um passo atrás então e debater se a desigualdade é realmente um problema, e se vale a pena combatê-la.

Desigualdade: Por que ela importa, afinal?

O maior problema do Brasil é a desigualdade e a pobreza, segundo 24% dos cidadãos entrevistados em 2022 pelo *Atlas político*, perdendo nas respostas apenas para a corrupção.[14] Na

Morumbi, o bairro em que se vive mais

verdade, começamos a nos importar com desigualdade muito cedo: nos primeiros anos de vida. Estudos mostram que já com dois anos de idade bebês mostram inconformismo com distribuições desiguais, e com quatro anos crianças já optam por distribuir igualitariamente.[15]

Entre nós, adultos, é frequente que a desigualdade seja apontada primeiramente como um problema ético. Ela é condenada pelos mais diversos partidos políticos, pela Constituição ou pelas religiões ao longo da história. "Um mundo excessivamente desigual, em que os mais pobres veem o abismo que os separa dos ricos e sabem que essa distância jamais será vencida, será também um mundo de muita frustração existencial", resume o filósofo e economista Joel Pinheiro da Fonseca.[16] Efetivamente, há evidência científica de que a desigualdade está associada a ansiedade e estresse — inclusive para os ricos.[17]

Mas nem todos veem dessa forma. Temos falado sobre desigualdade — da qualidade de vida, de renda, de patrimônio, de longevidade —, mas por que ela importa? Alguns questionam a ênfase no combate à desigualdade, alegando que o foco de uma sociedade não deveria ser este, mas sim o combate à pobreza. Então vamos começar por aí.

É claro que é possível pensar em situações em que há desigualdade e ela não importa. Em um voo saindo de São Paulo para Miami existe desigualdade. Há aqueles que estão na primeira classe, os que estão na classe executiva, e a maioria, que foi de classe econômica. Pode ser que alguns tenham custeado a viagem com milhas ou com anos de antecedência, enquanto para certos passageiros ela foi um capricho de última hora. Há quem viaje a turismo ou a trabalho. Mas bem ou mal todos estão indo para Miami. Há desigualdade entre os passageiros do voo, mas pouco me preocupo com ela. Dificilmente há pobreza relevante nesse avião.

Mas o Brasil não é o voo para Miami. Há pobres, muitos pobres. E o combate à desigualdade se confunde com o combate à pobreza. A desigualdade implica que o dinheiro está mais concentrado numa camada social do que em outra. Se em um país há pobreza e muita desigualdade, isso quer dizer que reduzindo essa última podemos melhorar a vida dos mais pobres.

Na teoria econômica essa questão da má alocação dos recursos é tratada também em análises de "bem-estar" — afinal o consumo do já rico não traz a ele a satisfação que o mesmo recurso pode trazer ao pobre. Como se a felicidade média da sociedade aumentasse com a redistribuição, porque, digamos, a "infelicidade" do mais rico é mais do que compensada pela "felicidade" do mais pobre quando os recursos são realocados (no jargão, o termo de interesse aqui é "utilidade marginal da renda").[18]

Assim, não parece haver conflito entre os discursos de combate à desigualdade e combate à pobreza: a maioria daqueles que pleiteiam a redução da desigualdade aspira a níveis de pobreza menos baixos — não a uma situação em que a desigualdade foi reduzida porque os pobres seguiram sendo tão pobres quanto já eram e apenas os ricos "desceram" até ficarem tão pobres quanto eles.

Ou, nos termos do professor Marcelo Medeiros, de Columbia:

Morumbi, o bairro em que se vive mais 85

A desigualdade pode não ser problema, mas igualdade é solução. Uma das formas de se reduzir a pobreza é redistribuição. Portanto, quem se preocupa com pobreza tem de se preocupar com igualdade. A pobreza, aliás, é uma forma de desigualdade, a desigualdade entre os pobres e o resto. Logo, é melhor deixar essa filosofia de segunda classe de lado.[19]

E no Brasil há muito espaço para redistribuir: como vimos anteriormente, somos um microcosmo do mundo, englobando algumas das pessoas mais ricas e das pessoas mais pobres da Terra. Diante dessa distribuição, indicadores como o crescimento do PIB, por exemplo, são menos relevantes do que em outros países — ou ao menos devem ser complementados pela análise da desigualdade.

Agora podemos entrar em outro debate paralelo: qual é a relação entre desigualdade e o crescimento da economia?

Desigualdade e crescimento econômico

Para além de outras ponderações, como a ética, a desigualdade deve ser combatida também porque atrapalha o próprio PIB agregado. Isto é, o crescimento da economia é limitado na presença de alta desigualdade. Essa é a conclusão para qual convergem hoje as evidências mais atuais da economia.[20]

Essa questão é importante, porque supera um falso dilema que é historicamente colocado: governos devem focar em fazer a economia crescer ou em promover redistribuição? É um debate que parece estar ficando datado. Cada vez mais, reconhece-se que a busca por menor desigualdade não é incompatível com o crescimento do PIB.

Por exemplo, estudo recente publicado pelo FMI constata que níveis menores de desigualdade estão associados a crescimento econômico mais acelerado e mais duradouro. Os técnicos da instituição descartam então que medidas de combate à má distribuição de renda prejudiquem o crescimento do PIB:

> As coisas que os governos tipicamente fizeram para redistribuir renda não parecem ter levado a resultados ruins para o crescimento econômico, salvo no caso de medidas extremas. E a redução da desigualdade resultante ajudou a sustentar um crescimento mais rápido e durável, sem contar as considerações mais amplas do ponto de vista ético, político e social [sobre desigualdade].[21]

E por que a desigualdade seria ruim para o crescimento? Diversos trabalhos discutem essa questão. Os pesquisadores espanhóis Gustavo Marrero e Juan Gabriel Rodríguez fazem uma analogia interessante: assim como existe o colesterol bom e o colesterol ruim, também haveria uma desigualdade "boa" e uma desigualdade "ruim". Simplificadamente, a primeira seria a desigualdade decorrente de diferenças em esforço, enquanto a segunda seria a desigualdade de oportunidades.[22]

Para os autores, o capital humano seria o motor do desenvolvimento das sociedades, e é por conta disso que a desigualdade ruim afetaria o crescimento. A desigualdade de oportunidades dificultaria que pessoas talentosas e esforçadas alcançassem todo seu potencial. Privadas de boas escolas

Morumbi, o bairro em que se vive mais

ou boas vagas de emprego, por exemplo, elas deixam de ser os profissionais produtivos que deveriam ser, o que implica perda para a economia.

Ainda no âmbito do FMI, técnicos apontaram recentemente que os efeitos da desigualdade de renda sobre o crescimento econômico seriam piores nas economias em que já há elevada desigualdade de oportunidades.[23] Já o economista Marcos Mendes, do Insper, elenca outros canais por meio dos quais a iniquidade pode prejudicar o PIB: "A desigualdade pode criar instabilidade política e desencorajar investimentos ou pode, ainda, minar os direitos de propriedade".[24]

A inovação, veículo importante para o crescimento econômico, também poderia ficar prejudicada. "[A desigualdade] não estimula pessoas a inovarem, incentivando pessoas a buscarem renda junto ao governo", explica o pesquisador Carlos Góes sobre essa possibilidade.[25] A recompensa de atividades empreendedoras seria menor que a de atividades rentistas.

Branko Milanović, o economista sérvio-americano que é referência no tema, resume assim esses últimos argumentos:

A desigualdade é necessária para criar incentivos para que as pessoas estudem, trabalhem duro ou iniciem empreendimentos arriscados. [...] Mas a desigualdade passa a ser ruim a partir de um ponto — que não é fácil de definir — no qual, em vez de fornecer a motivação para se destacar, ela fornece os meios para preservar posições já adquiridas.[26]

Milanović chama a atenção assim para o risco de prejuízos à "eficiência econômica" se a concentração de renda e riqueza for usada para impedir mudanças positivas para o conjunto da sociedade, deixando as melhores oportunidades apenas para os mais ricos. Nesse sentido, o indiano Amartya Sen, prêmio Nobel de Economia, vaticina que "a desigualdade e a assimetria do poder têm o potencial de corroer as vantagens da democracia".[27] Outros canais de transmissão importantes mencionados pela literatura sobre como a desigualdade afeta o crescimento econômico incluem a perda de coesão na sociedade e a tendência ao populismo.

Economistas brasileiros atuantes no debate nacional também têm chamado a atenção para essas questões em anos recentes: "Não temos um projeto de como endereçar [abordar] a desigualdade no país. Não é só uma questão moral. [A desigualdade] enfraquece a economia e também não ajuda no fortalecimento da própria democracia", argumenta Zeina Latif.[28] Já Arminio Fraga defende que há uma pauta comum de medidas, inclusive educação, que melhorariam tanto a distribuição de renda quanto o desempenho do PIB: "Muita coisa que poderia ajudar na desigualdade também ajudaria no crescimento".[29] Arminio, que historicamente foi mais associado aos liberais no debate público, pontua ainda: "Discordo radicalmente de uma linha de pensamento mais antiga, que é fazer o bolo crescer para depois distribuir".[30]

Os macroeconomistas da FGV Pedro Cavalcanti Ferreira e Renato Fragelli veem da seguinte forma a suposta dicotomia entre distribuir ou fazer a economia crescer, em linha com o que argumentaremos ao longo deste livro: "Não há qualquer incompatibilidade entre os dois. Sobretudo num país onde o Estado promove a desigualdade [...]. Há muito o que pode ser feito para se reduzir desigualdades, sem sacrifício do crescimento".[31]

Na verdade, há ainda outra forma de enxergar essa controvérsia. Ao fim e ao cabo, quando falamos de combate à desigualdade estamos sempre falando de crescimento econômico: do crescimento econômico da parcela mais pobre da sociedade. Esse crescimento, nesse caso, é possibilitado pelos recursos que estão no topo, onde estão sendo desperdiçados com um uso mais ineficiente. Trata-se do desenvolvimento humano de brasileiros periféricos, que pode acabar não influenciando muito indicadores mais gerais (como o PIB total) porque suas rendas pesam pouco no cálculo.

Também é claro, porém, que não se deve renunciar a objetivos de PIB, até porque é da sua própria alta que a política social pode depender para se financiar. Na perspicaz analogia de Ricardo Paes de Barros, a política social pode ser vista como um vagão que se conecta a um trem (a economia): "Se o trem não anda, o vagão também não".[32]

O colesterol ruim

Muito do que falamos nas últimas páginas alude a um tipo de desigualdade específica: a desigualdade de oportunidades. Essa é aquela que já foi equiparada pelos pesquisadores espanhóis ao colesterol "ruim", sendo então mais danosa para as sociedades. Para qualificá-la, fico com uma fala de uma conversa com Persio Arida, o economista que entre tantos predicados é mais conhecido como idealizador do Plano Real:

Uma coisa é uniformidade de resultados. Lugares onde todos ganham a mesma coisa são só os países comunistas — tipicamente. Nos países capitalistas, tem gente que trabalha mais, gente que trabalha menos. Gente que tem mais sorte, mais azar. Tem gente que dá mais importância para dinheiro na vida, outros nem tanto. O importante é que de um lado exista igualdade na partida: uma igualdade de oportunidades. Daí a importância do Estado.[33]

Vamos avançar com a explicação de Michael França. Ele nos dá um exemplo de desigualdade que não seria exatamente injusta: aquela entre dois irmãos gêmeos que escolheram rumos diferentes. Ambos terminam os estudos. Um resolve se mudar para vender arte na praia, mas outro escolhe ficar na cidade e trabalhar em uma startup. Esse segundo fica rico. Para usar a terminologia de Persio, não houve uniformidade de resultados: essa desigualdade provavelmente não exigiria intervenção do Estado. Afinal, os dois irmãos gêmeos, aparentemente, tiveram as mesmas chances. Não se trataria, portanto, de um caso de desigualdade de oportunidades. França argumenta o seguinte:

> O componente considerado injusto da desigualdade surge devido ao fato de que circunstâncias fora do controle do indivíduo acabam ditando parte dos resultados alcançados. Mais especificamente, estima-se que entre 10% e 37% da desigualdade de renda brasileira poderia ser explicada por circunstâncias como escolaridade e ocupação dos pais, raça e região do nascimento. Nesse cenário, o recorrente bloqueio das aspirações de um indivíduo por motivos que estão fora do seu controle pode virar uma poderosa fonte de conflitos sociais e distorções.[34]

Morumbi, o bairro em que se vive mais

A desigualdade de oportunidade se relaciona também com o debate sobre desigualdade e liberdade. Quem é introduzido nessa conversa pela primeira vez tende a achar que desigualdade não é uma preocupação típica de liberais, que os liberais seriam a favor de uma visão de sociedade do tipo "cada um por si". Não é bem assim. Por que liberais se importam? A desigualdade de oportunidades, ao restringir as possibilidades de liberdade de um indivíduo, é a base dessa abordagem.

Uma boa síntese é feita por Lane Kenworthy, sociólogo da Universidade da Califórnia em San Diego, que tem defendido a disseminação do que chama de "capitalismo social":

> Podemos pensar em oportunidade como sendo a capacidade dos indivíduos de escolher, agir e realizar [...]. Embora os críticos da atuação do Estado tendam a supor que os programas sociais reduzem a liberdade, muitos desses programas ampliam as capacidades [*capability*]. Eles impulsionam as habilidades das pessoas, aumentam suas opções de emprego, asseguram que tempos difíceis causem o mínimo de danos e reduzem a dependência perante família e amigos.[35]

Isto é, não há como fazer escolhas na miséria. Não se tem como falar em liberdade quando não existe renda. Veja que pesquisas de opinião mostram que muitos brasileiros não se consideram satisfeitos com sua liberdade para escolher o que fazer com a sua vida.[36] Democracias de alto desenvolvimento humano e baixa desigualdade, ao contrário, costumam liderar rankings baseados nessas pesquisas, com mais de 90% dos cidadãos "livres". Sob essa perspectiva, não faz sentido usar o liberalismo como base para argumentar contra boas políticas de combate à desigualdade.

No Brasil, para o filho de uma família de baixa renda chegar à renda média do país são necessárias nove gerações. Mas são apenas duas, três gerações nos países que possuem maior "mobilidade intergeracional", e seis em outros países desiguais de nossa região, como Chile e Argentina. No cálculo da OCDE, o Brasil ocupa somente o 27º lugar entre trinta países selecionados.[37]

Isso significa dizer que o destino dos brasileiros está em boa medida traçado já no nascimento. Outros estudos encontram resultados semelhantes aos números da OCDE. No ranking do Fórum Econômico Mundial,[38] o Brasil é o sexagésimo, entre 82 países, quanto à mobilidade social; a organização sugere políticas de educação, emprego e qualificação profissional para que o nosso abismo diminua.[39]

Future leaders

Falamos sobre o impacto da riqueza na vida das pessoas e também sobre a importância de oportunidades iguais. Os imóveis do Morumbi nos inspiram agora a conhecer propostas de tributação da riqueza com equalização de oportunidades. Como compartilhar a prosperidade que é visível em áreas mais ricas das cidades brasileiras?

Há vários motivos pelos quais países escolhem tributar heranças: pode-se distribuir dos mais ricos para os mais pobres, dificulta-se a transferência de recursos para pessoas que não são necessariamente as mais talentosas ou dedicadas, evita-se

Morumbi, o bairro em que se vive mais   93

que a concentração de riqueza seja tão exagerada a ponto de famílias específicas concentrarem também grande poder político na democracia. Esse último ponto pode ser bem exemplificado em um aspecto pouco notado de uma história que repercutiu em 2021.

No episódio, um áudio vazado, um certo grande banqueiro mostra sua suposta intimidade e prestígio com autoridades importantes. Ele parece se gabar de sua influência a uma plateia que ri.[40] Os jornais repercutiram mais o banqueiro e as autoridades como personagens dessa história. Mas há outro: a plateia. O evento que permitia a interação com o bilionário era fechado, em tese apenas para filhos de empresários. O nome era em inglês: *Future leaders*, líderes do futuro (ou futuros líderes). Não conheço quem estava ali, ouvindo os causos de alegados bastidores do mercado e da política. Ainda que esses jovens possam ser competentes, é intuitivo que seu papel de *future leaders* tem uma razão principal. É a riqueza que receberão de suas famílias.

O Brasil tributa pouco heranças, seja a base de comparação a arrecadação dos nossos outros tributos ou a arrecadação desse tributo em outros países. O imposto sobre heranças também tem outra particularidade: ele é estadual. Isso dificulta que seja aumentado, porque há uma espécie de "guerra fiscal" para as heranças. Nenhum estado quer instituir uma alíquota muito maior que a de outros. O resultado desse jogo tende a ser uma arrecadação baixa, em favor dos mais ricos.

No Senado, esse tema é tratado na PEC da Emenda das Oportunidades, uma iniciativa que citamos nos capítulos anteriores e que merece um pouco de aprofundamento com o que sabemos agora.[41] Não apenas rendas mais altas seriam tributadas, como haveria também uma reforma do imposto sobre herança. Esses recursos financiariam um novo tipo de orçamento, chamado orçamento das oportunidades.

Nele, o dinheiro seria usado para pagamento de renda básica aos mais pobres — com foco em crianças, principalmente na primeira infância, mas também para a universalização de creches e programas de visitação domiciliar a fim de atender a esse público.[42] Na motivação apresentada pela senadora Eliziane Gama (então Cidadania-MA), primeira autora da proposta, "se heranças são um instrumento de propagação da desigualdade, oportunidades desde a primeira infância para os mais pobres são o antídoto". A justificativa da PEC, assinada pela parlamentar, é interessante para entendermos como é hoje o imposto sobre heranças e por que ele precisa mudar:

O teto de alíquota [para os estados] é extremamente baixo. A Constituição dá ao Senado Federal a função de fixá-las: até hoje vige a alíquota máxima escolhida em 1992, de apenas 8%. [...] Nos Estados Unidos, ela é cinco vezes maior: de 40%, e o imposto é federal, evitando a guerra fiscal entre estados.[43] Em países desenvolvidos de outros continentes, a alíquota chega a ser de 45% na França e 55% no Japão. [...]

Na análise comparada, vemos que muitos países praticam alíquotas maiores que a de 8% do Brasil. Dos 55% no Japão e 50% na Coreia do Sul, passando pelos 40% de Estados Unidos e Reino Unido, até os 30% de vários países europeus. Mesmo o Chile, exemplo de neoliberalismo na América Latina, adotava 25% — já antes dos protestos de 2019.

Morumbi, o bairro em que se vive mais

Nessa proposta, haveria isenção para heranças de até 1 milhão de reais, as demais sendo tributadas com alíquotas de até 27,5%, com repartição dos recursos arrecadados entre a União, os estados e os municípios.[44] Ainda no Senado, outra proposta, de iniciativa do senador Alessandro Vieira (então Cidadania-SE), permitiria aos estados ampliar a arrecadação do imposto sobre heranças para complementar, em seus territórios, o pagamento do auxílio emergencial.[45] Já a PEC do Benefício Universal Infantil, do senador Tasso Jereissati (PSDB-CE), prevê essa sistemática de forma permanente para o pagamento desse tipo de benefício, o que também ocorre em seu projeto da Lei de Responsabilidade Social.[46]

Um argumento muito usado contra a tributação de heranças é o de que ela prejudicaria o crescimento econômico, pois desestimularia o enriquecimento durante a vida. Isso porque, em caso de falecimento, esses recursos não poderiam ser totalmente deixados para uma determinada família. Não valeria a pena poupar ou mesmo inovar, o que teria como consequência negativa uma diminuição do PIB. É um argumento frágil.

A questão-chave aqui, como em outros dilemas de economia, é a dose. Uma alíquota muito alta de fato poderia levar a essas consequências. Como vimos, no caso brasileiro, estamos distantes disso. Alguns pesquisadores já simularam qual seria a alíquota "ideal" para esse tributo, que permitisse uma robusta arrecadação para ser usada em programas sociais mas não inibisse o enriquecimento dos indivíduos que deveriam arcar com ele.

Quando um bilionário deixa como herança uma mansão no Morumbi, como deve se dar a repartição do valor entre família e Estado? Publicado em um dos periódicos internacionais mais respeitados da área, o *Econometrica*, um estudo dos economistas franceses Thomas Piketty e Emmanuel Saez calcula em mais de 50% essa alíquota, que chamamos de alíquota ótima.[47] Isso porque ela "otimiza" os ganhos para a sociedade, considerando seja o bem-estar social oriundo de políticas redistributivas seja o acúmulo de poupança que leva a economias prósperas. Lembre-se que a alíquota máxima no Brasil é de 8%, e estados como São Paulo praticam somente 4%.

Como explicam os economistas Rodrigo Orair, Gedeão Locks e Marc Morgan, o Brasil chegou a ter, no século passado, alíquotas que variavam entre 35% e 65% — mas que foram abandonadas até chegarmos ao atual arranjo.[48] Outros economistas brasileiros têm advogado por mudar esse modelo. Valem os pontos de Marcelo Medeiros:

> Transmitir herança é transmitir riqueza e vantagens para uma geração seguinte. É diferente de uma pessoa que é rica pelo próprio trabalho e mérito. A herança pode estar transmitindo recursos para pessoas que não são as mais trabalhadoras, eficientes e criadoras, e por isso há um debate mundial sobre tributar herança para estimular a economia.[49]

Essa defesa é parecida com a do professor Naercio Menezes, para quem "deveríamos aumentar a alíquota do imposto sobre herança para melhorar pelo menos um pouco a igualdade de oportunidades e diminuir a tensão existente na sociedade brasileira".[50] Veja então que o imposto sobre heranças parece receber mais apoio de economistas do que seu primo mais famoso, o imposto sobre grandes fortunas (IGF).

Morumbi, o bairro em que se vive mais

Ambos se aproximam por serem tributos sobre o patrimônio (o estoque de riqueza, acumulado), e não sobre a renda (um fluxo, periódico). Mas o IGF se mostra mais controverso.

O imposto da histeria

O IGF não é nem a bala de prata que a esquerda pensa, nem o fim do mundo que a direita acha. De um lado, o seu potencial de arrecadação é bem menor que o das medidas de tributação da renda discutidas anteriormente (sobre lucros e dividendos, por exemplo). De outro, não é factível imaginar uma fuga de capitais que quebre a economia pela suposta diáspora dos mais ricos, que emigrariam do Brasil para evitar o tributo. Jatinhos brasileiros não invadirão Miami.

A preocupação com a fuga de milionários é legítima, mas há também um certo vitimismo. Não é tão simples tirar uma fortuna do Brasil e levar para outro país. Esse outro país pode ter tributos ou outros custos que diminuem a vantagem da mudança — afinal, como temos insistido no livro, em muitos países desenvolvidos ricos costumam ser mais tributados do que no Brasil.

Uma fortuna também não é líquida, quer dizer, esse patrimônio não é uma grande quantidade de dinheiro guardada em um cofre em casa ou em aplicações financeiras. Não se desloca por fronteiras com toques no *app* do banco. São lojas, fábricas, fazendas, prédios, equipamentos etc. Não podem simplesmente ser "despachados" para outro país. Podem, claro, ser vendidos, mas uma transação favorável não necessariamente é rápida. A obra de arte se leva no container, o banco não.

Quando o dinheiro estiver fora, também não é simples recomeçar. O quanto esse dinheiro vai render? Se o nosso super-rico não conseguir uma taxa de retorno para os investimentos compatível com a que seus ativos tinham no Brasil, seu padrão de vida será o mesmo? Ou irá cair? É verdade que ele pode tentar reproduzir o seu sucesso em outro país atuando nas mesmas áreas que tinha com seus negócios aqui. Mas encontrará várias barreiras.

O mercado pode ser mais competitivo do que o brasileiro, em que sua atuação estava protegida — por exemplo quando um empresário brasileiro consegue que o governo estabeleça obstáculos para a importação de produtos concorrentes do estrangeiro, ou quando obtém renúncias fiscais que beneficiam seu negócio mas não o de possíveis competidores. O mesmo vale para os juros favorecidos de empréstimos subsidiados por bancos públicos. Como levar essas vantagens para fora? Pode ser também que nesse outro mercado, no novo país, haja proteção para os *players* já estabelecidos ali, com regras que dificultam a vida de novos competidores ou daqueles sem conexões políticas na área.

E mais: muito do que faz um negócio dar certo tem a ver com características locais. O know-how dos funcionários, o networking com fornecedores e distribuidores, a preferência formada dos consumidores. Isso não se transporta e nem se acha com facilidade. Em resumo, levar patrimônio para fora do Brasil em reação a um IGF pode prejudicar a renda dos próprios ricos. Sejamos francos: se ganhar dinheiro fora do Brasil fosse fácil, muitos já teriam saído. Replicar as condições que os beneficiam aqui não é nada trivial.

Morumbi, o bairro em que se vive mais

Mais uma vez citamos Marcelo Medeiros, que resume a fragilidade do argumento da fuga de riquezas:

> Muito mais provável é que a riqueza permaneça no Brasil, porque é vantajoso para quem tem patrimônio. [...] Existem leis, barreiras à remessa ao exterior e barreiras à emigração, além da composição do patrimônio, que dificultam saída da riqueza. [...]
> Sequer é trivial ter visto para isso. Sequer trabalho: médicos, advogados, engenheiros não conseguem trabalhar em profissões fechadas no exterior. [...] Se a fuga de riqueza se tornar um problema, é sempre possível revisar e reverter toda ou parte da tributação do patrimônio. [...] Não precisa ter medo de tributar patrimônio, não há razões para temer grandes fugas de riqueza.[51]

Às vezes o argumento da saída da riqueza aparece mesmo é com uma conotação de chantagem. "Vocês vão ver só o que eu vou fazer!" E, como de costume, a dose importa. Isto é, a alíquota efetiva do imposto. Se ela for absurdamente alta, implicando que o patrimônio será exaurido em alguns anos, é claro que haverá reação forte à tributação. Mas nada sugere que a tributação ótima, ideal, para o IGF, seja a atual: de 0%. O IGF está previsto na Constituição de 1988, mas é um dos poucos tributos autorizados pela Carta que ainda não foi instituído.

Dois centavos

Foram muito discutidas nos últimos anos as propostas de um IGF para os Estados Unidos, conhecido como *wealth tax*.

Senadores do Partido Democrata como Elizabeth Warren empolgaram eleitores mais jovens nas prévias para presidente de 2020. A proposta de Warren, concebida pelo economista Gabriel Zucman, previa uma alíquota de 2% para patrimônios acima de um limite. Ou de dois centavos para cada dólar acima desse limite.

No Brasil, proposta semelhante foi feita, novamente, pela senadora Eliziane Gama (então Cidadania-MA): seriam dois centavos de imposto para cada real acumulado acima de 20 milhões de reais de patrimônio líquido.[52] Os recursos seriam usados para custear a renda básica da primeira infância.[53] Como em outras propostas de IGF, as estimativas mais otimistas de arrecadação são de algumas dezenas de bilhões de reais. Assim, embora relevante, o potencial de arrecadação do IGF é relativamente menor do que de outras iniciativas.

Pesquisadores do Ipea estimaram a arrecadação de um IGF no Brasil com base no modelo da Espanha (alíquotas progressivas de 0,2% a 2,5% — ou de menos de três centavos, em nossa terminologia) e da Noruega (alíquota única de 0,85% — menos de um centavo).[54] A arrecadação anual ficou em cerca de 20 bilhões de reais em ambas as simulações. Certamente um ganho, mas equivalente a menos de 2% do gasto primário da União.[55] Veja que esse mesmo estudo projeta em até mais de 100 bilhões de reais os ganhos com reforma na tributação da renda, por ano.

Por que um IGF não tem potencial para arrecadar tanto quanto um imposto de renda melhorado? Principalmente porque é mais fácil arrecadar o fluxo gerado pela riqueza (a renda), que é periódico e mais prático de medir. Já uma fortuna é um estoque acumulado. Há maiores dificuldades operacionais. Quanto vale um apartamento, ou uma empresa, em um determinado momento do tempo? A resposta é mais complicada do que saber quanto se ganhou de salários, aluguéis ou lucros em um ano específico.

Se é verdade que o Brasil tributa pouco patrimônio, também é verdade que nenhum país parece ter patrimônios como sua base principal de arrecadação. Assim, a melhor leitura que pode ser feita quando alguém defende o IGF como solução para nossos problemas é que há o legítimo anseio de aumentar o esforço contributivo de quem é visto em uma posição de privilégio. Convenhamos que a expressão "imposto sobre grandes fortunas" é muito mais acessível do que a de outras agendas, como "revogação da isenção sobre a distribuição de lucros e dividendos de pessoa jurídica para pessoa física".

Modernamente, vê-se na tributação da riqueza uma forma de complementar a própria tributação da renda, já que uma estratégia natural para evitar esta é reter riqueza em ativos — em vez de transformá-la em renda pessoal. Por exemplo, imagine um empresário que decide não receber lucros da sua empresa e ao mesmo tempo compra uma Ferrari no nome da companhia, mas para seu próprio uso pessoal.

Nesses casos, a tributação da renda precisa do reforço da tributação do patrimônio, já que pessoas muito ricas podem ter oficialmente uma renda relativamente baixa. Nem por isso, porém, deixam de ser pessoas muito poderosas e capazes de uma influência desproporcional na democracia. Nos Estados Unidos isso é particularmente emblemático em três casos: o de Jeff Bezos, fundador da Amazon — a marca mais valiosa do planeta; o de Warren Buffett, o investidor mais rico do mundo; e o de Elon Musk, magnata da Tesla.[56] Boa parte de suas riquezas estão em ações, e a tributação da renda tem papel limitado em alcançá-los. Um imposto sobre grandes fortunas abrandaria essa situação.

A tributação do patrimônio é ruim para os pobres?

Outro argumento-ameaça quanto a esse tipo de medida é o de que ela prejudicaria a economia e, em consequência, os mais pobres. Contudo, se a tributação do patrimônio estiver associada a medidas a favor dos mais pobres, não é nada óbvio que a economia será prejudicada.[57] Principalmente, não é claro que o PIB dos mais pobres será afetado. Por exemplo se tributarmos os mais ricos reduzindo a carga tributária dos mais vulneráveis.

Como já é sabido, a carga tributária no Brasil recai de forma exagerada sobre os mais pobres, em parte porque se tributa muito o consumo e pouco a renda e a propriedade. Ao ampliar a tributação sobre quem ganha e tem mais, pode-se reduzir a tributação sobre quem ganha e tem menos. Estaríamos assim reduzindo o "imposto sobre grandes pobrezas" que existe de forma oculta no país. Afinal, como lembra a economista Zeina Latif, "a (legítima) taxação dos mais ricos não se traduz automaticamente em maior bem-estar dos mais pobres".[58]

Ou ainda podemos tributar os mais ricos e usar os recursos em iniciativas como a expansão da educação infantil. Com boas políticas redistributivas, não apenas o bem-estar dos mais pobres aumenta sem quase afetar o dos mais ricos, como o PIB total pode crescer. Especialmente quando consideramos as políticas que melhoram o "capital humano", como

Morumbi, o bairro em que se vive mais 103

as de educação. Ainda que possa haver dúvidas quanto a esse efeito sobre o PIB total, o de regiões periféricas e a renda de grupos vulneráveis vai aumentar.[59] Quando falamos em PIB em um país desigual, é importante sempre refletir: qual PIB? De quem? De onde?

Afinal, se aceitarmos como verdadeiro o argumento de que o IGF é inviável, deveríamos reformar a legislação para subsidiar as grandes fortunas. Ora, hoje a alíquota do IGF é de 0%. Acompanhe meu raciocínio: se aumentar em qualquer dose essa alíquota é ruim, é fácil concluir que a alíquota de 0% também seja alta. O que garante que essa alíquota é a ótima, a ideal? Por que não uma alíquota negativa? – 0,5%? – 1%? – 2%?

Isso implicaria um subsídio: o Estado deveria dar dinheiro para cada real de patrimônio acumulado acima de um determinado limite (o contrário de tributar). Fosse o acúmulo de riqueza no topo tão virtuoso para o conjunto da sociedade, o subsídio para as grandes fortunas não deveria ser uma hipótese a se considerar? Na lógica dos argumentos-ameaça, essa acumulação de ativos atrairia ricaços de outros países e também geraria empregos. Esses são os argumentos anteriores com sinal trocado: imigração em vez de emigração de ricos, criação em vez de destruição de empregos. Se o raciocínio de subsidiar grandes fortunas parece absurdo, é porque também não é consistente a lógica de que qualquer alíquota de IGF acima de 0% é terrivelmente danosa.[60]

Tornemos então às propostas que associam a criação do IGF com redistribuição para os mais pobres. Uma é a do seguro-fraternidade, do senador Telmário Mota (Pros-RR). Esse novo benefício seria acionado apenas em casos de epidemia, pandemia e calamidade para atender à população mais vulnerável com transferências de renda, o que incluiria expressamente eventos relacionados à mudança climática. Seria, assim, o primeiro benefício da Seguridade Social relacionado a esse desafio de nosso futuro.

Já o projeto da deputada Tabata Amaral (então PDT-SP) para que o auxílio emergencial fosse retomado em 2021 era outro parcialmente lastreado nas grandes fortunas.[61] É que a proposta ampliava o teto de gastos para que nesse limite fossem considerados também gastos "indiretos" do governo, com tributos que deixam de ser cobrados. Essa definição incluiria o IGF, por ser ele previsto na Constituição, mas sem jamais ter sido de fato implementado. Como é um dinheiro que deixa de entrar nos cofres públicos, afetando o déficit e a dívida, a sua não criação seria equiparada a um gasto nessa ótica. Afinal, os impactos de gastar mais com um benefício social ou de não cobrar um imposto vão na mesma direção.

A camaradagem com as mansões

Uma discussão sobre sistema tributário que começa com mansões não poderia terminar sem falarmos do IPTU, o Imposto Predial e Territorial Urbano. Esse é mais um imposto com o qual o Brasil parece arrecadar pouco e no qual os mais ricos são beneficiados por uma certa camaradagem estatal. E é um imposto sobre o patrimônio, o principal do Brasil, alcançando casas, apartamentos etc. Cobrado pelas prefeituras, pode ajudar a política social no nível municipal.

Estudo publicado em 2021 pelo economista Pedro de Carvalho Junior, do Ipea, mostra que o IPTU até é progressivo (in-

Morumbi, o bairro em que se vive mais 105

cide mais sobre quem ganha mais), mas só até certo ponto.[62] Quando chega nos brasileiros que pertencem ao décimo de maior renda, sua participação deixa de crescer. Nesse grupo, alguém que ganha mais não paga mais IPTU do que alguém que ganha menos. Nosso sistema tributário é tão disfuncional que até quando escolhemos tributar patrimônio não conseguimos ser progressivos ao fazê-lo.

Em miúdos, o IPTU é cobrado sobre valores velhos dos imóveis, que não correspondem ao seu valor de mercado. Valorizações de áreas onde estão as propriedades das elites demoram a ser captadas, como informa o trabalho de Carvalho Junior:

> As prefeituras têm grande dificuldade para atualizar as avaliações imobiliárias [...] que são a base de cálculo do imposto. [...] Há muitos casos de municípios que estão ou estavam há mais de vinte anos sem atualização dos valores venais. Por exemplo, Rio de Janeiro (1997-2017), Manaus (1983-2011), Recife (1991-2015).[63]

Além de melhorarem o processo de avaliação dos imóveis, o pesquisador defende que as prefeituras instituam um sistema de alíquotas mais progressivas (maior para os imóveis mais valiosos). Nesse sentido, outra pesquisa recente mostra que podemos arrecadar mais usando o IPTU. Economistas do Made, da USP, comparam dados do IPTU pelas cidades brasileiras e defendem haver espaço para aumentar a arrecadação e a sua progressividade, já que haveria "enorme disparidade" nos dados das receitas entre os municípios.[64] Essa diferença sugere que parte deles não está explorando ao máximo o potencial do imposto. Principalmente por não atualizar os

valores dos imóveis, base da cobrança do tributo. "O IPTU
tem potencial para ser utilizado como instrumento de justiça
tributária", concluem os economistas.

O imposto dos dez reais

A baixa tributação do patrimônio no Brasil passa também
pelo "IPTU dos fazendeiros", o Imposto sobre a Propriedade
Territorial Rural (ITR). Em um país com o agronegócio pu-
jante, seria intuitivo que o ITR fosse um tributo relevante. Mas
ele arrecada somente algo como 2 bilhões de reais em todo o
território nacional. Nos últimos anos, ele equivaleu a cerca de
um milésimo do que a Receita Federal coletou em tributos.
A situação é tão extrema e parte do agro paga tão pouco que
o imposto ficou conhecido como o "imposto dos dez reais".[65]
O Instituto Escolhas, *think tank* paulistano dedicado à te-
mática ambiental, vem dando visibilidade a essa distorção. Se
é verdade que o contribuinte do IPTU é diferente do contribuinte do ITR, já que aquele se beneficia de toda a infraestrutura urbana construída e mantida pelo Estado em uma cidade
(e que não está presente na área rural), também é verdade que
há espaço para modernizar. O ITR pode ser reformado como
parte dos esforços para um sistema tributário mais justo e
também como instrumento da agenda ambiental, onerando
mais as propriedades que preservam menos.

Ele pode ainda ajudar com a situação fiscal — o Escolhas
estima que a arrecadação poderia subir a cerca de 20 bilhões
de reais.[66] Seria talvez até menos do que o ganho de receita
com o IGF, mas, dada a penúria da nossa proteção social, teria

sido o suficiente para aumentar em 50% o Bolsa Família no pré-pandemia.

Segundo o Instituto Escolhas, para o ITR deixar de ser o imposto dos dez reais e passar a arrecadar mais e de forma mais progressiva, ele deve abandonar duas distorções atuais. Uma é a defasagem no valor dos imóveis, porque o imposto não é recolhido pelo valor de mercado, e sim pelo que é autodeclarado pelos proprietários, "quase sempre depreciado". A outra distorção é referente a parâmetros de produtividade usados no cálculo do pagamento. Esses parâmetros não são atualizados desde os anos 1980. Tal qual o IPTU, o ITR também pode ser usado para tributar melhor a riqueza no país.

Qual desigualdade?

A essa altura, já podemos perceber que estamos tratando não de desigualdade mas de *desigualdades*, de vários tipos. Mesmo a de renda, mais debatida, não compreende toda a disparidade que existe em uma sociedade. Por exemplo, quando o auxílio emergencial mais robusto foi pago, no início da pandemia, em 2020, a desigualdade de renda caiu a níveis historicamente baixos no Brasil. Mas diversos tipos de iniquidade permaneciam: na pandemia era óbvio o desequilíbrio no acesso à saúde ou à educação por parte das famílias.

Nesse sentido, é bastante provocadora a afirmação do sanitarista Daniel Dourado de que a maior política de redução de desigualdade no Brasil é... o SUS, o Sistema Único de Saúde.[67] Alguns de nós mais acostumados ao foco na desigualdade de renda poderiam pensar no Bolsa Família (pela focalização nos mais pobres) ou na Previdência (pela escala, tamanho). Mesmo sem uma análise mais aprofundada, a fala do médico parece fazer sentido.[68]

Há bons motivos, porém, para que a desigualdade de renda receba tanto destaque. Em primeiro lugar, porque ela está relacionada com outras — além da relação de interdependência, ela pode até ser a causa de outras desigualdades. Para voltar ao exemplo de saúde e educação, é fácil conceber que pessoas com renda mais alta podem acessar serviços melhores, por exemplo contratando planos de saúde ou escolas particulares para a sua família. Um segundo motivo pelo qual a desigualdade de renda é de interesse é porque há mais dados sobre renda do que sobre outras variáveis.[69]

Ainda assim, não vamos nos furtar a tratar de outros tipos de desigualdade — como já temos feito —, até porque o tema é multidimensional. Chegamos no Morumbi motivados para conhecer um lugar com expectativa de vida mais alta (relativa à desigualdade de saúde) e fomos introduzidos à opulência de mansões (relativa à desigualdade de patrimônio). Encontramos o debate sobre heranças e tratamos de propostas para taxá-las e redistribuí-las, por exemplo, em políticas para a primeira infância (relativas à desigualdade de oportunidades). Essa diversidade vai estar presente em outros capítulos, ainda que com regularidade acabemos inevitavelmente em números de renda. Espero que, em vez de causar estranhamento, essa abordagem mantenha a curiosidade no tema.

EM FRENTE AO PORTAL DA MANSÃO MODERNISTA que pertenceu ao ex-controlador do Banco Santos, o abandono se percebe pelo lixo acumulado. Há embalagens da "bebida oficial do rolê" e de outros produtos baratos espalhados pelo chão. Mais adiante na calçada, garrafas de *gummy* e espumante. Formam um contraste que chama a atenção diante das ruas esterilizadas ao redor.

A esterilização é um foco. Uma associação de moradores do Morumbi, preocupada com a preservação do caráter do bairro, pediu à prefeitura a construção de um muro para impedir que houvesse acesso a um novo parque, recém-construído. Seria atípico em qualquer lugar do mundo, ainda mais durante uma pandemia, com tantas questões mais prementes. A compreensão do pedido fica facilitada pelo nome: Parque Paraisópolis. Ele fora construído como uma resposta do poder público à falta de lazer na área da favela, depois que nove jovens morreram pisoteados em um baile funk nas ruas após uma ação da polícia. Os moradores da região nobre, sem interesse em frequentar a nova área verde, temiam que ela virasse uma ligação entre a vizinhança pobre e o bairro rico. O pleito pelo muro foi negado.

Saindo do Morumbi, agora é bem distante dali que vamos lidar com uma realidade muito mais adversa.

4. Mocambinho, o bairro em que se vive menos

SEREIA FOI DESCOBERTA às margens do rio. Antes de morrer, pôde ligar para se despedir do filho de dois anos — mas ninguém atendeu. Deixou uma mensagem para a família: "Vão me matar". Com dias de diferença, outra adolescente também foi assassinada à luz do dia na beira do Poti. Fora do bairro, enquanto a cidade vivia medidas de distanciamento social, jovens ainda seriam mortas em sequência pelo crime organizado, incluindo um detalhe cruel: eram fotografadas abrindo suas próprias covas.[1] Investigadores acreditavam numa guerra de facções, ainda que as adolescentes não tivessem passagem pela polícia. Podem ter sido condenadas à morte apenas por terem relações com membros dos grupos.

"Frentista executado em posto era investigado por morte de motoboy", "Jovem encontrado no rio com corda no pescoço foi torturado antes de morrer", "Jovem de 22 anos morre após ser baleado em lanchonete", "Policial militar morto após briga de trânsito foi seguido por dono de moto" — todas são manchetes daquele 2021, sobre o mesmo bairro.[2] Aqui não é o Morumbi, é o Mocambinho.

O bairro paulistano compartilha com esse bairro de Teresina quase um mesmo número de habitantes (cerca de 30

Mocambinho, o bairro em que se vive menos

mil, nas últimas contagens oficiais). Mas no Mocambinho os brasileiros morrem cedo demais. É o pior em longevidade no *Atlas do desenvolvimento humano* entre bairros populosos das regiões metropolitanas brasileiras.[3] Realidades semelhantes certamente existem em tantas periferias do país — os dados apontavam em particular para baixa longevidade em vizinhanças de Fortaleza e Natal, outras grandes cidades nordestinas em que a criminalidade aumentou neste século e em que histórias semelhantes às daqui poderiam ser contadas.[4]

A periferia de Teresina chama a nossa atenção pela baixa expectativa de vida não só pela morte de adolescentes e jovens adultos. Mocambinho não fica longe da que talvez tenha sido a pior maternidade do Brasil: Maternidade Dona Evangelina Rosa, na qual o número de bebês mortos chegou a um por dia em 2015. Maior maternidade do Piauí, atendendo tanto à capital quanto ao interior, ela já ganhou atenção nacional com descrições de "horror" e "cenário de guerra": cirurgias realizadas no escuro, quatro recém-nascidos dividindo o mesmo leito, uma jovem que foi a óbito depois de ficar com um bebê falecido no ventre por três dias, nenéns que morreram de calor, sacos de lixo fazendo as vezes de fralda, tecido deixado dentro do corpo de uma paciente.[5]

A taxa de mortalidade na maternidade em plenos anos 2010 chegou a superar quarenta para cada mil nascidos vivos, uma média que o Brasil deixou de ter há décadas.[6] A situação da infraestrutura para os nascimentos melhorou recentemente, com a reabertura de uma maternidade municipal — próxima ao Mocambinho — e a inauguração de mais uma, estadual, de referência, em 2023. Outras causas devem continuar desafiando a convergência para taxas de mortalidade infantil mais civilizadas, como a própria pobreza e a gravidez na adolescência — a qual no estado tem um dos piores índices do país, um a cada seis partos,[7] mais um número para indicar a crise da juventude na área.

"Aglomerado subnormal" é como o IBGE identifica partes do Mocambinho: é essa a terminologia para o que popularmente se chama de favela, vila ou invasão. Ocupação irregular de propriedade alheia, voltada para habitação em área urbana, e carência de serviços públicos essenciais são atributos dessas áreas em que moram mais de 10 milhões de brasileiros. Mocambinho é tanto o nome dado ao que é um bairro na classificação da prefeitura como a aglomerados subnormais na área.[8] Para fins deste capítulo, usaremos o nome Mocambinho indistintamente: para designar tanto o bairro quanto suas favelas.[9]

Teresina até fez progressos importantes nos últimos anos em políticas que afetam a juventude, como a educação básica e contra a violência no trânsito.[10] Contudo, o sentimento de falta de oportunidades permanece. Antes da pandemia, a cidade ostentava a pior taxa de desemprego das capitais de todo o Nordeste, região que por sua vez já tinha o mercado de trabalho mais impactado pela recessão anterior.[11]

"Faltam oportunidades de profissionalização", se queixa Jenifer (nome fictício), uma jovem empreendedora do bairro que em nossa conversa parece sempre optar pelo otimismo. A insegurança a afeta no trabalho ("Nossa realidade é essa de portas trancadas, fico apreensiva se abro ou não a porta quando alguém bate") e fora dele também ("Eu não tenho coragem de andar a pé sozinha, e não é só à noite, não"). Só que aqui é lar: "Eu me realizo morando e trabalhando no Mocambinho".

Se a abastança do Morumbi permitiu nosso debate sobre heranças e tributação de patrimônio, pela realidade do Mocambinho podemos continuar avançando na discussão sobre oportunidades — agora tendo como fio condutor o mercado de trabalho (cientes, claro, de que a violência urbana e a própria falta de oportunidades têm múltiplas causas).

Tanto a pobreza quanto a própria violência são problemas longamente associados à falta de oportunidades. Vimos no capítulo sobre Ipixuna que o emprego é demasiadamente tributado no Brasil, um pilar do nosso sistema tributário desequilibrado em favor dos mais ricos. Continuamos agora a conversa com outros itens que nos ajudarão a entender por que é tão difícil criar oportunidades de trabalho para quem mais precisa de renda — como a juventude.

O muro

Na prática, o Brasil tem há muito tempo um contrato alternativo para jovens, mas só para parte deles. Temporário, sem qualquer tributo, sem Fundo de Garantia do Tempo de Serviço (FGTS), sem 13º, sem indenização ou aviso prévio por demissão sem justa causa, e até sem salário mínimo. Mas historicamente são os mais bem posicionados na distribuição de renda que o acessam — porque é necessário estar vinculado à educação formal. É o contrato de estágio, encarado pelos filhos da parcela "mais rica" da população como uma porta para o mercado de trabalho. Em que pese a melhoria de acesso ao ensino superior, ainda vivemos em um país no qual quase 40% dos jovens adultos negros não concluíram sequer o ensino médio.[12] Mesmo entre os que concluem, muitos não têm os recursos ou tempo para cursar faculdade/ educação profissional — e a eles o estágio é então vedado: para sua inclusão no mercado, todos os encargos serão demandados.

O estágio tem várias vantagens, apesar de menos direitos do que o emprego formal. Permite não só alguma geração de renda como ganhos de experiência e exposição a novos contatos.[13] Esses jovens podem assim aumentar a chance de conseguir melhores vagas depois. Como é permitido pela legislação, o estágio é disseminado em grandes empresas, o que o torna atraente para a construção de uma carreira.

Sem uma modalidade simples e facilitada como o estágio, é muito mais difícil incluir o jovem mais pobre, que muitas vezes não só não tem dinheiro para pagar uma universidade como pode estar fisicamente distante desse serviço. Na matemática impiedosa dos empregadores, contratar esses jovens simplesmente não compensa no atual arcabouço tributário e trabalhista. As exigências tributárias somadas às trabalhistas podem levar a um custo que — na percepção das empresas — muitos jovens não conseguirão reverter em faturamento, afinal eles têm pouca experiência e saem de um sistema educacional ainda fraco.[14] Esse "mínimo de produtividade" criado pelas leis é um muro para a inclusão no mercado de trabalho que precisa ser reduzido — e um muro que não existe para um universitário, que encontra o mercado de trabalho mais aberto.

Sem poder penetrar essa barreira (e sem acessar o ensino superior), resta aos jovens de origem mais humilde o trabalho em vagas informais de empresas menores, o trabalho por

Mocambinho, o bairro em que se vive menos 115

conta própria, o desemprego ou mesmo a desistência em participar da força de trabalho (o chamado desalento). Efetivamente, o Estado dá uma formação de baixa qualidade para o jovem, e ainda o proíbe de ser contratado se ele não for capaz de gerar milhares de reais por mês.

Vimos que transferências de renda são uma boa ideia para os que ficam do lado de fora do muro, principalmente quando há crianças envolvidas. Mas a perda de renda não é a única perda de bem-estar associada ao desemprego ou desalento.[15] Segundo cientistas, o "custo" emocional do desemprego seria equivalente ao de sofrer com o mal de Parkinson.[16] Amartya Sen argumenta que benefícios sociais podem até compensar as perdas financeiras associadas ao desemprego, mas não todas as demais perdas:

> O desemprego tem muitos efeitos de longo alcance além da perda de renda, incluindo danos psicológicos; perda de motivação para o trabalho, de habilidades e de autoconfiança; aumento de doenças e morbidade; ruptura das relações familiares e da vida social; endurecimento da exclusão social e acentuação das tensões raciais e assimetrias de gênero.[17]

Economistas têm grande preocupação com dois pontos que Sen levanta: a perda de motivação para o trabalho e a perda de habilidades. Trabalhadores afetados pelo desemprego podem para sempre impactar o PIB, se acabarem saindo da força de trabalho (por exemplo, os desalentados) ou se o seu capital humano "depreciar". Nesse último caso, estamos falando da perda de produtividade associada à perda de qualificação pelo trabalhador que, no popular, "fica enferrujado".[18] Assim, os efeitos do desemprego poderiam ter consequências duradouras, e caberia ao Estado, em curto prazo, pôr em prática as políticas necessárias para evitar taxas altas da desocupação.[19]

A tragédia do emprego feminino

Há sabida resistência de empregadores em contratar mulheres, por conta da maternidade: nossa cultura entende que elas são mais responsáveis pelo cuidado do lar e dos filhos, o que no julgamento patronal pode significar mais ausências no futuro, ainda que em média homens se ausentem quase tanto quanto as mulheres.[20] A evidência indica que a probabilidade de uma mulher estar empregada no Brasil é sempre menor que a do homem — ou quase sempre: a situação se inverte no final da vida laboral, quando as mulheres não são mais férteis.[21] Para as jovens, no entanto, a probabilidade de obter um emprego é várias vezes menor do que para o homem mais velho. Veja que mesmo a mulher que não possui filhos é prejudicada. Há ainda outros desincentivos criados por lei (por exemplo, licença-maternidade muito maior do que a licença-paternidade) ou pela jurisprudência.[22] A exclusão é tamanha que pode se manifestar não apenas na taxa de desemprego, mas em outro indicador que vale discutirmos: a taxa de participação.[23]

Essa taxa reflete a quantidade de mulheres que está na força de trabalho (ocupadas + desocupadas) entre o total da população em idade ativa. A ausência, por exemplo, de uma ampla rede pública de creches faz com que muitas mães sequer procurem trabalho, porque não têm com quem deixar

Mocambinho, o bairro em que se vive menos

seus filhos (e assim não são nem consideradas desocupadas). Há evidência para o Brasil e outros países de que creches aumentam a taxa de participação.

A vulnerabilidade desse grupo ficou bastante evidente em 2020, com o pagamento do auxílio emergencial. Havia dois tipos de auxílio emergencial: um mais geral e outro específico, voltado para as mães solo. Elas recebiam um valor maior, se satisfizessem dois critérios: viver em um domicílio com renda familiar por pessoa inferior a meio salário mínimo e não possuir um emprego formal. Onze milhões de mulheres receberam o auxílio segundo essas regras.

Infelizmente, o grupo das mães solo é mesmo muito vulnerável à pobreza, e transferir recursos para o seu domicílio — seja por meio de benefícios sociais ou por meio da inserção no mercado de trabalho — é fundamental para o país. Nas estimativas do IBGE (na Síntese de Indicadores Sociais), 55% dos domicílios chefiados por mulheres sem cônjuge com filho(s) de até catorze anos viviam abaixo da linha da pobreza em 2019 — ou seja, já antes da pandemia. Dentro dessa média, a taxa era de 38% para as mulheres brancas e 62% para as mulheres negras. Ou seja, a regra no Brasil é que uma família com crianças chefiada apenas pela mãe negra seja pobre. A catástrofe aqui é a sobreposição de vários elementos de exclusão: gênero, faixa etária, raça, parentalidade.

E a taxa de participação? Na última década, ela não superou 55% no Brasil, segundo a Pesquisa Nacional por Amostra de Domicílios (PNAD) Contínua. A título de comparação, em países com amplas políticas para inserção da mulher no mercado de trabalho essa taxa pode passar de 70% — caso dos países nórdicos.[24] Aqui, os dados indicam ainda que a taxa de participação é bem menor para mulheres com filhos pequenos em relação às que não os têm: discrepância que não se observa para os homens pais.[25]

No início de 2020, menos de 40% das mães com filhos na primeira infância tinham alguma ocupação remunerada.[26] Nos países com alta taxa de participação feminina essa inclusão passa por acesso universal a creche e pré-escola, políticas robustas de qualificação e intermediação de mão de obra, além de leis trabalhistas amigáveis às suas necessidades.[27] É comum em países ricos que muitas mulheres trabalhem a tempo parcial (cerca de 60% das ocupadas na Holanda).

Outros ganhos dessa inclusão são apresentados por Amartya Sen. Ele argumenta que o mercado de trabalho é para a mulher pobre não apenas um veículo para geração de renda, mas também para autonomia, empoderamento na família ou comunidade, e exposição a informação fora do domicílio.[28]

O alto número de fechamentos das escolas durante a pandemia reforçou o papel de cuidadora que as mulheres têm em nossa sociedade: foram elas as mais atingidas pela crise que provocou demissões e freou contratações.[29] Ficou ainda mais urgente priorizar a abertura do mercado de trabalho para mulheres, seja com mudanças na legislação, desonerações ou as políticas típicas do Norte europeu. No caso especificamente das mães, a geração de renda tem um efeito elevado sobre a taxa geral de pobreza porque sua ascensão eleva também a renda dos seus dependentes. Empregar a mãe é melhorar a vida das crianças. O emprego feminino merece nossa obsessão.

Mocambinho, o bairro em que se vive menos

As expectativas de Jenifer, a jovem empreendedora do Mocambinho, são de aumento dos negócios. Ela cresceu no bairro e quer crescer com ele. Seu empenho tem sido recompensado: cursou a universidade e conquistou um emprego, que a levou para o próprio negócio, na área de beleza, com o apoio dos clientes e do empregador — trabalha um pouco no negócio dele e um pouco no seu. É apaixonada pelo seu "metiê" e se realiza ao perceber como o trabalho cuidadoso que faz em etapas se revela ao final. O que Jenifer mais gosta nesse resultado é ver outras mulheres felizes pelo que desenvolveu com suas mãos.

Hesitou antes de abrir a empresa. Temia o que não conhecia. Superou dúvidas, dificuldades e se entregou — sentia o chamado de uma vocação onde encontrava propósito. Trabalha no bairro em que foi criada e acha que, apesar das carências, o Mocambinho evolui — e com ele a sua clientela.

Criou seu negócio como microempreendedora individual (MEI), as vendas caminharam bem e ela fez planos para expandir. Justo então, a pandemia de covid-19 a obrigou a suspendê-los. As medidas de distanciamento social foram dramáticas para a renda de Jenifer — e do Mocambinho. Tanto porque ela é autônoma, e não pôde se apoiar em um empregador e na rede de proteção do emprego formal, quanto porque seu trabalho depende da interação com clientes, e não pôde ser feito pela internet.

Com o auxílio emergencial, Jenifer segurou as pontas. Ela, que nunca fora beneficiária de nenhum programa social, precisava agora recebê-lo.

Como muitos brasileiros, entre o empreendedorismo e a assistência social.

Salário mínimo ou Bolsa Família?

Quando se fala de mercado de trabalho e redução das desigualdades, muitos pensam em uma política da qual ainda não tratamos: os aumentos do salário mínimo. Afinal o que acontece quando se aumenta o salário mínimo? Empregadores vão repassar o custo para os consumidores? Irão abatê-lo dos seus próprios lucros, em benefício dos trabalhadores? Ou em reação ao aumento vão demitir, contratar menos? A renda dos trabalhadores mais pobres irá aumentar, porque vão ganhar mais com o aumento, ou irá diminuir, porque há maior chance de ficarem desempregados?

Todos os resultados são possíveis, a depender das condições e do mercado de trabalho. Comecemos com a descrição tradicional da teoria microeconômica, em que empresas querem sempre lucrar mais — e não menos. Se a lei impõe um aumento do salário mínimo, a reação seria tentar repassar esse ônus a outra parte, o que poderia impactar a decisão de abrir ou fechar postos de trabalho.[30] A grande preocupação aqui é com os grupos de menor produtividade, os mais vulneráveis, como temos falado. O que diz quanto a eles a evidência científica? Apesar de visões apaixonadas sobre esse assunto que frequentemente emergem, podemos tentar balizar a discussão mesmo dessa forma: pela ciência.

A eficácia de uma política pública deveria ser debatida com a mesma sobriedade, por exemplo, que a de uma vacina. Na experiência recente do coronavírus, vimos que uma mesma vacina pode ter eficácias diferentes em populações diferentes. Não é possível dizer nem que a vacina não funciona nunca nem que impedirá qualquer nova infecção — na verdade, sa-

Mocambinho, o bairro em que se vive menos

bemos que sua eficácia é medida em um percentual. Sabemos também que percentual de eficácia é diferente para contágio, internações, óbitos.

Essas informações não validam nenhuma opinião extrema sobre a vacinação. Perceba que a vacinação é uma política pública — e vale encarar outras intervenções do Estado da mesma forma. Isso inclui baseá-las na evidência disponível. Para o caso do salário mínimo, não faria sentido dizer que o seu aumento não desempregará ninguém ou que só gerará mais pobreza. É perfeitamente possível que o efeito seja benéfico para alguns, negativo para outros. Há também que se falar em dose. Uma dose exagerada de uma vacina pode levar pessoas aos hospitais com reações adversas, e uma dose insignificante não faz efeito para prevenir o contágio. O mesmo vale aqui: um aumento do salário mínimo em trinta reais é diferente de um aumento de 3 mil reais.

Uma primeira nuance que normalmente é esquecida é a tributação da folha de salários, que, como vimos, é alta no Brasil. Isso quer dizer que, quando o salário mínimo aumenta, aumentam também os mais de dez tributos que podem incidir sobre ele. Um reajuste do salário mínimo de quinhentos reais não representa apenas quinhentos reais a mais de custo para os empregadores, o que pode dificultar o êxito de uma política de aumentos.[31]

Vários estudos já buscaram isolar a relação entre salário mínimo e indicadores do mercado de trabalho dos efeitos de outras variáveis nas últimas décadas no Brasil, de acordo com os métodos quantitativos disponíveis. Afinal, ao contrário dos testes da vacina, não é possível nesse caso conseguir as respostas separando a população em dois grupos e dando a um deles o aumento do salário mínimo e a outro um placebo. Entre os estudos que encontram impacto negativo,[32] há os que associam o aumento do salário mínimo ao aumento do mercado informal, particularmente no Nordeste;[33] a efeitos negativos nas regiões menos afetadas pelo boom de commodities;[34] e à expulsão de trabalhadores para fora da força de trabalho.[35] Essas evidências exigiriam alguma cautela quanto ao uso desse instrumento pelos riscos aos mais vulneráveis.

Soma-se a esse quadro uma outra complexidade do salário mínimo no Brasil: o seu elevado custo para a União. É que ele é o mínimo não só para os salários mas também para os benefícios previdenciários e parte dos benefícios assistenciais e trabalhistas. Quando ele sobe, todas essas despesas também devem subir. Isso aumenta o alcance da política de valorização — são dezenas de milhões de benefícios pagos mensalmente afetados por ela —, mas também suas distorções. Tipicamente, há mais brasileiros que recebem o salário mínimo como beneficiários da Seguridade Social do que como empregados com carteira.

Nesse sentido, vale replicar a fala do professor Ricardo Paes de Barros, uma referência no debate de política social no Brasil e que contribuiu com vários governos — inclusive serviu à Presidência da República no governo Dilma. Assim ele avaliou o problema em 2016: "É muito importante aumentar a renda das famílias mais pobres [...] sem mexer com o salário mínimo. Ao aumentar o salário mínimo se faz uma confusão tão grande nas contas que não se sabe quem perde e quem ganha".[36]

Outra referência importante é o economista Marcelo Neri. Diretor da FGV Social, foi ministro da Secretaria de Assuntos

Estratégicos e presidente do Ipea no governo Dilma. Para Neri, a efetividade da política de reajustes teria se alterado ao longo do tempo e "não atinge os mais pobres hoje em dia".[37] Nesse sentido, vale compartilhar também a avaliação de Pedro Ferreira de Souza, do Ipea:

> O salário mínimo teve um papel virtuoso por um bom tempo de fato. [...] O problema é que conforme o salário mínimo cresce, o próprio efeito marginal dele sobre a desigualdade tende a diminuir. Porque o cara tá sendo jogado cada vez mais pra cima na distribuição e ainda fica gente pra trás, evidentemente. [...] Se você continuar insistindo ali, se você tá preocupado com os mais pobres, você tá negligenciando-os de fato.[38]

E o que fazer então diante dessas limitações do salário mínimo? Esses diagnósticos não devem implicar conformismo ou letargia.[39]

Seria o caso, portanto, de olhar justamente para quem não pode se beneficiar dessa política. Isto é, quem não recebe o mínimo. Por ter menos efetividade depois de muitos aumentos, caberia agora buscar outras políticas. Já sabemos que a relação entre custo da vaga para os empregadores e o faturamento que um trabalhador gera (produtividade) fundamenta as escolhas das empresas, e desequilibrar essa balança pode ser deletério para jovens, mulheres e outros grupos vulneráveis e, portanto, não ser a melhor forma de ajudar lugares como a periferia de Teresina.

A opção preferida pelo Congresso nos últimos anos parece ter sido manter o valor real do salário mínimo, incrementando o valor real dos benefícios assistenciais — primeiro com o auxílio emergencial, depois com o Auxílio Brasil. A maior parte do aumento de gasto do governo Lula em 2023 também foi com o Bolsa Família, e não com o aumento do salário mínimo.[40] O Bolsa Família, por possuir um critério de miserabilidade, alcança muitos dos excluídos do mercado de trabalho formal. Reajustar esses benefícios não leva a aumento do custo das empresas, portanto não tem chance de piorar a empregabilidade dos beneficiários do programa. É como se o salário mínimo não fosse a mais agressiva entre as políticas disponíveis. É, portanto, natural a ênfase em simplesmente dar dinheiro para os excluídos via Bolsa Família, com alguma moderação na valorização do mínimo.[41]

Nossa principal preocupação neste capítulo — o desemprego da juventude — é um problema crônico que piorou já na recessão anterior à pandemia: ali foram as taxas de desemprego dos mais jovens as que mais subiram, ultrapassando 25% para os brasileiros entre dezoito a 24 anos (e 40% entre os adolescentes).[42] Apesar de alguma recuperação, a crise da covid-19 jogou as taxas novamente para cima.[43] Entre os que têm emprego, a realidade é dura: quatro a cada cinco estavam em vagas de má qualidade em 2019, segundo estudo do pesquisador Bruno Ottoni, da Universidade Estadual do Rio de Janeiro (Uerj).[44]

Esse não é apenas um problema de desigualdade entre faixas etárias em si. A falta de boas oportunidades para os jovens tem várias repercussões. Muitos brasileiros pobres são crianças e moram com pais jovens; se estes não conseguem gerar renda, as crianças caem junto na pobreza (prejudicando também o próprio desenvolvimento do país amanhã). Já a violência urbana é marcada pela predominância de homens jovens tanto entre autores quanto entre vítimas de crimes:

Mocambinho, o bairro em que se vive menos

embora o problema da segurança pública seja multidimensional, certamente a criação de oportunidades impediria que parte dos jovens se envolvessem com a criminalidade. E os assassinatos de jovens no Brasil se contam nas dezenas de milhares, ano após ano, com sobrerrepresentação dos negros.

A relação entre desemprego e violência, bem estabelecida na literatura, foi reforçada recentemente por um premiado estudo dos pesquisadores Breno Sampaio e Diogo Britto, da Universidade Federal de Pernambuco (UFPE),[45] publicado em uma das principais revistas científicas de economia no mundo. Acompanhando dados de milhões de brasileiros por alguns anos, eles detectaram que a probabilidade de envolvimento em variados tipos de crime aumenta de forma significativa após uma demissão. Os professores concluem que a falta de dinheiro e o estresse psicológico seriam os principais responsáveis por esse aumento no Brasil. O efeito se daria principalmente entre os jovens.

Diante das repercussões negativas da falta de ocupações, faz sentido o Estado exigir tantos custos para a contratação dos jovens brasileiros, egressos de um sistema educacional deficiente, muitos sem experiência ou qualificação, que sequer possuem ainda uma rede de contatos? Vários países concedem um tratamento favorecido para facilitar o ingresso dos jovens no mercado de trabalho (bem como sua manutenção).[46] Por que razão o que é feito de melhor lá fora não pode valer também para o Mocambinho?

Chegou o momento então de entendermos as possibilidades para a abertura do mercado de trabalho. Já compreendemos os possíveis riscos do salário mínimo como política de redução de desigualdades, bem como as vantagens das transferências de renda, mas resta vermos como viabilizar a geração de renda por meio do emprego. Em particular, vamos tratar de um tema sensível: a legislação trabalhista.

A grande reforma de 2008

Uma modalidade sem garantia de salário mínimo, sem direito a 13º, férias ou licença-maternidade; em que não há acesso a FGTS, indenização ou seguro-desemprego ao término do trabalho. Benefícios trabalhistas para os empregados de baixa renda não existem, como o abono salarial ou o salário-família. Benefícios da Previdência até existem, mas são limitados a um salário mínimo. Os contratantes não precisam pagar os encargos, como a contribuição previdenciária. Se essa modalidade ultraflexível parece absurda, a verdade é que ela existe no Brasil: foi criada em 2008, estendida em 2014 e é adotada por milhões de brasileiros.[47]

Essa espécie de reforma invisível foi o MEI, uma tentativa de formalizar brasileiros a baixo custo, mas como pessoa jurídica. Rigorosamente, ele não é um contrato de trabalho — não existe na Consolidação das Leis do Trabalho (CLT) —, mas foi adotado por muitos brasileiros como uma forma mais barata e flexível para inserção no mercado de trabalho. O baixo custo do MEI para quem contrata o serviço permite que os trabalhadores ganhem mais e que sua empregabilidade seja maior. Como vimos no parágrafo anterior, é uma forma precária de inserção — mas ainda assim é uma modalidade muito mais usada e muito mais flexível do que qualquer uma criada pela polêmica reforma trabalhista de 2017.

Mocambinho, o bairro em que se vive menos

O MEI, na prática, quebrou o monopólio da CLT na ocupação formal, e são milhões de trabalhadores hoje que em vez de usarem uma carteira de trabalho usam um CNPJ.[48] Falamos antes de tributos e salário mínimo como custos importantes que afetam a decisão de contratar trabalhadores de menor produtividade, mas há outros custos, e muitos são estabelecidos por leis e jurisprudência — o que é habitualmente abrigado sob o guarda-chuva de "legislação trabalhista". Essa legislação costuma ser descrita no jargão técnico de duas formas: como rígida (tipicamente, mais difícil contratar porém mais direitos aos que são contratados) ou como flexível (mais fácil contratar, menos direitos para os contratados). Dentro dessa simplificação, poderíamos dizer que empresas e trabalhadores optam pelo MEI para ter maior flexibilidade.

O MEI mostra que há grande demanda por liberdade nessas relações, mas ele é um instrumento insatisfatório. Mesmo o acesso à proteção previdenciária que existe é limitado, porque não há desconto automático das contribuições sobre a folha — exigindo maior disciplina desse trabalhador em recolher mensalmente seus pagamentos. Caso não o faça, corre o risco de rapidamente ficar desprotegido e não ter mais direito, por exemplo, a aposentadoria por invalidez ou pensão por morte (pense em como isso pode ser trágico no caso de um motoboy formalizado como MEI e que sofre um grave acidente).

Idealmente deveríamos implantar um modelo que permita aos trabalhadores serem contratados como pessoa física, mas sem ser tão caro como hoje é — situação que provoca a fuga ao MEI. Como construir uma legislação trabalhista mais flexível, entre a rigidez da CLT tradicional e o exagero liberal que se tornou o MEI? Deve ser uma aspiração nossa buscar essa solução.

O MEI na verdade também não é a única forma flexível de contratação que a esquerda brasileira instituiu nos últimos anos. Governos estaduais e municipais (na Bahia, em Diadema e no Recife, por exemplo), em parte para combater o desemprego, têm apostado em um contrato sem nenhum encargo, sem vínculo, sem os direitos da CLT e sem acesso a benefícios trabalhistas ou previdenciários. Eles são estruturados na forma de bolsas de qualificação — e assim os trabalhadores são na verdade "bolsistas".

São normalmente chamados de "frentes de trabalho", e a atuação dos contratados pode consistir em ajudar na manutenção de praças, parques, escolas e outros equipamentos urbanos.[49] Em caso de acidentes, em vez da Previdência Social, há a cobertura por uma seguradora privada. A noção de que é caro contratar com carteira também está implícita em programas recentes de governos estaduais progressistas, em que recursos do orçamento público são transferidos a empresas privadas para ajudar a pagar por novas contratações — reduzindo assim o quanto o empregador tem que desembolsar com cada emprego.[50]

E por que a reforma trabalhista causou tanta polêmica? Afinal, todas as modalidades instituídas pela reforma — ao contrário do MEI — mantêm direitos como 13º, férias, licença-maternidade, abono salarial, salário-família, FGTS ou o próprio salário mínimo por hora. Talvez ela tenha sido tão combatida porque veio em um momento de polarização, no embalo do impeachment de 2016, e porque mexeu com arranjos de poder relevantes. Entre os grupos organizados afetados estavam os sindicatos e centrais — pelo fim da contribuição sindical obrigatória.[51] Há ainda a classe dos advogados e a

Mocambinho, o bairro em que se vive menos

própria Justiça do Trabalho — as novas regras para judicialização reduziriam o número de processos, implicando possível queda na demanda por advogados trabalhistas e possível perda de importância para esse ramo do Judiciário.[52] Legitimamente, houve mobilização contra as mudanças.

Se a reforma não tivesse sido agressiva contra esses grupos, talvez a reação fosse mais serena. Sem a poluição no debate público, poderiam ter sido recebidos com maior tranquilidade pontos como os que facilitavam que jovens trabalhassem menos horas mesmo não frequentando uma faculdade; que mães tivessem jornada mais flexível; ou que trabalhadores pobres tivessem mais de um emprego com carteira ao mesmo tempo.[53] A CLT passou também a detalhar um tratamento para o teletrabalho.[54]

A reforma de 2017 não veio de um vácuo: foi empurrada por uma destruição histórica do emprego formal no Brasil em 2015 e 2016.[55] Em 2015, cerca de 1,4 milhão vagas com carteira deixou de existir. Em 2016, outro 1,3 milhão.[56] A título de comparação, na pandemia, com a exigência de distanciamento social e fechamento de várias empresas, a quantidade de vagas destruídas foi muito menor: 200 mil no ano de 2020 (com crescimento já em 2021). A reforma veio nesse contexto — tendo sua motivação assim apresentada pelo senador Ricardo Ferraço (PSDB-ES), seu relator no Senado:

O Parlamento tem de ser sentinela também dessa metade muda da força de trabalho. Afinal, não existe "Sindicato Nacional de Desempregados" ou "Federação Brasileira dos Trabalhadores que já Desistiram de Procurar Emprego". A legislação trabalhista e a jurisprudência trabalhista podem ser muito boas para os *incluídos*. O Congresso Nacional tem que olhar para o conjunto da sociedade, preservando os direitos e conquistas dos incluídos, mas tendo cuidado também para com os *excluídos*. São eles os verdadeiros precarizados da nossa sociedade.[57]

Economistas como Zeina Latif cogitam que a melhora no mercado de trabalho em 2023 pode ser atribuída à maturação daquela reforma.[58] Um estudo novo de professores da USP e do Insper associa apenas uma das mudanças da reforma trabalhista a uma redução do desemprego em quase dois pontos percentuais, já em seus primeiros anos.[59] Outro, publicado recentemente pelos pesquisadores Bruno Ottoni (Uerj) e Tiago Barreira (IDados), estima que com a reforma o desemprego no Brasil caia em até 3,5 pontos percentuais no longo prazo: "A reforma trabalhista pode ter efeitos expressivos em termos de redução do nível de desemprego brasileiro".[60] Ottoni e Barreira ressaltam que esse impacto tende a ser gradual:

> Espera-se, contudo, que os efeitos da reforma brasileira demorem um período ainda mais longo de tempo para se concretizar, comparativamente às reformas verificadas em outros países, devido a características institucionais observadas no Brasil. [...] Tais fatores tendem a promover um ambiente de elevada insegurança institucional aos empregadores que pensam em adotar a nova lei, inibindo contratações pelas novas modalidades de trabalho e comprometendo o processo de implementação da reforma.[61]

Dificilmente essas mudanças podem ser consideradas radicais na comparação internacional. Por exemplo, chamou a

Mocambinho, o bairro em que se vive menos

atenção a manchete "Reforma trabalhista brasileira desanima investidores nos EUA", da *Folha de S.Paulo*, logo após a aprovação da conturbada nova lei, que sinalizava para o contraste entre a percepção estrangeira e a local quanto à profundidade das mudanças. No ranking de flexibilidade de legislações trabalhistas do Instituto Fraser, a nota do Brasil teria melhorado entre 2017 e 2019, mas ainda assim o país teria perdido duas posições — sendo o 157º de 165 países (o que sugere que outros países avançaram mais rapidamente).[62]

Essa "má" classificação do Brasil não é novidade — em outro ranking, de pesquisadores do Instituto para Economia do Trabalho (IZA), o país aparecia ainda antes da reforma na 132ª posição entre 144 países.[63] Efetivamente, muitas nações de elevado desenvolvimento humano dão ampla liberdade para o funcionamento do mercado de trabalho — liberdade que é às vezes acompanhada por um Estado de bem-estar social forte para proteger os trabalhadores de eventuais efeitos adversos desse acerto. Um exemplo nesse sentido é o da Nova Zelândia, no topo desses rankings.[64] Mas mesmo na comparação com algumas sociais-democracias consolidadas da Europa, menos liberais, o Brasil está sempre dezenas de posições atrás, como em relação a Dinamarca, Bélgica e Alemanha.[65]

A realidade nos salões do direito

Uma informação da última seção merece aprofundamento. É a de que em apenas um dos anos da pandemia houve fechamento de vagas no mercado de trabalho formal, e de somente 200 mil postos (2020). Esse resultado provavelmente se explica por uma grande, e temporária, reforma trabalhista que valeu então — embora não tenha sido chamada por esse nome. Nesse período vigorou um programa emergencial, aprovado pelo Congresso e chancelado pelo Supremo Tribunal Federal (STF), que de forma inédita permitiu a redução das jornadas e remunerações, e até a suspensão dos contratos de trabalho (com reposição, pelo governo, da renda perdida).

Em troca, havia o objetivo de preservar empregos no período em que os negócios lidavam com as dificuldades impostas pelo necessário isolamento social.[66] Antes impensáveis, essas mudanças tiveram amplo apoio político diante da natureza dramática da crise. Foram mais de 10 milhões de trabalhadores impactados em 2020, diante de um contingente de menos de 1 milhão de contratados pelas opções criadas na reforma trabalhista que se somava naquele mesmo ano.[67] A "reforma" da pandemia foi uma mudança mais radical que atingiu certamente muitíssimos mais trabalhadores do que a contestada reforma de 2017, mas que foi também muito mais bem compreendida pela sociedade.

"A realidade impõe sua presença nos salões do Direito", pontuou a ministra Cármen Lúcia no julgamento do STF que considerou constitucionais as mudanças em 2020. "Estamos vivendo um momento em que o que se tem e o que se põe é a possibilidade de enorme desemprego, em contrariedade absoluta ao princípio posto normativamente na Constituição", disse, referindo-se ao princípio do pleno emprego.[68] Respeitadas as devidas proporções, é exatamente essa a argumentação que serve de base para a flexibilização das leis trabalhistas em outros momentos ruins do mercado de trabalho — ainda que não tão extremos como obviamente foi o início da pandemia.

Mocambinho, o bairro em que se vive menos   133

Afinal, dezenas de milhões de excluídos — informais, desempregados ou fora da força de trabalho — não são também uma realidade que precisa se impor? Legislações flexíveis, entre desvantagens e vantagens, podem ser mais aderentes a momentos de crise, que atingem setores e negócios de tempos em tempos em magnitude que pode não ser tão diferente assim daquela de uma pandemia.

A lógica a se aceitar aqui talvez seja a de que um emprego com a jornada cheia e por prazo indeterminado é preferível a um emprego sem essas características, mas que um emprego não ideal (desde que não degradante) é preferível ao desemprego. Em uma situação de elevada informalidade, desemprego ou pobreza, os empregos não ideais deveriam ser uma alternativa, cabendo ao poder público atuar pela geração dessas vagas (assim como pela eventual migração dos trabalhadores nelas ocupados rumo a postos melhores). As vagas não ideais devem ser encaradas então como pontes para fora da exclusão e para uma inserção mais qualificada no mercado de trabalho.[69]

Nova geração

Um novo modelo no Brasil, para o conjunto de trabalhadores ou apenas para os mais vulneráveis, precisa superar deficiências das tentativas recentes de reforma. Há poucos direitos no MEI, nas bolsas das frentes de trabalho e em uma tentativa mais nova de reforma chamada Programa Primeira Oportunidade e Reinserção no Emprego (Priore, uma proposta de contratação de jovens apoiada pelo governo Bolsonaro na pandemia e rejeitada pelo Congresso). Já as modalidades da reforma trabalhista de 2017 não eram desoneradas, basicamente mantendo a pesada tributação do emprego formal no Brasil e tornando-as menos atraentes do que poderiam ser para empregadores e trabalhadores.

Partindo então da CLT, desonerações para grupos vulneráveis poderiam aproximar a contratação deles do custo do MEI, mantendo direitos. O Senado aprovou durante a pandemia a Lei Bruno Covas, um projeto de lei do senador Irajá Abreu (PSD-TO), que reduz todos os tributos que incidem sobre a contratação de jovens — em maior ou menor grau, a depender do tamanho da empresa.[70] A iniciativa — também denominada Nova Lei do Primeiro Emprego — aguarda aprovação da Câmara.

Ainda no Congresso, tramita um projeto que tem a deputada Tabata Amaral (PSB-SP) como primeira signatária e cujo objetivo é reduzir os encargos que incidem sobre o emprego feminino, levando à metade a contribuição previdenciária na contratação de novas funcionárias — com base em uma experiência recente da Itália.[71] Mulheres como Jenifer, nossa empreendedora do Mocambinho, teriam maiores chances de inclusão com qualidade no mundo do trabalho.

Em 2022, o Senado, por sua vez, aprovou a proposta da Lei dos Direitos da Mãe Solo, do senador Eduardo Braga (MDB-AM),[72] que prevê desoneração e uma série de tratamentos favorecidos pela inclusão especificamente da mãe solo no mercado de trabalho. Além de benefícios sociais com valor dobrado (como no auxílio emergencial), mães solos de baixa renda teriam direito a prioridade nas políticas de creche e qua-

Mocambinho, o bairro em que se vive menos

lificação/ intermediação de mão de obra. Teriam, também, direito a um regime de trabalho com jornada mais flexível e a usufruir cotas em empresas com mais de cem empregados. O tratamento favorecido alcançaria as tarifas no transporte público e na habitação, para aproximar geograficamente essas mulheres dos centros de emprego das cidades.[73]

Alterações mais significativas, em grande escala, só seriam possíveis, porém, se combinadas com uma reforma tributária. Como vimos nos capítulos anteriores, há espaço para tributar renda e patrimônio dos mais ricos, uma possível fonte para compensação da redução da tributação sobre os salários. Tributar mais o Morumbi e facilitar o progresso do Mocambinho.

Qualquer novo modelo para abertura do mercado de trabalho também se beneficiará de simplicidade (recusando um palavrão como o pentassílabo "intermitente", da jornada flexível da reforma trabalhista, e preferindo termos fáceis como MEI). Deve haver ainda objetivos claros (como metas, regras com prazo determinado para valer) e foco em grupos vulneráveis (como famílias do CadÚnico — evitando a percepção de que as mudanças são voltadas para o lucro de empresários). Ademais, talvez seja o caso de prever o novo modelo na Constituição, dando maior retaguarda para os esforços judiciais de contrarreforma e assegurando um debate mais amplo no Parlamento e na sociedade.[74]

Desafios da modernidade tornam ainda mais urgente promover as mudanças. Não precisaríamos ir tão longe a ponto de discutir profundamente automação e inteligência artificial. Basta perceber que, nos últimos anos no Brasil, o desenvolvimento da rede de 4G já popularizou novas formas de ocupação.[75] Elas geraram renda para milhões de trabalhadores, mas pouco se encaixam no formato da CLT tradicional. Forçar o reconhecimento de vínculo de emprego formal entre, por exemplo, motoristas de aplicativo e entregadores e as respectivas plataformas poderia implicar uma pesada tributação da sua atividade. Provavelmente haveria queda no valor líquido recebido pelos serviços e bloqueios de parte dos profissionais. Como já deve estar claro, no modelo atual o emprego formal não é apenas fonte de direitos, mas também de custos para os trabalhadores.[76]

Há ainda o risco, com a "celetização", de inviabilizar as plataformas, cujo potencial para criação de oportunidades de renda tem se mostrado promissor por sua capacidade em intermediar demanda e oferta de serviços de curtíssima duração. É um formato que por um lado pode contribuir na luta contra a pobreza, mas por outro carece de proteção contra riscos. É possível melhorar, quem sabe usando a janela aberta para regulação dos aplicativos para desenhar uma base flexível para outros tipos de trabalho.

O desafio não é só do Brasil: como destaca o Banco Mundial, em diversos países ainda vigoraria uma geração antiga de legislações trabalhistas, concebida para uma realidade menos diversa em que a duração dos vínculos era outra e a heterogeneidade das formas de trabalho era menor.[77] Essa geração anterior também teria sido desenhada para a inserção de um tipo específico de trabalhador — homem, chefe da família — que não demandava arranjos flexíveis como os grupos que passaram a buscar inserção requerem — mulheres, estudantes, idosos.

Ademais, o advento de tecnologias como ChatGPT gerou em todo o mundo uma maior preocupação com o emprego, especialmente da parcela da população de menor qualificação. O medo é o da substituição de trabalhadores por "robôs" de alta produtividade que não pagam os mesmos tributos. Olivier Blanchard, ex-economista-chefe do FMI, e Daron Acemoglu, economista e influente professor do MIT, são alguns dos que apontam para a importância de boas políticas que não desincentivem a contratação dos trabalhadores, que ficaria custosa diante das mudanças tecnológicas.[78]

Esse novo arranjo deve ainda priorizar a qualificação profissional como parte da nossa versão de Estado de bem-estar social. O Brasil gasta excepcionalmente pouco com essas políticas de treinamento — assim como com intermediação de mão de obra (que ocorre quando o Estado ajuda no *matching* entre empresas e quem busca emprego). O gasto com essas políticas, chamadas de políticas ativas de emprego, correspondeu a 0,003% do PIB em 2022.[79] Em outros países, como os da OCDE, são mais consagradas: em um caso extremo, a Dinamarca despende 2% do PIB com elas.[80] Na síntese do professor Ricardo Paes de Barros, o renomado especialista tido como um dos mentores do Bolsa Família, "o Brasil precisa de uma reforma trabalhista muito gigante, num sentido amplo. Estamos falando de mudar legislação e toda a política de emprego".[81] Quem se considera progressista, de esquerda, não precisa temer esta abordagem. De fato, foi a partir da atuação dos socialistas escandinavos que os desenhos ditos mais flexíveis ganharam proeminências nas últimas décadas.[82]

O COMÉRCIO É SIMPLES E VIBRANTE na principal avenida de lojas do Mocambinho — a barbearia tem sua própria versão do *barber pole*, o poste giratório com as cores americanas que virou moda nas cidades brasileiras: aqui ele é improvisado, em duas dimensões, pintado na parede mesmo. Passam mais motos do que carros, e a rua segue movimentada. Na sorveteria-bar, o boneco de neve da fachada contrasta com o calor de Teresina. Não daria para dizer que foi ali, naquela semana, que dois jovens foram mortos em um intervalo de 48 horas. Um deles com quinze tiros.[83]

Algumas lojas até funcionam trancadas, só abrindo quando um cliente chega. É nas ruas residenciais, perpendiculares, que o medo é mais palpável. No meio do dia não há ninguém à vista. Muros altos, janelas fechadas e cercas elétricas acochambradas confirmam a rotina de assaltos. Pinturas coloridas descascando assinalam a tentativa fracassada de pequenos negócios na frente das casas. De movimento nelas, o fluxo contínuo da lâmina de esgoto que corre junto à calçada. O muro pintado de um terreno baldio me descontrai: anuncia a "Igreja Universal do Reino do F***-se".

Voltemos a Jenifer. No passado, relutava em ser empregada. Preferia não ter chefe. Com a passagem da pandemia, espera não precisar mais de benefícios como o auxílio emergencial e tem novos sonhos para o seu negócio. Por enquanto, quer seguir como MEI: funcionária de si. Sua fala é sempre resiliente. "A pandemia prejudicou os meus planos, mas fez também com que novos pudessem ser pensados."

Mesmo queixosa da violência, vê o futuro com esperança: "Nada impede o crescimento do bairro". Segue animada com

Mocambinho, o bairro em que se vive menos

sua linha de atuação: "super me identifico", como diz em um português jovial. Defende a juventude do seu bairro, para quem o governo não olha. Denuncia o desperdício de potencial, pedindo atenção principalmente para formação profissional. Jenifer faz quase um chamamento: "Os jovens estão ansiosos pelo novo!".

5. Distrito Federal, a unidade mais rica da Federação

Da entrada da terra indígena dos Fulni-ô ainda se veem alguns esqueletos, mas principalmente edifícios espelhados já erguidos. É o caso do Infinite Residence Club ("Mais do que um empreendimento, uma grife") e do Riviera ("Mais que um endereço, um estilo de vida"). Ainda nas imediações do Santuário dos Pajés já estão prontos o Murano ("Você não vai precisar esperar as próximas férias para pegar um bronzeado") e o Evolution ("A sua vida evolui"). Avistam-se de outros pontos da reserva o Luxor ("A evolução do conceito de moradia") e o Reserva Malbec ("Um brinde a você").

Estamos no Setor Noroeste, o último bairro a ser construído na área tombada de Brasília. Com o primeiro prédio inaugurado em 2012, ainda é localizado dentro do que tipicamente se considera o Plano Piloto da capital, uma área nobre (são somente dois quilômetros até o quartel-general do Exército brasileiro). Chegou a ser apontado como um dos bairros com o metro quadrado mais caro do Brasil.[1]

O Noroeste está incompleto, mas foi paulatinamente ocupado nos últimos anos, num processo marcado pelas disputas que resultaram em acordos para demarcações de terras indígenas. A maior é a Terra Indígena Santuário Sagrado dos Pajés — Pajé Santxiê Tapuya, dos Fulni-ô, que usaram a área ao

Distrito Federal, a unidade mais rica da Federação

longo de décadas, inclusive para rituais e cemitérios. Há ainda na região as comunidades Kariri-Xokó e Tuxá. Os indígenas do Noroeste brasiliense seriam descendentes de indígenas do Nordeste brasileiro que migraram para a capital — parte já nos anos 1950, para trabalhar na sua construção. Com os acordos, mais obras devem avançar.

Os prédios, embora mais sóbrios do que os nomes e slogans sugerem, são de alto padrão, com o metro quadrado custando, em 2023, em torno de 16 mil reais.[2] O bairro foi projetado para 40 mil pessoas e espelha outro — o Sudoeste — já desenvolvido a partir dos anos 1990 para dar conta do crescimento da parte de alta renda da cidade. O Distrito Federal (DF) é a unidade mais rica da Federação, com PIB por habitante de 8 mil reais mensais em 2021 — 60% maior que o de São Paulo. O PIB em termos absolutos é o oitavo maior do Brasil, superior ao de qualquer estado do Norte ou do Centro-Oeste.

Uma economia próspera, movimentada pelo gasto do governo federal.

O gasto federal

A União gasta no DF boa parte do que arrecada no resto do país: em 2019, pelo menos 80 mil reais por habitante. O segundo colocado, o Rio de Janeiro, levou oito vezes menos (10 mil reais por pessoa ao ano). No último lugar ficaram os brasileiros do Amazonas: 3 mil reais para cada um.[3]

Comecemos então a análise desses números pelo final: pela 27ª unidade da federação (UF) em gastos federais por habitante, o Amazonas. São estados do Norte que estão nas piores posições.[4] Eles diferem dos estados do Centro-Sul, que se beneficiam das despesas relacionadas ao mercado de trabalho formal, típico das regiões mais desenvolvidas.[5] A explicação passa pelos benefícios da previdência urbana, de maior valor, e pelos benefícios trabalhistas.[6] Passa também por um contingente maior de pessoal federal nesses estados, como das Forças Armadas e das universidades federais. Já as UFS do Nordeste estão em melhor situação que os estados amazônicos por conta da previdência rural, que tem ampla cobertura naquela região.

Voltamos então à UF líder isolada de gasto federal por habitante: o DF, em que o valor no nosso exercício é 25 vezes maior que o do Amazonas. O que causa discrepância? A explicação é intuitiva. O Distrito Federal abriga a capital do país. A quantidade de funcionários federais, na ativa ou aposentados, é mais elevada em uma cidade administrativa, onde também são comprados diversos produtos para consumo da máquina federal e contratados serviços para atendê-la.

É preciso fazer uma ressalva, porém. Ter um alto gasto da União concentrado no Distrito Federal não significa necessariamente que esse gasto não reverta nem parcialmente para outras regiões. O cálculo inclui o pagamento de servidores e de serviços que podem beneficiar diretamente áreas mais pobres, por exemplo um gestor do Ministério da Saúde que trabalha para o SUS, ou de um banco de dados essencial para um programa social.

Uma série de oportunidades também surgem em uma capital nacional relacionadas às demandas privadas com cada um dos Poderes, ampliando sua renda. É o caso da advoca-

Distrito Federal, a unidade mais rica da Federação

cia e da área de relações governamentais/ lobby. Assim, nos Estados Unidos muitos dos condados mais ricos do país não estão em Nova York ou na Califórnia, mas na Virgínia, ao redor do equivalente ao DF. Na União Europeia, o mesmo ocorre com Bruxelas, que concentra instituições decisórias daquela união.[7]

Se o elevado poder aquisitivo de servidores e empresários com contratos federais gera empregos no comércio e nos serviços locais (como nas obras do bairro Noroeste), esses transbordamentos positivos não são suficientes para contornar uma outra realidade. O elevado gasto da União torna o DF não só a unidade mais rica da Federação, mas também a com maior desigualdade de renda entre seus moradores. Nesse sentido, o Noroeste é só uma alegoria contemporânea interessante. Uma referência mais tradicional seria o Lago Sul, região administrativa exclusivamente de casas que, fosse considerada um município, seria o terceiro mais rico do país.[8]

Precisamos agora incorporar nesta nossa conversa outra variável, à que economistas dão um nome curioso.

O prêmio

Terminei a faculdade em um período de bonança nas contas públicas: para o brasiliense isso significa concursos abertos. Tentar passar nas provas é um caminho natural para muitas carreiras, mas, especialmente em Brasília e em uma época como aquela, o tema "concurso" dominava as conversas de recém-formados. Eu me lembro em especial de um churrasco em que amigos que acabavam de entrar no serviço público contavam causos pitorescos de improdutividade em suas repartições. Em uma dessas histórias uma amiga reagiu: "É pra isso que eu pago imposto?", no que foi respondida por outra: "É pra isso que eu estudo!".

As duas reações são compatíveis com a percepção da sociedade de que parte dos servidores é remunerada de forma desproporcional ao trabalho desempenhado (para uns motivo de crítica, para outros razão para tentar passar em um concurso). Alguns estudos dos últimos anos buscaram quantificar o chamado "prêmio salarial" do setor público, isto é, o quanto um servidor ganha a mais apenas por estar no setor público, em contraposição ao setor privado. Considerando variáveis como seus anos de experiência e nível de escolaridade, a diferença seria substantiva no caso federal.[9]

O estudo de Naercio Menezes e Gabriel Tenoury, do Insper, identificou que essa diferença cresceu entre 1995 e 2015 — e que seria maior para funcionários de maior instrução.[10] O prêmio chega a quase 100%, ou seja, ganha-se em média o dobro nesse grupo, em relação a um perfil semelhante na iniciativa privada.[11] Os pesquisadores ressaltam que o prêmio se ampliou mesmo em períodos em que as finanças públicas ou a taxa de desemprego se deterioraram.

Números semelhantes foram identificados por estudo de 2019 do Banco Mundial, que destaca que o prêmio no caso brasileiro seria maior do que o observado em todos os países de uma amostra de 53.[12] O mesmo indicou a OCDE em relatório de 2020, em que o prêmio brasileiro aparece bem acima daquele dos países-membros do bloco.[13] Também em 2020, estudo do Ipea confirmou haver um prêmio salarial elevado no serviço público federal brasileiro, e crescente no período entre 2012 e

Distrito Federal, a unidade mais rica da Federação

2018.[14] Os autores chamam a atenção para a heterogeneidade entre carreiras: o prêmio seria bem menor na área de saúde, chegando até a ser negativo — o que ensejaria cautela em medidas que atinjam todas as carreiras de forma indiscriminada.

Podemos ver ainda de outra forma a questão da remuneração dos servidores públicos no Brasil. Pedro Ferreira de Souza e Marcelo Medeiros identificaram que o diferencial salarial público-privado total seria regressivo (beneficia mais "ricos" que os pobres) e altamente concentrado (beneficia poucos brasileiros).[15] O resultado está em linha com a formatação de outros pesquisadores, que detectam participação relevante dos servidores na elite nacional, em camadas mais altas da distribuição de renda.[16] O já citado economista Daniel Duque, da NHH, estimou que o percentual de servidores que estão em uma delimitação de "alta classe alta" supera a taxa de empregadores que está nessa faixa.[17] Já Manuel Thedim, do Instituto de Estudos do Trabalho e Sociedade (Iets), calcula que um a cada quatro brasileiros no 1% mais rico da população é servidor público.[18]

Dessa forma, mais do que a quantidade de servidores que o país tem, a questão principal para o debate nacional é se a desproporção na remuneração — especialmente em âmbito federal — precisa ser do atual tamanho. Como mostramos, o Distrito Federal não apenas lidera o gasto federal por pessoa, mas também tem o maior PIB per capita e ostenta o oitavo PIB entre todas as unidades da Federação. Não é um polo tecnológico, financeiro ou industrial. Parece claro que o elevado padrão de vida dos seus moradores, como os que habitarão o belo Noroeste, decorre da proporção do gasto federal que fica em Brasília.

Um limite para os gastos totais com funcionalismo chegou a ser aprovado no Senado em 2009, mas não na Câmara.[19] Sem a medida, que duraria uma década, o gasto seguiu subindo. Em 2015, o gasto federal com pessoal era quase 50% maior do que dez anos antes.[20] Já em 2017, somente o crescimento em relação a cinco anos antes, de dezenas de bilhões de reais, comportaria quase todo o orçamento do Bolsa Família naquele momento (apenas em anos mais recentes o gasto com pessoal parou de subir).

A realidade do Distrito Federal é tal que para pertencer ao grupo dos 10% de trabalhadores mais ricos da UF é preciso um rendimento de cerca de 15 mil reais mensais, quase o dobro do que é necessário em São Paulo para fazer parte do grupo equivalente. O rendimento que coloca um trabalhador do DF na metade que menos ganha ali é o mesmo valor que em vários estados o coloca entre os 20% mais ricos.[21] Esses dados convergem com as análises que fizemos anteriormente: há um alto prêmio salarial no serviço público federal e é elevada a parcela do gasto federal que fica em Brasília.

Por que um servidor pode ganhar mais que o máximo?

Uma preocupação em especial de muitos brasileiros é com as remunerações acima do limite remuneratório máximo previsto na Constituição, conhecido como teto salarial, que era de cerca de 39 mil reais até 2022.

Considere as seguintes manchetes de jornais nos últimos anos: "'Tudo dentro da legalidade', diz Tribunal de Justiça sobre ganhos acima de R$ 100 mil", "Militares do governo

Distrito Federal, a unidade mais rica da Federação 147

receberam supersalários de até R$ 1 milhão no auge da pandemia", "Procuradores que recebem até R$ 100 mil falam em esmola e protestam contra celular funcional de R$ 3600", "Desembargadores podem ganhar bônus acima de R$ 300 mil para se aposentar", "Adidos militares no exterior recebem até R$ 370 mil em um mês".[22]

Por que os casos seguem se repetindo, mesmo com a previsão do teto salarial na própria Constituição há décadas? Uma pista está na primeira manchete acima, em que um Tribunal de Justiça diz que não há qualquer ilegalidade. O pulo do gato é baseado na própria Constituição, quando diz que não entram no teto os pagamentos "de caráter indenizatório". Esses deveriam ser, em tese, os pagamentos feitos para reembolsar o agente público por alguma despesa que ele teve para fazer o serviço, por exemplo, uma diária de viagem — destinada a pagar hospedagem, alimentação — quando o funcionário sai do seu município para uma reunião em uma outra cidade.

Uma série de pagamentos passaram a ser interpretados como indenização. O mais conhecido, embora nem de longe o mais excessivo, é o do auxílio-moradia para pessoas com imóveis próprios (encerrado em 2018). Nesses casos, a distorção era percebida de forma mais clara pela opinião pública: por que o benefício foi pedido, e concedido? Por que dar auxílio para moradia a quem tem moradia própria? O que está sendo indenizado?

Um artigo de um projeto de Dilma aprovado no Senado delimitando os pagamentos a serem considerados dentro do teto tinha não menos do que 37 itens.[23] Estão lá o nome de diversas invenções usadas para furar o teto, variadas ajudas, adicionais e gratificações. Esse projeto de lei que tentava conter gastos ficou parado na Câmara, mas, tivesse sido aprovado, não impediria parte das manchetes acima. É que periodicamente órgãos pelo Brasil criam novas formas de romper o teto, indenizando agentes públicos de formas não previstas pelo Congresso Nacional. Como a Constituição excepciona do limite máximo as verbas indenizatórias, basta dar esse enquadramento para fazer os pagamentos. E, além de não ser aplicado o teto, também não se pagam tributos sobre indenizações.

Um exemplo de indenização nova, não prevista sequer nos projetos de lei para combater esses pagamentos, é o bônus por aposentadoria de até 300 mil reais para magistrados ou servidores que se aposentam antes da idade máxima de trabalho (de 75 anos). Ou o vale-livro de 70 mil reais pagos em um tribunal de contas.

O quanto se gasta anualmente com indenizações falaciosas? É difícil saber a quantia exata, mas podemos fazer um exercício com os dados do Imposto de Renda.[24] Eles nos dizem que membros do Judiciário e do Ministério Público recebem cada um em média 250 mil reais por ano em rendimentos isentos de pagar o IR, e é improvável que parte relevante desses valores não se refira às indenizações.[25] No agregado, o grupo recebe quase 9 bilhões de reais por ano em rendimentos isentos de pagar qualquer centavo de imposto de renda. Outra carreira que se destaca é a dos diplomatas, com uma média acima de 375 mil reais por ano em rendimentos isentos — 1 bilhão no agregado.[26] Advogados públicos e procuradores de Estado, vinculados normalmente ao Poder Executivo, têm uma média de 75 mil reais ao ano, que no agregado supera 2 bilhões de reais em pagamentos.

Distrito Federal, a unidade mais rica da Federação 149

Mas seriam os salários acima do limite máximo, possibilitados pelas indenizações, o nosso único desafio nessa seara? Não. As indenizações são parte do prêmio salarial, mas ele está disseminado por várias carreiras e faixas de remuneração.[27] Cálculos apontam que, se o gasto com folha de pessoal no Brasil fosse reduzido à média dos países da OCDE, a economia corresponderia a muitas vezes a despesa anual do Bolsa Família.[28] Lançamentos imobiliários no Distrito Federal poderiam ser prejudicados, mas se reduziriam desigualdades.

COMENTAR O PAPEL DO FUNCIONALISMO na concentração de renda do país, assunto deste capítulo, é mais difícil para mim do que comentar outros mecanismos: é que eu sou parte dessa elite. Pertenço a uma carreira bem remunerada no Senado Federal, porque fui selecionado por um processo que já privilegia aqueles com melhor acesso à educação: o concurso público. Como outros colegas, passei em concursos e comecei a servir nas minhas funções atuais aos vinte e poucos anos, misturando sentimentos de felicidade, síndrome do impostor e culpa católica.

Especialmente para os servidores que trabalham com política social, é difícil não sentir um constrangimento com nossas vantagens em Brasília — certa ansiedade de classe. Mas não estou sozinho: em que pesem estereótipos de alienação, insularismo ou indiferença, muitos funcionários públicos se reconhecem como privilegiados. Essa ambiguidade às vezes rende mensagens desaforadas ou inconveniências no cotidiano. Porém mais irritante que um privilegiado falando de seus privilégios seria um privilegiado *defendendo* seus privilégios.

Na defesa corporativista de outros colegas há um pensamento recorrente: o de que cargos públicos devem ser bons porque os concursos são concorridos. É uma distorção — os concursos é que são concorridos porque os cargos são bons. Se há de fato uma inspiração meritocrática nas provas, elas não são possibilidades para todos. Exigem determinados diplomas, tempo para preparação e recursos para estudar conteúdos bastante específicos. Muitas pessoas talentosas ou vocacionadas esbarram nesses muros.

Há muito o que deve melhorar, sim, e as mudanças possíveis aparecem normalmente sob o guarda-chuva de "reforma administrativa". Um tema polêmico, que pode significar coisas diferentes para pessoas diferentes.

Que reforma administrativa?

"Até setembro a reforma administrativa." A manchete da capa do jornal *O Globo* era sobre anúncio do líder do governo, que detalhava também a formação de uma comissão especial na Câmara para analisar a reforma, no jornal daquele 2 de janeiro de 1953. A proposta encaminhada ao Congresso pelo presidente Getúlio Vargas[29] tinha como justificativa a existência de "reivindicações sociais" e "anseios gerais por melhores condições de vida", diante de uma "máquina da administração federal [que] vem se revelando verdadeiramente incapaz de realizar de forma eficiente os objetivos do poder público". A atualidade da motivação daquela reforma se faz presente também quando se descreve o drama do "homem da rua", alguém que sente que a sua vida não é positivamente afetada

Distrito Federal, a unidade mais rica da Federação

pela ação do Estado e que se depara nos órgãos públicos com "confusão" e "complexidade".

Mais do que pelas semelhanças, o caso da reforma de Vargas vale pelas diferenças com a discussão moderna sobre o tema no Brasil. Ali o termo "reforma administrativa" era usado para uma iniciativa que visava a ampliar a atuação de um Estado que era bem menor — embora a crítica quanto à sua ineficiência estivesse presente ("tremenda e crescente incapacidade do Leviatã para fazer funcionar, harmônica e eficazmente, os seus instrumentos de ação"). Nas décadas recentes, a expressão, sabemos, é mais usada em pleitos pela redução do tamanho do Estado — não pelo seu aumento.

A antipatia com o tema após o governo Bolsonaro é compreensível. Afinal, houve esforços de coibir a atuação de servidores de carreiras de Estado, como na área ambiental, enquanto pipocaram suspeitas de que a família presidencial enriqueceu com desvio de salários de servidores não concursados. Discutir *uma* reforma administrativa legítima ficou naturalmente mais difícil.

Entretanto, a reforma administrativa pode ser entendida como uma maneira de reduzir a quantidade de recursos públicos que irá subsidiar empreendimentos para a elite brasiliense ao redor da unidade mais rica da Federação. Uma outra forma de ver esse debate é o seguinte: como devolver para o Brasil o excesso de recursos empregado no Distrito Federal? Se o cidadão brasileiro vai ter parte da sua renda deixada em Brasília, como fazer para que pelo menos tenha o dinheiro de volta por meio de bons serviços públicos?

Limitando o prêmio

Uma boa reforma administrativa pode combater o prêmio salarial, especialmente no topo. Uma maneira é pela suspensão de aumentos periódicos aos servidores — o que já ocorreu na pandemia e pode ter atenuado o prêmio nesse período. Quando a inflação cresce e os salários não acompanham, eles perdem seu valor, seu poder aquisitivo: há um corte real, embora nominalmente os valores sejam os mesmos.

Por sua vez, a possibilidade de fazer cortes nominais de até 25% chegou a constar do texto original da PEC Emergencial, uma proposta do governo Bolsonaro. Eles seriam acompanhados de redução proporcional de jornada, mantendo o salário por hora inalterado. Esse "mecanismo de correção", nos termos da economista e especialista Ana Carla Abrão,[30] não chegou a constar do texto aprovado daquela PEC. Essa é uma ideia ainda muito polêmica no Brasil, mesmo com o advento do teletrabalho e o movimento internacional pela semana de quatro dias.[31]

Já em relação às verbas indenizatórias, que permitem pagamentos excessivos, como vimos nas últimas páginas, talvez possamos pensar em medidas mais radicais. Parece que enquanto não se restringir o conceito de "indenização" seguirá havendo abuso na interpretação. Abolir totalmente a possibilidade de pagamento de verbas indenizatórias deveria, sim, constar de uma reforma administrativa menos conservadora. Há tecnologia suficiente hoje para reembolsar eventuais gastos que de fato tenham sido feitos pelo servidor em benefício do serviço público, sem que se precise usar das verbas indenizatórias.

Distrito Federal, a unidade mais rica da Federação

Há projetos de lei que restringem significativamente o seu pagamento, com o intuito de economizar com os mais ricos para gastar com os mais pobres. A deputada Tabata Amaral apresentou em 2021 um PL que regulamenta a expressão "de caráter indenizatório" da Constituição.[32] Ela só se aplicaria ao que simultaneamente "for absolutamente imprescindível para a oferta direta de serviço público à população", não enriquecer o agente público e gerar a emissão de nota fiscal ou recibo. A justificativa da proposta vê "cinismo" no pagamento atual desses recursos. Junto com outras medidas, a limitação dos supersalários serviria para estender transferências de renda aos mais vulneráveis.

Esforço semelhante é feito no projeto da "política permanente de redução da desigualdade", do senador Jorge Kajuru (então Podemos-GO):[33] uma vedação ao pagamento de verbas indenizatórias acima do teto ajudaria a custear uma renda básica para cumprir metas de curto prazo para erradicação da pobreza extrema e da pobreza infantil, e metas de longo prazo para a erradicação da pobreza e a redução da desigualdade de renda a um nível de países europeus.

Cabe aqui uma breve digressão: alguns entusiastas do papel do gasto público sobre a economia podem alegar que não é necessário fazer cortes no funcionalismo para expandir a política social. Isso porque o gasto com servidores seria positivo para o crescimento do PIB, que seria impulsionado pelo consumo dos funcionários públicos. Não deveria, assim, o Estado ter que escolher priorizar o funcionalismo ou os mais vulneráveis.[34] É uma visão ingênua, descolada da evidência empírica moderna. Mesmo entre autores simpáticos à atuação do Estado na economia, diagnostica-se haver uma diferença relevante entre o impacto sobre o PIB de gastos com servidores públicos e de gastos com os mais pobres ("multiplicador", no jargão).[35] O multiplicador é muito maior quando o Estado transfere recursos para quem ganha menos, não para quem ganha mais.

Voltamos então à reforma administrativa: hora de abordar temas mais polêmicos do que o pagamento de verbas indenizatórias. Há outras mudanças que são bem-vindas, tanto para limitar o prêmio salarial quanto para melhorar os serviços prestados aos mais pobres. Será útil em nossa análise fazer um paralelo com uma política pública muito bem-sucedida.

O que a vacinação tem a ver com reforma administrativa?

A trágica situação da pandemia no Brasil foi atenuada pela produção de duas vacinas no país. Esse esforço foi bastante celebrado como uma demonstração de êxito do serviço público brasileiro, em particular dos funcionários concursados e estáveis. Se de fato existem servidores dessa categoria responsáveis pela pesquisa e produção da CoronaVac (no Butantan) e da AstraZeneca (na Fundação Oswaldo Cruz, Fiocruz), é verdade também que muitos dos trabalhadores envolvidos na empreitada — talvez a maioria — não têm esse tipo de vínculo. São pessoas que não são contratadas por concurso público e podem ser demitidas quando o contratante quiser (sem estabilidade).

De fato, tanto o Butantan quanto a Fiocruz se apoiam em outras organizações, que poderíamos até chamar de

Distrito Federal, a unidade mais rica da Federação

"órgãos sombra", que funcionam em vários aspectos mais como empresas privadas do que como órgãos públicos.[36] É que essas entidades privadas estão sujeitas a regras muito diferentes daquelas dos órgãos que elas ajudam. Em geral, regras de direito privado, mais típicas de empresas do que regras de direito público. Isso inclui a contratação e a demissão de pessoal e também outros atributos que permitem que sejam mais eficientes. Não precisam fazer longas licitações para obter insumos, têm maior flexibilidade para escolher o que comprar.

Por que outros órgãos públicos não usam esse modelo? Afinal, apesar da participação privada, as vacinas são produtos de qualidade disponibilizados de forma gratuita e universal. O problema é que esse modelo é proibido para a maioria esmagadora do serviço público — exceto para a área de ciência e tecnologia.[37]

Será possível construir um novo sistema de prestação de serviços públicos, em que convivam a estabilidade necessária para algumas atividades e a flexibilidade necessária para outras, em benefício da sociedade? Voltando às frases de Vargas: qual é o modelo que responderá ao drama do "homem da rua", livrando-o de confusões desnecessárias e atendendo seus interesses quando precise da ação do Estado?

Traçando a linha

Em várias democracias, reconhece-se que a estabilidade é essencial para certas ocupações em que o servidor não deve ter medo de ser desligado por contrariar interesses poderosos. O interesse público prevaleceria. Porém, também se reconhece que em outras ocupações a estabilidade pode ser justamente contrária ao interesse público, porque induziria a comodismo ou ineficiência, prejudicando o cidadão que precisa do serviço público.

O fundamental é entender que nenhum arranjo é perfeito, e todos carregam algum risco. A estabilidade minimiza o risco de interesses particulares prevalecerem, garantindo a impessoalidade, mas pode gerar letargia. Sua ausência pode levar a funcionários altamente motivados, beneficiando o atendimento ao público, mas também altamente pressionáveis. De fato, um interessante estudo dos economistas Mauricio Bugarin e Fernando Meneguin, publicado pela revista de economia da USP, sugere exatamente que onde há mais servidores estáveis há menos corrupção mas também menos inovação.[38]

A solução mais adotada no mundo é dar estabilidade a alguns, mas não a todos. A lógica aqui é que a cadeia de prestação de serviços públicos é heterogênea, e em cada parte funciona melhor um conjunto de regras. Por simplificação, vamos chamar essas regras de regime de direito público (o típico do Estado, incluindo estabilidade, concursos etc.) e regime de direito privado (o típico de empresas, incluindo liberdade para demitir e contratar). Podemos pensar que entre as milhares de atividades que o Estado contrata para prestar serviços públicos ao cidadão há algumas em que faz mais sentido o regime de direito público — em que predomina a impessoalidade mas há risco de ineficiência. E outras em que faz mais sentido o regime de direito privado.[39]

Pensemos na longa cadeia de prestação de serviços de saúde, que já contempla hoje a contratação de muitas pessoas

Distrito Federal, a unidade mais rica da Federação

sem vínculo com o Estado. Do jaleco vestido pelos médicos a aparelhos de mamógrafos, o sus paga para a iniciativa privada lhe fornecer bens, que serão usados no atendimento da população, em vez de ter suas próprias confecções ou fábricas com funcionários concursados.

Onde devemos traçar a linha? Quando a contratação de pessoal deve ser feita diretamente, por meio do concurso e com estabilidade? Deve ser o caso apenas dos técnicos que regulam o setor, como os da Agência Nacional de Vigilância Sanitária (Anvisa), ou também dos médicos e enfermeiros que atendem ao público? E recepcionistas, seguranças, técnicos de laboratório? Qual desenho garantirá a excelência como no caso das vacinas? O debate acalorado sobre reforma administrativa não tem sido feito com essas necessárias nuances, havendo preferência por chavões como "sucateamento", "desmonte" e, claro, "privatizações". Como pontua o secretário extraordinário para transformação do Estado do terceiro governo Lula, Francisco Gaetani, o modelo dominante atualmente "não é ideal para vários órgãos públicos, onde é melhor que um regime celetista, flexível, para que as organizações sejam capazes de entregar os resultados".[40]

Aliás, é curioso observar que, em sua autobiografia, o presidente Juscelino Kubitschek usa a expressão "ritmo de Brasília" repetidamente para aludir a um trabalho célere (por conta da rápida construção da capital).[41] Essa seria uma interpretação intuitiva para esse termo hoje? Será possível recuperar Brasília como uma metáfora de competência?

Um ponto particularmente esquecido desse debate é que a estabilidade é um obstáculo à substituição. É assim um limite não apenas a desligamentos, mas também a contratações. Ela dificulta mudanças, inclusive as escolhidas pelos eleitores. Imagine que, em uma penúltima eleição, o eleitorado tenha pendido para um extremo ideológico na eleição do prefeito de uma cidadezinha. Sua gestão é considerada radical e, na última eleição, o povo decidiu, em uma votação esmagadora, trocá-lo pelo seu principal opositor.

Depois que toma posse, porém, este não consegue implantar o programa escolhido pelos eleitores: os recursos da cidade estão comprometidos com políticas criadas pelo antecessor. Ele não pode desfazê-las porque os servidores contratados para implementá-las na gestão anterior são estáveis e têm direito a ficar ali para sempre. Eles foram contratados para fazer X, mas o novo prefeito precisa de gente para fazer Y. Hoje, esse seria um problema sem solução.

A necessidade de rever a estabilidade quando é preciso atualizar o serviço público existe não só porque as demandas do eleitorado mudam com o tempo, mas também pelo próprio avanço tecnológico. O governo federal tem até hoje servidores efetivos da carreira de datilógrafo, mas ainda nenhum da carreira de cientista de dados. De fato, somente a União gasta quase 10 bilhões de reais por ano (ou três meses de pagamentos do Bolsa Família em 2019) com funcionários de carreiras que estão sendo extintas.[42] Há datilógrafos, ascensoristas e linotipistas — especialistas em um equipamento que agora é uma raridade. Perceba que a situação afeta não apenas o usuário do serviço público — que poderia receber melhores serviços com a realocação —, como também aqueles que desejariam trabalhar no governo mas não podem pela falta de orçamento.

Uma reforma administrativa deveria rever a estabilidade daqueles de carreiras que não são mais demandadas, garantida

Distrito Federal, a unidade mais rica da Federação 159

uma indenização nos moldes do FGTS, ou deveria pelo menos dar mais flexibilidade para o aproveitamento em outra ocupação.[43] Permitiria, assim, que o Estado fosse mais permeável à democracia, e que não sejam irreversíveis medidas de governos anteriores. Como lembra Ana Carla Abrão, muitos países europeus conhecidos por seu Estado de bem-estar social preveem desligamento quando uma vaga é considerada desnecessária ou quando está em dificuldades fiscais. Parecem, assim, priorizar não o interesse daqueles que prestam o serviço público, mas sim o dos que são os destinatários desse serviço.

Uma questão de capital humano

Proliferam os cursos e palestras de "UX" para empreendedores ou funcionários de grandes empresas: a área de *user experience* (experiência do usuário) é voltada para tornar um serviço ou uma compra mais fácil para o consumidor — ou até mais agradável. A motivação pode ser o lucro, mas a constatação aqui é de que no setor privado quebra-se a cabeça para que o interesse do usuário seja atendido e ele seja agradado. Já no setor público o usuário não tem a mesma voz — e é esquecido em uma discussão na qual ele deveria ser central.

Peguemos o exemplo da estabilidade. O protagonista do debate é o servidor, em geral uma romantização do servidor médio, que precisa do apoio da estabilidade para preservar o interesse público. Ao contrário de serviços privados, a opinião ou — para usar o termo da moda — a *experiência* do usuário é irrelevante para o status do funcionário que o atende. Se um usuário levar um parente em sofrimento para ser atendido no SUS, for tratado com indiferença e só conseguir a atenção necessária depois de horas, não há nada realmente que ele possa fazer para ser ouvido.

Poderíamos pensar em tantos outros exemplos em que o modelo atual da administração pública machuca o usuário. O que cabe a uma mãe se acha que o professor de matemática falta demais? Frustrada em saber que o futuro profissional do seu filho está sendo prejudicado, o que ela pode fazer para que ele seja substituído? Nada. Ele só poderá ser substituído se houver uma hipótese legal para isso, que normalmente só será buscada pela gestão se seu comportamento for realmente intolerável, para que o complicado processo valha a pena.

Tenha em mente que o modelo atual é um modelo que permitiu que o chefe da Polícia Rodoviária Federal no governo Bolsonaro fosse um servidor sobre o qual pesariam acusações antigas de lesão corporal e cobrança de propina na sua função.[44] Os processos que foram instaurados não impediram que ele galgasse ao topo de sua carreira. Quantos outros fatos menos graves, mas ainda indesejados para o interesse público, não são aceitos por todo o país na entrega do serviço aos cidadãos?

Chegamos assim a um outro ponto que liga desigualdade e reforma administrativa. Até agora falamos da reforma administrativa apenas como um veículo para atenuar a desigualdade de renda, já que o modelo hoje vigente contribuiria para o prêmio salarial — enriquecendo lugares como o Distrito Federal. Mas não falamos ainda de como esse modelo pode afetar a desigualdade de acesso a serviços essenciais. Inclusive alguns importantes para a formação do chamado capital humano, a capacidade dos indivíduos de gerarem renda.

Distrito Federal, a unidade mais rica da Federação

Se a forma como ricos e pobres acessam educação e saúde é muito diferente, a própria desigualdade de renda será impactada. É verdade que há muitas diferenças entre serviços privados e públicos que nada têm a ver com regras do direito administrativo.[45] Mas, se houvesse consenso que o modelo público é bom, ele certamente seria apropriado pelas elites. Não vemos movimento de pais de alunos de escolas privadas para incluir estabilidade na negociação coletiva feita entre escolas e sindicatos, por exemplo.

Como coloca Ana Carla Abrão, a motivação de uma reforma administrativa não é só fiscal, mas principalmente social:

A motivação principal para uma reforma administrativa é a melhoria dos serviços públicos. A maior parte da população brasileira depende do Estado para ter acesso a educação, saúde e segurança. [...] Tem toda uma questão social que está vinculada ao fato de que o Estado brasileiro se tornou um grande reforçador da nossa desigualdade, por não prover serviços de boa qualidade.[46]

Embora compreendida tipicamente como uma agenda de direita, a necessidade de maior flexibilidade para pessoal em áreas como as de atendimento é um diagnóstico que parece compartilhado com a esquerda. Iniciativas concretas nesse sentido incluem a criação de empresas para gerir hospitais no governo Dilma e o projeto do segundo governo Lula para contratar de forma alternativa funcionários da saúde, ciência e tecnologia, cultura, meio ambiente, turismo e outras.[47] Esse projeto, enviado em regime de urgência, criava um novo tipo de órgão, a "fundação estatal de direito privado", que existiria para atividades "que não sejam exclusivas do Estado".[48] Veja que esse tipo de iniciativa não acaba com a estabilidade dos atuais servidores, mas permite que outros sejam contratados com mais flexibilidade. Com o tempo, essa força de trabalho poderia ser dominante.

Avalie seu entregador

Usuários da plataforma Uber podem avaliar os motoristas que prestam o serviço, utilizando uma escala com cinco estrelas após os trajetos. O motorista com nota média abaixo de 4,65 é bloqueado e pode não fazer mais corridas: um estímulo para ser cortês, dirigir de forma segura, manter a higiene do veículo.[49] Seria absurdo que servidores recebessem notas e fossem "bloqueados" se ficarem abaixo de um limite? Se a ideia parece ultraneoliberal, a verdade é que ela já está prevista na Constituição: a avaliação de desempenho é uma das exceções à estabilidade, desde a reforma administrativa do governo Fernando Henrique Cardoso — liderada por Luiz Carlos Bresser-Pereira, o intelectual hoje ligado aos trabalhistas.[50]

A lei que detalharia a avaliação nunca foi criada, em parte porque realmente é difícil escolher um modelo.[51] Quem deve fazer essa avaliação? O chefe? Os colegas? Quem recebe o trabalho? Ou o usuário final? Ela deve ser uma nota absoluta, como nos *apps*? Ou deve ser relativa, comparada ao desempenho dos demais? Quem tem mal desempenho deve obter uma segunda chance? Como impedir que servidores comba-

Distrito Federal, a unidade mais rica da Federação

tivos sofram retaliação, perseguidos com más avaliações? Um formato único de avaliação deve ser usado para concursados tão diversos como o analista do Banco Central e o oboísta de uma orquestra sinfônica?[52]

Em 2023, um projeto tratando da avaliação dos servidores estava pronto para ser votado na Câmara — 25 anos depois de lá tramitar. O PL enviado pelo governo Fernando Henrique Cardoso em 1998 chegou até a ser aprovado parcialmente na Câmara e no Senado, mas em 2023 ainda aguardava uma votação final.[53] Pelo projeto, o desligamento de um servidor ocorreria com duas avaliações negativas sucessivas, ou três interpoladas entre cinco. A avaliação seria feita por uma comissão, permitiria recurso e ensejaria o treinamento do servidor mal avaliado, antes do desligamento. Em retrospectiva, Bresser considerou um abuso que a lei prevista na Constituição jamais tenha sido regulamentada.[54] Se percebermos que há entre servidor e Estado um contrato, isso significa que a maior parte dos contratos do governo nunca é avaliada.

De fato, seria relevante inclusive que essas avaliações constassem dos portais de transparência. Não há dúvida de que desde o advento da Lei de Acesso à Informação, que tornou acessíveis dados sobre a remuneração de agentes públicos, aumentaram as pressões legítimas da sociedade nesse tema. A disponibilização de outras informações, o que a princípio nem exige nova lei, poderia também contribuir para uma melhor prestação do serviço público e controle social.

Por exemplo, as informações relativas a escalas ou faltas. Maior controle do servidor contribuiria tanto por alterar os incentivos postos quanto para formação de uma nova cultura. É curioso observar aqui que ainda estamos falando de uma questão que já constava expressamente da motivação da reforma administrativa de Vargas — que chegava a falar em reformar os homens: "Implica naturalmente numa revolução da psicologia do funcionário, da sua atitude para com o público, numa transformação de ordem espiritual a ser operada paulatinamente".[55]

Reformar o modo de admissão pode tornar o Estado mais inclusivo

Nos últimos anos, empresas passaram a ser cada vez mais cobradas pela sociedade sobre a forma como contratam. É latente a preocupação sobre inclusão. Requisitos de inglês e programação prejudicam jovens com menos oportunidades em processos seletivos? Mais empresas devem fazer programas de trainees exclusivos para negros? Essas cobranças pouco chegaram ao serviço público, apesar do elevado potencial redistributivo que seus salários têm, e a despeito de ele empregar mais brancos do que a iniciativa privada.[56] Ainda é tabu discutir o processo seletivo no RH do maior empregador do país: o Estado.

O concurso público está umbilicalmente ligado à própria estabilidade: se não será fácil substituir um servidor, a visão dominante é que a seleção deve ser meritocrática, para que, em tese, a competência dos melhores seja demonstrada, prezando pela impessoalidade. Por várias razões, essa forma de admissão no serviço público constitui barreiras à entrada, dificultando que o Estado tenha alternativas de contratar profissionais.

Distrito Federal, a unidade mais rica da Federação 165

As contratações são lentas: da autorização para realização das provas até a nomeação dos aprovados, concursos públicos levam muito tempo, em geral mais de um ano. O conteúdo exigido pode ser imenso e desproporcional, diante da necessidade de selecionar entre um alto número de concorrentes. Para os candidatos, isso quer dizer que as provas às vezes exigem elevado investimento de tempo e gastos financeiros para a preparação, em benefício de famílias mais bem posicionadas na distribuição de renda. Boa conexão de internet e livros são algumas das despesas, mas o mercado de concursos oferece muitas outras (aulas, videoaulas, apostilas, *coaching*, elaboração de recursos). Não é apenas uma barreira à entrada, mas uma barreira à entrada dificilmente superada por candidatos mais pobres.

Uma alternativa que se coloca para o Estado é a criação de novos tipos de vínculo. Sem estabilidade e sem concurso, mas com seleções simplificadas. Isso é uma solução intermediária entre a rigidez do concurso e a ultraflexibilidade da liberdade total (que permite interferências políticas e até nepotismo). Seleções simplificadas, menos baseadas em provas objetivas e com menos candidatos, já são usadas nas Forças Armadas e nas universidades.[57] Elas permitiriam maior celeridade na contratação e seleções potencialmente menos elitizadas. Formas mais dinâmicas de seleção teriam ainda a vantagem de combater o prêmio salarial, já que, ao diminuírem barreiras à entrada no mercado de trabalho do serviço público, ampliariam a competição e reduziriam o "poder de mercado" das carreiras estabelecidas.[58]

Há casos inclusive em que é positivo que a busca por impessoalidade seja relativizada, para expressamente favorecer algum grupo. Considere o seguinte exemplo, adotado no Senado Federal para a contratação de pessoal que envolve empresas terceirizadas: 2% desses funcionários devem ser mulheres vítimas de violência doméstica e familiar.[59] O poder do gasto com pessoal do Estado é assim direcionado ao nobre objetivo de assegurar autonomia financeira para que o ciclo de violência se rompa. A iniciativa foi replicada em legislativos locais e, em 2023, pelo Executivo federal. A regra do concurso público, porém, não permite que nada parecido em termos de inclusão seja tentado hoje em boa parte das vagas, mesmo para carreiras menos especializadas.

A questão da inclusão pode ainda ser incorporada, mesmo no concurso público, com o fortalecimento das cotas. Vale nesse sentido destacar a proposta de emenda introduzida em 2021 pela deputada Tabata Amaral à PEC da Reforma Administrativa.[60] Ela expande as cotas existentes na União, que hoje são de 20% para negros em concursos. As cotas passariam a valer também para mulheres e para indígenas, em estados e municípios (hoje a lei federal obriga apenas a União) e para todos os Poderes (hoje a lei federal obriga apenas o Executivo),[61] alcançando ainda os militares (Forças Armadas, polícias militares etc.).

Nessa constitucionalização das cotas, propõe-se também que a reserva de vagas seja equivalente a pelo menos metade da proporção do respectivo grupo no conjunto da população de cada ente.[62] É permitido ainda que cada Poder amplie essa proporção mínima em carreiras com menor representatividade (por exemplo, a de diplomata). As cotas valeriam não apenas no concurso, mas para cargos comissionados e chefias — frequentemente um gargalo para mulheres, mesmo

Distrito Federal, a unidade mais rica da Federação

quando estão relativamente bem representadas no conjunto de uma carreira.[63]

E por que cotas no serviço público são uma boa ideia? A ciência tem respostas. Há estudos convincentes de que representatividade importa para o próprio PIB, elevando o bem-estar também de quem não é diretamente afetado por ela (por exemplo, homens brancos), porque aumenta a produtividade da economia. Tais estudos são bem sintetizados na justificativa da minuta de emenda:

> A sub-representação da população negra, indígena e feminina leva jovens a desistirem de escolher uma carreira adequada às suas aptidões, porque não conseguem se reconhecer nela. Todos os talentos precisam de referências. [...]
>
> Crianças e adolescentes negros precisam se reconhecer em juízes, procuradores, médicos, pesquisadores e em servidores em posição de chefia. O mesmo vale para as meninas e situações de comando por exemplo. Toda a sociedade brasileira perde com esse desperdício de dons e vocações.[64]

O prêmio Nobel de Economia George Akerlof e Rachel Kranton, da Universidade Duke, descrevem como normas sociais limitam o potencial de grupos mais vulneráveis, exatamente por restringirem suas escolhas profissionais: "Quanto mais negros superarem os efeitos negativos da discriminação e se integrarem, mais confortáveis outros negros estarão em tomar a mesma decisão".[65] Cotas contribuiriam, assim, para que jovens negros talentosos sejam estimulados, por exemplo, a buscar uma carreira como juiz, em vez de desperdiçarem sua capacidade fazendo escolhas menos ambiciosas por avaliarem que elas são as possíveis. Quebra-se um círculo vicioso.

Há de fato, portanto, implicações para o conjunto da economia. Cotas no serviço público são apenas um dos esforços por representatividade, mas um que vale a pena. O impacto desse tipo de medida pode ser visualizado no resultado das estimativas dos professores Chang-Tai Hsieh e Erik Hurst, da Universidade de Chicago, com Charles Jones e Peter Klenow, de Stanford — especialistas conhecidos da área de crescimento econômico.[66] Eles calculam que entre 20% e 40% do aumento do PIB per capita nos Estados Unidos, nos cinquenta anos entre 1960 e 2010, se explica por atividades antes exercidas por homens brancos terem passado a contar com maior participação tanto de mulheres quanto de negros. Um caso de alocação mais eficiente do talento.

Há outras razões pelas quais é oportuno incluir cotas em uma reforma administrativa por um Estado mais inclusivo. A força de trabalho fica mais parecida com a população a que vai servir, as necessidades dos usuários podem ser mais bem reconhecidas e pode haver maior empenho na prestação dos serviços. Estamos falando de um serviço público com funcionários mais parecidos com habitantes do interior do Maranhão (nosso próximo extremo) do que das áreas nobres de Brasília. A desigualdade de renda pode se reduzir à medida que a folha de pagamento é direcionada para grupos menos bem posicionados no mercado de trabalho, com melhor distribuição do prêmio salarial. E as cotas podem ainda ser compreendidas como uma parte da necessária reparação ao tratamento recebido pela população negra e indígena na história brasileira.

Distrito Federal, a unidade mais rica da Federação 169

Eu nasci em Brasília. Há um contraste marcante entre a qualidade de vida que ela proporciona (para os moradores de suas áreas mais centrais) e a de grandes cidades brasileiras. Crescendo na cidade, percebi ao longo do tempo o sentimento de "excepcionalidade brasiliense" que muitos aqui carregam: às vezes parece orgulho, às vezes parece um alívio por Brasília não sofrer como o restante do Brasil. Apesar da conotação negativa no imaginário nacional, o fato é que ela sempre atraiu muitos imigrantes de outros estados — como meus pais, que chegaram da Amazônia décadas atrás.

A Brasília das oportunidades e da modernidade é louvada pelos meios de comunicação locais, o que atinge seu ápice no mês de abril (ela foi inaugurada no Dia de Tiradentes). Mas é às vezes difícil escapar dos pensamentos de que moro não na capital de um país mas na metrópole de uma colônia. É um ônus de ser economista: amo viver no DF, mas sei quanto custa ele ser tão bom.

6. Maranhão, o estado mais pobre

LIVRAMENTO, o povoado em que Vitor (nome fictício) morava em Carutapera, só tinha internet por rádio. Ruim e cara, tornava mais difícil perseguir sua paixão, a programação. Estudava *bots* e aplicativos por conta própria, mas faltava algo básico além da internet: um computador. Assim Vitor começou a me contar o início de uma história no Maranhão, uma história que explodiu no Twitter em 2021.

A mãe o levava para entregar seu currículo. Desde os catorze anos precisava trabalhar para ajudar a família. Esperava conseguir ser chamado para trabalhar como embalador. Já tinha tentado ser cobrador de prestações, mas bastou uma entrevista para constatarem que não tinha perfil. Nessa época, não imaginava trabalhar com os códigos que o fascinam enquanto sua realidade fosse a de Carutapera.

Era mais novo quando se interessou pelo funcionamento de robôs do Telegram. Depois de dias tentando, conseguiu executar um código no celular. Nos grupos, usuários o alertavam: vai ser difícil programar assim. A capacidade do equipamento é menor, a tela é pequena e são linhas e linhas para escrever pacientemente com o polegar. Sua curiosidade o impedia de deixar para lá.

Animado, Vitor achava que estava indo bem. Mas descobriu, a duras penas, que o celular realmente não bastava.

Maranhão, o estado mais pobre 171

Queria gerar um arquivo de instalação de um aplicativo. No telefone não conseguia. Tentou dar um jeito. Escreveu o código no celular, mandou para a nuvem compilar — e assim pôde baixá-lo.

Mas precisaria fazer isso toda vez que quisesse testar qualquer alteração em seu código. Em um computador, bastaria um clique. Se apenas existisse uma lan house, um cyber café... No Livramento não tinha. Restava o celular, mas o processo, além de complicado, consumia demais a franquia do pacote de dados — e o jovem não tinha wi-fi.

Era inviável. Suas aspirações eram pequenas, mas não cabiam na sua realidade.

Com um território que se estende por três biomas brasileiros — o Cerrado, a Amazônia e a Caatinga —, o Maranhão abarca ainda o segundo maior litoral do país, com atrações como os mundialmente famosos Lençóis Maranhenses. Um estado que abrange do pequeno povoado Livramento, de Vitor, à capital São Luís, com mais de 1 milhão de habitantes. É a mais pobre das 27 unidades da Federação. Seu PIB per capita é cinco vezes menor que o do Distrito Federal.[1]

Percebido por suas mazelas no imaginário nacional, motivou uma fala que levaria o relativamente desconhecido Jair Bolsonaro a ser catapultado nas redes sociais em 2014 — como mostra a análise do jornalista Marlos Ápyus.[2] Indagado sobre o massacre de detentos no Complexo de Pedrinhas, cujos relatos de decapitações e canibalismo horrorizavam o país, o então deputado afirmou: "A única coisa boa do Maranhão é o presídio de Pedrinhas".

Região expulsora de população, em uma definição do IBGE, o estado teria a relação mais desfavorável entre imigrantes e emigrantes: estes se destinam principalmente a São Paulo, o Distrito Federal e estados vizinhos.[3] O Maranhão tem os piores índices de pobreza (um a cada dois habitantes) e extrema pobreza (um a cada cinco) do Brasil. Foi um dos estados brasileiros com maior proporção de escravizados na população[4] e modernamente é o mais afetado pelo trabalho escravo contemporâneo, segundo o Ministério Público do Trabalho (MPT).[5]

Nesta altura das nossas viagens, é pertinente fazer uma pergunta que ainda não fizemos no livro.

O Teorema de Góes

Em um país desigual como o nosso, pode ser fácil perder de vista os realmente pobres — como parte expressiva dos maranhenses. É comum que um cidadão bem posicionado na distribuição de renda não se encare como elite, ou até mesmo que se considere como parte dos pobres. Essas percepções equivocadas podem prejudicar o próprio combate à desigualdade, afinal os esforços redistributivos não serão bem compreendidos se grupos ricos não se acham tão ricos ou se grupos de classe média acham que estão entre os pobres.

Via de regra, indivíduos acham que estão mais abaixo na distribuição de renda do que realmente estão. São corriqueiras também avaliações de que ricos de verdade são um determinado grupo da população. Um funcionário público pode dizer que rico mesmo é o juiz, o juiz pode dizer que é o

Maranhão, o estado mais pobre

advogado PJ, o advogado PJ pode dizer que é o fazendeiro, e o fazendeiro pode dizer que rico mesmo é o banqueiro. Nesse apontar de dedos, ninguém tende a aceitar perdas, por exemplo, nas reformas que realocam recursos do orçamento (tributária, administrativa, previdenciária). Já a miopia quanto aos pobres também pode dificultar a aceitação de medidas de inclusão, como a abertura do mercado de trabalho ou transferências de renda para crianças.

Quem é pobre, afinal? Não há uma resposta científica, única e verdadeira.

No Brasil normalmente usam-se duas delimitações, considerando-se pobre e extremamente pobre quem vive com menos de determinados valores (as linhas de pobreza e de extrema pobreza). A mais baixa está associada a privações mais graves.[6] Tipicamente, o IBGE reporta essas linhas de acordo com parâmetros internacionais e usa as linhas do Banco Mundial, que eram nos últimos anos de 5,50 dólares por dia para pobreza e 1,90 dólares por dia para extrema pobreza (PPC).[7] Mas atenção: esses valores não são nominais. Os dólares PPC são ajustados por poder de compra, baseado em pesquisas feitas em vários países para comparar o custo de vida em cada lugar: é, assim, uma espécie de moeda hipotética.[8]

No cálculo do IBGE, em 2021 a linha de pobreza do Banco Mundial equivalia a cerca de 486 reais mensais e a linha de extrema pobreza, a 168 reais.[9] Apesar dos melhores esforços, esses números são em algum grau arbitrários: não devem ser tomados como números mágicos, mas como referências que permitem comparações ao longo do tempo e entre territórios. Abaixo dessa linha da pobreza estavam 24,7% dos brasileiros em 2019, e abaixo da linha da extrema pobreza estavam 6,5% da população.[10] Ou, respectivamente, 50 milhões e 13 milhões de pessoas.

As taxas não são uniformes na população. Menos de 15% dos brancos eram pobres, mas mais de 30% dos negros. A extrema pobreza também afeta mais os pretos e pardos (9%) do que os brancos (3%). Taxas são piores para mulheres do que para homens. Crianças lideram as duas taxas: mais de 40% dos brasileiros até catorze anos viviam na pobreza e mais de 10% na extrema pobreza. As taxas são menores para as faixas etárias seguintes, com uma queda maior entre idosos (8% de pobres, 2% de extremamente pobres).[11] Nos estados do Norte e do Nordeste há mais cidadãos com renda abaixo desses limites. O Maranhão, o menor PIB per capita, é o que lidera em pobreza (metade da população) e extrema pobreza (20%).[12]

Na outra ponta, não há critérios oficiais para a riqueza. É mais o bom senso a baliza para criticar visões sem noção — como o ator-cantor que, no Big Brother, aludindo ao seu patrimônio, pediu apoio chorando por ter "muito problema" e clamou ter "perdido tudo" com a pandemia — morando em uma casa própria de 8 milhões de reais.[13] Cabe aqui citar o teorema de Góes, que estabelece que "a linha da riqueza é a minha renda + K, sendo K > 0".[14] Trata-se, na verdade, de uma brincadeira do pesquisador Carlos Góes (da Universidade da Califórnia em San Diego, e coincidentemente um maranhense). O teorema ironiza percepções equivocadas: por ele ninguém é rico no Brasil. Ou melhor, ricos são sempre os outros. Como provoca Góes, o corolário do teorema seria que apenas o brasileiro mais rico do país poderia ser classificado dessa forma.

Maranhão, o estado mais pobre

Afinal, sendo o brasileiro de maior patrimônio, ele não teria ninguém para apontar e dizer "rico mesmo é o fulano".

A maneira mais bem informada de delimitar quem são os ricos, e que tem sido mais usada no debate público em democracias avançadas, é usar a posição na distribuição de renda (ou do patrimônio). Essa abordagem também nos permite entender melhor a pobreza: vimos que metade da população vive com menos de 1,5 salário mínimo e 30% da população com menos de um salário mínimo. A análise da posição na distribuição de renda é útil porque permite ver quão próxima uma determinada renda está dos mais ricos ou dos mais pobres.

Isso é o oposto das abordagens que propagam, por exemplo, que uma renda de 30 mil reais não é alta, porque 30 mil reais estaria mais perto de trezentos reais do que de 300 mil reais. Em termos absolutos, isso é até verdade: afinal, a diferença de 30 mil para trezentos reais é de 29 700 reais, enquanto o hiato entre 30 mil e 300 mil reais é de 270 mil reais. Mas, em termos relativos, um brasileiro com 30 mil reais está bem mais próximo de um com 300 mil reais que do que tem trezentos reais. Entre quem ganha 30 mil reais e quem ganha trezentos reais há mais de 150 milhões de brasileiros. O que ganha trezentos reais pertence aos 20% de indivíduos mais pobres, o que ganha 30 mil reais tende a estar pelo menos nos 3% mais ricos. Como coloca o próprio Carlos Góes, é chave aqui a diferença de consumo: "Andar de Corolla está mais próximo de andar de Ferrari do que andar de carroça; viajar de econômica, mais próximo de viajar de executiva do que de não viajar; comer no Coco Bambu está mais próximo de comer no D.O.M. do que de não comer".[15]

Observe também que a pobreza é multidimensional: há limitações que acompanham a insuficiência financeira, causadas por ela ou não, que não merecem ser esquecidas. A pobreza monetária está correlacionada a condições de vida que temos dificuldade de medir — como a exposição à violência, o acesso a saneamento básico ou cultura. O sujeito de 30 mil reais está bem mais perto do de 300 mil reais — seja em relação à chance de ser assassinado neste ano ou de morar em um bairro ligado à rede de esgoto — que do cara de trezentos reais, de quem está separado por um abismo. São vidas muito diferentes.

Compare a opinião de Góes, que estamos subscrevendo, com a lógica expressada pelo youtuber Felipe Castanhari, que viralizou com um vídeo chamado "Se você tem 10 milhões de reais, você é meio pobre".[16] O ponto de Castanhari era de que há distância maior entre um milionário e um bilionário do que entre um milionário e quem tem menos que ele: no limite, a primeira diferença é de bilhões em patrimônio, enquanto a segunda é apenas de milhões. Essa comparação — baseada em um vídeo americano — é visualmente atraente e divertida, mas tem pouca utilidade em um debate mais maduro sobre nossos problemas.[17]

Ademais, percepções equivocadas sobre quem é pobre podem prejudicar a defesa de quem realmente precisa mais: tanto por invisibilizá-los quanto porque a redistribuição de recursos pode acabar priorizando grupos intermediários. Como expõe o especialista internacional Branko Milanović, foi-se há muito o tempo em que a divisão da renda podia ser compreendida apenas com base em grandes classes sociais como trabalhadores (pobres) e capitalistas/ rentistas (ricos) — como era há uns cento e poucos anos.[18]

Maranhão, o estado mais pobre 177

As economias são hoje muito mais sofisticadas e a "luta de classes" moderna é mais profunda, com parte da elite podendo ser caracterizada simultaneamente como trabalhador, capitalista e rentista: pense em um médico que explora capital físico (equipamentos high-tech em seu consultório dentro de um imóvel cobiçado) e seu capital humano (a longa e cara formação em medicina junto com anos de experiência) e emprega outros trabalhadores essenciais para ele (secretária, assistente ou até médicos subalternos). Tudo isso em meio a uma rotina laboriosa de dezenas de atendimentos diários. Considere que ele está no top 1% e com sua renda conseguiu juntar uma boa poupança, que lhe rende periodicamente juros de aplicações financeiras. Esse rico é um trabalhador, um capitalista ou um rentista? Por essas complicações, o estudo da distribuição de renda por grandes classes foi perdendo espaço.[19]

Cidades são mercados de trabalho

No mundo todo, grandes cidades puxam o crescimento dos países — atraindo imigrantes de outras regiões que nessas cidades tanto ofertarão seu talento e esforço quanto consumirão o trabalho de outros habitantes. Encontram, assim, oportunidades de geração de renda que não tinham em seu lugar de origem, bem como a possibilidades de usufruir de serviços a que antes não tinham acesso.

As consequências de humanos aglomerados e interagindo em um tèrritório compacto como a cidade são tais que é comum que metrópoles tenham o mesmo PIB de áreas bem maiores: Nova York ou Tóquio têm atividade econômica comparável à de países inteiros como Canadá e Espanha.[20] A cidade de São Paulo tem PIB maior que o do Chile. Outras, como Paris e Seul, respondem por boa parte de toda a atividade econômica de seus países.[21]

Se reduzir a desigualdade é reduzir as distâncias entre pessoas, o adensamento das cidades — reduzindo a própria separação de indivíduos no espaço — tem um papel importante. Cidades densas, capazes de gerar os efeitos virtuosos do que chamamos de "economias de aglomeração", serão relevantes para o Brasil neste século, ajudando em muitas coisas, da redução da desigualdade até o enfrentamento das mudanças climáticas — e elas nem precisam ser superpopulosas. Seria virtuoso que mais brasileiros pudessem, como Vitor, ser recebidos nas cidades de maior produtividade, percebendo também que há muitas controvérsias a superar: a construção de cidades antidesigualdade é na prática um dos assuntos mais contenciosos deste livro.

Bilhões de humanos se mudaram ou se mudam de áreas rurais para áreas urbanas porque nas cidades podem trabalhar. "Cidades são essencialmente mercados de trabalho", concluiu Alain Bertaud, da Universidade de Nova York.[22] A síntese desse urbanista francês ajuda a entender por que há economistas em debates que parecem típicos de urbanistas e também — e mais importante — por que a inclusão dos brasileiros excluídos do mercado de trabalho passa pela sua inclusão nas cidades.

Empresas se viabilizam nas cidades aproveitando o resultado das aglomerações: concentração de talentos, know-how,

Maranhão, o estado mais pobre 179

fornecedores e consumidores. Uma rede de pessoas que podem ser conectadas para interagir porque estão próximas no espaço. Cidades maiores permitem ainda a formação de redes mais sofisticadas, propiciando desde amenidades como restaurantes que oferecem comida de vários lugares do mundo a serviços fundamentais como médicos especializados em doenças raras. Veja que os conhecimentos variados que circulam nas cidades com as economias de aglomeração fazem com que essas áreas de maior produtividade sejam atraentes não só para trabalhar e gerar renda, mas também para consumir. De boas escolas a atrações culturais, passando pela medicina, morar nas cidades implica ter acesso ao trabalho de muitas outras pessoas.

Efeitos positivos de economias de aglomeração explicam parte relevante do crescimento do PIB do Brasil no século passado. Foi quando milhões de brasileiros deixaram áreas rurais para migrarem às urbanas, ou saíram de cidades pequeninas para cidades maiores. Esse é provavelmente um marco no progresso da sua própria família: você que me lê, tente imaginar se seus ascendentes — pais, avós ou outras gerações — fizeram esse caminho. É possível que você tenha identificado na sua história familiar um momento em que alguém, buscando melhorar de vida, saiu do campo ou de outro lugar economicamente inóspito. Meus filhos crescem em Brasília, descendentes de pessoas que no século XX migraram do interior da Amazônia, da roça em Minas, do Sertão e de lugarejos pobres do norte português em direção a emergentes metrópoles brasileiras.

Essa reflexão nos ajuda a pensar se é justo impor restrições a quem ainda não fez esse percurso. O potencial de inclusão das cidades é prejudicado quando as regras para a sua ocupação expulsam os mais pobres para longe, para periferias distantes em que não acessam as melhores oportunidades e serviços.[23] Pode ser ainda que os impeditivos sejam tais que bloqueiem a própria migração, quando as restrições à oferta de imóveis levam a preços caros demais para os mais pobres suportarem — deixando os aluguéis proibitivos até nas áreas periféricas e tornando a migração financeiramente inviável.

A SEU MODO, Vitor consegue improvisar um quase-computador. Foram anos com celulares adquiridos de assistências técnicas, quebrados, usados, com destaque para o telefone que chegava a sessenta graus com poucos minutos de uso. Para continuar programando, devia ser colocado no congelador.

Finalmente conseguiu um teclado, um mouse. Eles iam na gaveta da cômoda de roupas, que fazia as vezes de escrivaninha. O celular ainda era o monitor e o PC ao mesmo tempo e ficava sobre o móvel, perto de um tijolo que servia de apoio para outros objetos no quarto sem reboco. Com essa gambiarra de computador, melhorou "pra caramba", avalia: pelo menos podia usar as duas mãos para acompanhar seus raciocínios, quando digitava. Mas esse arranjo também não durou. O celular não ligava mais. Poderia ser formatado, se o botão de volume ao menos funcionasse para ser apertado. Vitor podia pedir alguma ajuda pela internet, mas não tinha conta bancária para receber o dinheiro. Já foram três vezes em que perdeu o banco de dados do seu principal robô. Não podia ter backup do seu código, compilado por três meses.

Muros invisíveis

Regras que impedem a construção nas cidades são populares. Donos de imóveis costumam gostar que a oferta seja limitada, o que pode valorizar seu patrimônio e seus aluguéis. Parte da opinião pública também aplaude, porque entende que as regras vão prejudicar construtoras. Nessa ótica, seria necessário preservar a cidade da ganância de empreiteiros querendo lucrar. Pode ser ainda que as restrições à construção sejam justificadas com base em algum bem comum, como o meio ambiente, o patrimônio histórico ou o trânsito. Se parte dessas restrições são meritórias, o fato é que elas têm também impactos negativos. É por isso que é como se erguessem muros: têm na prática o efeito de separar pobres da riqueza que poderiam acessar.

Estamos falando de limites baixos para o "coeficiente de aproveitamento" dos terrenos e o gabarito de altura (restringindo o tamanho dos prédios), ou mínimo de vagas para carros (restringindo a ocupação do espaço por pessoas). Também são obstáculos populares a exigência de recuos, a proibição de uso misto e os tombamentos, todos que — em que pesem aspectos positivos — acabam impedindo que as pessoas usem parte da área urbana para morar. É preciso achar um equilíbrio entre as vantagens e desvantagens dessas regras: ciente de que as vantagens são mais conhecidas, vamos neste capítulo explicitar mais suas desvantagens.

Na presença de restrições, o resultado, em maior ou menor grau, serão cidades menos densas (menos moradores por uma determinada medida de área, como quilômetro quadrado). Pense no que a falta de adensamento significa. Todas as restrições, aplicadas a dezenas de milhares de imóveis nas cidades ao mesmo tempo, vão empurrando, metro por metro, os pobres para quilômetros mais longe dos centros de oportunidades.

Para os Estados Unidos, o pesquisador taiwanês Chang-Tai Hsieh (Universidade de Chicago) e o italiano Enrico Moretti (Universidade de Berkeley) calcularam o custo nacional das regras restritivas para ocupação em grandes cidades.[24] Ao impedir que parte da força de trabalho ficasse próxima das oportunidades de maior produtividade, a taxa de crescimento do PIB americano teve uma perda superior a 30% entre 1964 e 2009. Somadas, regras para construção determinadas a nível local — por exemplo no "plano diretor" de uma cidade como San Francisco — atrapalham o crescimento da economia. Pense nisso quando se deparar por aqui com o próximo protesto de uma associação de moradores de um bairro contra algum empreendimento: o assunto não é de forma alguma apenas dos habitantes da vizinhança.

Que fique claro que isso não significa, evidentemente, que serão os mais pobres a ocupar, por exemplo, um novo prédio residencial em uma área central. Há aqui alguma confusão. Imagine uma mudança no zoneamento da cidade que permita que uma casa seja vendida para um empreendimento, que construirá uma torre de apartamentos no terreno. Suponha ainda que essa é uma área nobre da cidade, razão pela qual as unidades a serem comercializadas serão caras. Dizer que esse tipo de mudança na cidade — da casa para o prédio — é positiva para o combate às desigualdades não é o mesmo que dizer que o edifício será ocupado por pessoas mais pobres. Não é esse o raciocínio que se coloca,

Maranhão, o estado mais pobre 183

mas sim que, ao se adensarem áreas centrais, a distância dos pobres até oportunidades poderá ser menor do que seria sem o adensamento.

Afinal, pelo menos parte dos novos moradores do terreno (que compraram ou alugaram os novos apartamentos) já morava na cidade. Eles desocuparão os imóveis em que moravam antes, liberando para uso de outras pessoas. E assim por diante. Outra forma simplificada de vislumbrar o problema da ocupação de uma cidade é vendo-o como uma fila. Se os mais pobres estão no final dela, é importante que ela ande.

Ao fim e ao cabo o que queremos é aumentar a oferta de imóveis para a população mais pobre, para que tenham melhor qualidade e melhor localização do que suas moradias atuais. Isso ocorre sempre que há novas construções na cidade entre polos de oportunidade e as periferias — seja quando os pobres se beneficiam diretamente de uma moradia nova (como em um programa habitacional em área bem localizada)[25] seja quando se beneficiam indiretamente da moradia nova (como na execução de um empreendimento privado voltado para grupos mais ricos, dentro da lógica da fila). Fiquemos com a explicação didática do arquiteto e urbanista Anthony Ling, editor do site Caos Planejado: "Ao evitar que mais unidades habitacionais sejam construídas em uma região central, as pessoas que lá morariam não deixam de existir, mas vão morar um pouco mais longe. Esse efeito, em cascata, leva ao 'espraiamento' da mancha urbana".[26]

Assim, a decisão entre permitir ou coibir a construção de moradias seria uma decisão entre puxar ou empurrar os mais pobres. O jovem fica mais longe de um curso, a mãe mais longe de um emprego, a aposentada mais longe de um museu, o doente mais longe de um tratamento. Afinal, a economia se aglomera em parte das cidades, que crescem ao redor dessas áreas centrais. O jeito mais fácil de aproximar PIB e as pessoas é deixando que cheguem rápido aos núcleos da atividade econômica. Várias cidades admiradas do mundo têm alta concentração da atividade econômica no espaço, acompanhada de muita densidade e redes eficientes de transporte público.

Legalize já

No fim das contas, estamos falando que é ilegal morar de determinadas formas. Certamente algumas proibições são necessárias, mas seriam todas? Tantas restrições previstas em leis e outros regulamentos contrastam com a Constituição, que estabelece o direito à moradia como direito social. Mas vai ser o próprio poder público a gerar várias restrições a esse direito — muito além das necessárias para a saúde dos indivíduos ou para algum atributo de bem-estar coletivo. Temos falado de adensamento, mas poderíamos falar também de legalização do morar.

Além disso, o alto custo de vida nas cidades é pressionado pelos aluguéis: sendo o aluguel um preço, a microeconomia básica ensina que ele será maior se houver restrições de oferta do respectivo produto (no nosso caso, imóveis residenciais). É provável, assim, que as construções de imóveis em áreas centrais — ainda que não ocupados pela população mais pobre — levem a um cenário de aluguéis mais moderados nas periferias do que seriam sem essas construções.[27]

Maranhão, o estado mais pobre

Cabe ainda um adendo: o que estamos defendendo é o aumento da oferta de moradias, e isso não passa sempre por novas construções. Pode decorrer de mudanças no uso das construções já existentes, por exemplo ao se permitir que um prédio comercial possa receber apartamentos. Pode decorrer ainda da exploração de imóveis abandonados, públicos ou privados — ainda que essa opção não possa ser a única (ou nem a principal) solução à nossa disposição diante da magnitude do problema a ser enfrentado.

Que métrica temos para medir o desafio das nossas cidades? Uma é o déficit habitacional. Faltariam mais de 6 milhões de moradias no Brasil, pelos cálculos da Fundação João Pinheiro para este déficit em 2019.[28] Somente nas regiões metropolitanas faltariam 3 milhões de residências.[29] Em termos absolutos, o número é pior em cidades de maior produtividade como São Paulo, Brasília e Belo Horizonte. São contados no déficit habitacional os casos de domicílios precários (rústicos ou improvisados), coabitação (famílias diferentes morando juntas), ônus excessivo (mais de 30% da renda comprometida com aluguel) e concentração em domicílios alugados (mais de três pessoas por cômodo).[30]

Mais difícil de medir, porém, é a perda em oportunidades provocada pela baixa densidade. Como calcular o impacto da jovem que deixa de descobrir um curso que influenciaria sua trajetória? Ou do vendedor que nunca conheceu o fornecedor do qual precisava para seu negócio deslanchar? Não há como medir periodicamente o PIB que é perdido em consequência desses afastamentos, das interações que não acontecem pelas regras que regulam as cidades.

186 *Extremos*

Modernamente, o papel das cidades em permitir interações entre diferentes indivíduos tem sido lembrado não apenas por possibilitar o crescimento econômico, mas também a redução das desigualdades. O economista Raj Chetty, de Harvard, é autor de influentes estudos sobre como bairros podem afetar o futuro de um indivíduo. Chetty se beneficiou de uma espécie de experimento do governo dos Estados Unidos, que "sorteou" famílias pobres para morarem em vizinhanças mais ricas, pagando para que ali vivessem. Essa randomização permitiu isolar de outros efeitos o impacto da nova moradia sobre a trajetória das crianças. Muitos anos depois, as que habitaram o bairro melhor tinham salários maiores quando adultas.[31] Isto é, as que cresceram em famílias com mesmo nível de renda ou escolaridade mas não foram sorteadas para viver na região mais rica não apresentaram a mesma mobilidade social. A exposição a vizinhos de maior escolaridade ou a melhores serviços pode ser explicação para os fortes resultados encontrados.

Chetty é agora diretor da Opportunity Insights, uma organização baseada em Harvard que trabalha com políticas públicas de mobilidade social nas cidades. Outros estudos seus, com outras fontes de dados, têm confirmado efeitos relevantes de bairros ruins sobre a vida posterior da criança — influenciando renda, escolaridade e fertilidade.[32] A diferença seria pior para os meninos, possivelmente em consequência da criminalidade.[33] A conclusão que sai desses resultados da ciência é poderosa: o futuro de um indivíduo depende muito mais do seu entorno do que era imaginado, e esse entorno vai além do seu lar.

E se somos mais moldados do que sabíamos por conversas que ouvimos na esquina ou referências que absorvemos

Maranhão, o estado mais pobre

na rua? O quanto da trajetória de uma criança depende de aparentes trivialidades, como perceber o comportamento de adolescentes engajados com um vestibular, ouvir um violino tocando no prédio ou ver um vizinho saindo de uma livraria com uma sacola pesada? E as escolhas de pais e mães na criação dos filhos: são mesmo decisões suas ou replicam comportamento da família ao lado? Seja como for, quanto mais distantes os pobres viverem dos ricos, mais limitada será a sua interação com eles.[34] Os filhos dos pobres terão vidas mais ou menos prósperas a depender do desenho das cidades — é o que indica essa literatura.[35]

Já Carlos Góes fala em "tirania das baixas expectativas" ao lembrar um novo estudo indicando que crianças têm maiores chances de se tornarem inventores quando adultas depois que se mudam para um bairro onde há mais inventores.[36] "Se não há ninguém ao seu redor que segue determinada carreira, é improvável que você corra o risco de ser o primeiro do seu meio a seguir aquele caminho."[37]

A pauta do adensamento é cada vez mais abraçada pela esquerda americana, enquanto a brasileira parece ainda ter algumas reservas com uma agenda que vê como excessivamente vantajosa para a indústria imobiliária. Bairros centrais apenas com casas são vistos assim como bastiões de resistência à ganância desenfreada, e não como um valorizado patrimônio de elites que contribui para a segregação nas cidades.

O governo de Joe Biden, por exemplo, propôs a construção de prédios com apartamentos em áreas antes reservadas apenas para casas, bem como a redução de tamanhos mínimos desses terrenos — o que também diminui o custo da moradia e aumenta a densidade.[38] O governo federal dará dinheiro para os governos subnacionais que mudem seu zoneamento neste sentido.[39] Ali a esquerda entende hoje que essas regras são discriminatórias, e chegam a vê-las como herança da segregação racial.[40]

Existem outros governos que poderiam nos inspirar. No Canadá, o primeiro-ministro Justin Trudeau anunciou em 2023 um pacote para "acelerar" a construção de residências, defendendo explicitamente que é o aumento da oferta que tornará os aluguéis mais acessíveis, que o zoneamento excludente deve ser abandonado e que o adensamento — com prédios de apartamento — deve ser almejado, especialmente em torno da infraestrutura de transporte. No mesmo ano, o governo português passou a permitir que imóveis destinados a comércio ou serviços possam ser usados para moradia. Na Califórnia, a proximidade com polos de emprego tem sido usada como parâmetro para o adensamento.[41]

No Brasil, a ciência também já tem sugerido as vantagens de cidades mais compactas para a inclusão social. Um destaque é o projeto Acesso a Oportunidades, de Rafael Pereira e outros pesquisadores do Ipea, que mostra a disparidade de oportunidades no território em várias metrópoles brasileiras.[42] O projeto permite concluir, por exemplo, que em São Paulo a quantidade de empregos que os mais pobres podem acessar a pé em trinta minutos é nove vezes menor do que os que estão disponíveis nesse mesmo intervalo de tempo para a população de alta renda.

Fernando Ferreira, brasileiro na Universidade da Pensilvânia (UPenn), junto com os pesquisadores Santosh Anagol e Jonah Rexer (Princeton), estimou os efeitos do novo Plano Diretor em São Paulo. Encabeçado pelo então prefeito Fer-

Maranhão, o estado mais pobre 189

nando Haddad, o plano tinha entre outros objetivos ampliar o adensamento em partes centrais da cidade. Os autores identificaram aumento da oferta de imóveis na cidade e redução do preço do aluguel em relação ao que teria acontecido sem a reforma do plano.[43] Uma reforma mais agressiva teria efeitos maiores, calculam, beneficiando mais grupos mais pobres. Mas isso é difícil, porque mudanças não vêm sem custo: elas afetam o patrimônio de donos de terrenos nas áreas centrais — que não à toa tendem a se opor. Ferreira argumenta:

> Onde tem mais disponibilidade de moradias, o preço dos aluguéis e para a compra diminui. [...] Isso é muito bom para a sociedade, especialmente para os mais jovens e mais pobres. Há uma melhora na qualidade de vida, pois as pessoas conseguem escolher vizinhanças [para viver] mais perto do trabalho.[44]

Para o Recife, pesquisadores de universidades federais em Pernambuco detectam valorização dos apartamentos, vantajosa aos proprietários, em consequência de restrições a construções.[45] Para um conjunto maior de cidades brasileiras, Ricardo Lima e Raul Silveira Neto, da UFPE, projetam que zoneamentos restritivos levaram a um aumento superior a 5% nos aluguéis: "A evidência indica que, mesmo sendo normalmente uma política bem-intencionada, restrições de uso do solo tendem a gerar custos sociais que precisam ser levados em conta na análise do mercado imobiliário no Brasil".[46] Restrições, portanto, que deixam mais altas as barreiras para os que querem se deslocar para as metrópoles e usufruir das suas possibilidades.

Já Ciro Biderman, da FGV, observa que essa má regulação no país encarece preços no mercado formal e aumenta a informalidade fundiária: "Tipicamente são regras usadas pela elite para apartar os pobres para que não vivam na cidade ou tenham acesso aos equipamentos públicos".[47] Por sua vez, no modelo de Tiago Cavalcanti (Cambridge), Daniel Da Mata (Ipea) e Marcelo Santos (Insper) encontram-se efeitos relevantes das restrições à construção sobre a formação de favelas — resultado compatível com outros estudos para países emergentes em que a rigidez para a construção no mercado formal esteve associada a aumento das favelas e perdas de produtividade.[48]

A crise do aluguel

Não há qualquer menção a aluguel em nenhum dos 58 artigos do Estatuto da Cidade ou nos 25 artigos do Estatuto da Metrópole.[49] Há uma menção a custo. Seria isso anedótico da falta de relevância que o aluguel e o custo de vida têm no planejamento urbano brasileiro? Aquela que é a principal despesa de milhões de famílias brasileiras é um detalhe para parte dos burocratas e da opinião pública?

O isolamento dos mais vulneráveis que de fato moram nas cidades não contribui para seu empobrecimento somente pela falta de acesso a oportunidades de geração de renda, mas também pela limitação ao seu poder aquisitivo. Economistas às vezes falam de "renda real" se referindo não ao quanto uma pessoa ganha nominalmente em reais, mas ao quanto de bens e serviços é possível comprar com essa renda. A falta

Maranhão, o estado mais pobre

de densidade pode reduzir a renda real dos mais pobres ao encarecer o aluguel/ prestações e ao elevar as despesas com transporte: ambas diminuem a disponibilidade de dinheiro para outras necessidades do lar.

Segundo o IBGE, entre a população que mora de aluguel, uma em cada quatro pessoas está em "ônus excessivo" (mais de 30% da renda comprometida com o pagamento), mas a proporção é maior para os mais pobres: mais da metade dos que vivem abaixo da linha da pobreza tem ônus excessivo com aluguel.[50] A situação é pior em grandes centros urbanos. O mesmo IBGE estima que na última década o número de favelas no Brasil (ou aglomerados subnormais) dobrou, já sendo mais de 5 milhões de residências localizadas nessas áreas.[51]

Um exercício interessante que pode ilustrar essa mazela é comparar quanto tempo de trabalho se levaria em média para adquirir um imóvel em uma cidade brasileira e em cidades de outros países. O Caos Planejado fez a comparação "razão preço-renda" para o Brasil: assumidamente genérica, ela trata tão somente da relação entre o preço médio de uma residência e a renda média.[52] Para as principais capitais brasileiras, o número resultante é de mais de dez anos. Dados de outros países indicam valores menores que cinco anos em Tóquio, Chicago ou Singapura, e menores que dez anos em Nova York, Londres e Los Angeles.

Muitos dos debates sobre cidades parecem ignorar completamente essa questão de custo para os cidadãos. Nesse sentido, Alain Bertaud — o urbanista francês — critica o planejamento urbano: "Nenhuma decisão regulatória ou de infraestrutura deveria ser tomada sem levar em conta seu impacto no mercado". Bertaud vai além, por entender que os preços dos imóveis nas cidades são artificialmente elevados pelas regulações estatais. Para ele, os incumbidos pelo planejamento urbano deveriam ser responsabilizados pelo alto custo das moradias "da mesma forma que autoridades da saúde são responsabilizadas por epidemias, ou que a polícia é responsabilizada por índices altos de criminalidade".[53]

No Congresso brasileiro, um projeto de lei do senador Izalci Lucas (PSDB-DF), apresentado durante a pandemia, prevê um auxílio-moradia emergencial para a população carente, bem como a instituição de metas para o valor médio dos aluguéis, em proporção do PIB per capita. Elas seriam observadas pelos maiores municípios.[54] Caso os aluguéis estejam acima desse limite, o município deve trabalhar para ampliar a construção de moradias, inclusive relaxando — ainda que temporariamente — restrições artificiais de oferta e redirecionando imóveis públicos para habitação.

Meu ambiente: Os Nimby

A alternativa de não permitir mais construções em áreas centrais gera custos não só para a população pobre, mas para o Estado. Por exemplo, ao se optar por um programa habitacional com construção de novas casas em áreas distantes, deve-se levar para lá toda a infraestrutura de energia, água e saneamento, transporte etc. Por outro lado, com uma política habitacional que prezasse pelo adensamento em partes mais bem localizadas, o governo aproveitaria infraestrutura que já existe — inclusive de serviços públicos —, cujo custo de conexão é menor.

Maranhão, o estado mais pobre

A ineficiência de moradias longe de áreas centrais é não apenas econômica, mas também ambiental. O consumo de energia é menor quando há mais densidade e, talvez mais importante, o consumo de combustível fóssil se reduz quando as distâncias são menores. Essa é uma questão fundamental para a mudança climática. Além disso, cidades mais compactas, voltadas para cima e não para os lados, ocuparão menos áreas verdes.

Todos esses argumentos parecem contraintuitivos, afinal frequentemente são justo argumentos ambientais os levantados para impedir construções. Mas tipicamente estes argumentos ignoram que impedir uma construção em uma área central pode levar a alguma construção em uma área mais periférica. Essa pode estar justamente mais perto de uma área de preservação ou mesmo de um manancial. Por sua distância, exigirá maior queima de combustível fóssil (carro, ônibus) para que seus moradores acessem oportunidades.

Uma pesquisa divulgada em 2022 mostra que 75% dos americanos acham que é melhor para o meio ambiente construir residências afastadas, em vez de próximas.[55] A ciência, porém, indica que essa é uma percepção bastante equivocada: "As cidades possuem um papel vital na agenda global de mitigação das mudanças climáticas. A densidade populacional das cidades é um dos principais fatores que influenciam o consumo urbano de energia", pontuam pesquisadores do Instituto de Pesquisa sobre Impactos Climáticos de Potsdam, concluindo que políticas públicas precisam limitar o espraiamento urbano.[56]

Um estudo da Universidade de Illinois aponta que dobrar a densidade urbana poderia reduzir pela metade a emissão de carbono decorrente dos deslocamentos das famílias, ou ainda reduzir em um terço o consumo de energia dos domicílios.[57] Já um estudo recente publicado na *Nature Communications*, com dados de trezentas cidades do mundo, conclui que cidades mais espalhadas tendem a poluir mais.[58] Quem realmente se preocupa com meio ambiente quer cidades mais compactas, não menos densas.[59]

Em um país como o Brasil fica claro também que são aqueles empurrados para habitações precárias em áreas periféricas os mais prejudicados por intempéries climáticas. Quantas mais imagens de enchentes e deslizamento de encostas destruindo a vida de famílias pobres precisamos ver? Ainda seriam mais de 8 milhões de brasileiros que moram em áreas suscetíveis a desastres — segundo o Centro Nacional de Monitoramento e Alertas de Desastres Naturais (Cemaden).[60] Edifícios em bairros centrais parecem naturalmente menos sujeitos a esses riscos do que casas nas franjas das cidades. "Ou crescemos para cima ou continuaremos crescendo para os lados", sintetiza Raul Juste Lores, jornalista especializado e autor de *São Paulo nas alturas*.[61]

"Not in my backyard", "Não no meu quintal", é a expressão que em inglês dá origem ao acrônimo Nimby, designando grupo de moradores privilegiados que se opõem a construções nas suas vizinhanças. Um grande filme brasileiro gira ao redor de uma Nimby, *Aquarius*, exibido no Festival de Cannes em 2016 e considerado um dos melhores filmes do ano pela prestigiada publicação *Cahiers du Cinéma*. Clara, vivida por Sônia Braga, não aceita se mudar de um imóvel muitíssimo bem localizado no Recife, em que uma construtora — disposta a tornar a vida de Clara um inferno — deseja erguer

Maranhão, o estado mais pobre

uma torre de apartamentos. Em uma provocação no *Estadão*, eu disse que Clara era a vilã do filme, porque da decisão dessa "milionária"[62] resultará a exclusão de outras pessoas na cidade. Esse texto gerou alguns xingamentos. Não tenho pretensão de discutir o filme, que trata de muitos temas, nenhum deles sendo economia urbana. Mas vale nos determos mais em como a pauta de moradores de áreas ricas que protestam contra novos vizinhos é bem-vista pela opinião pública. Talvez o ponto mais mal compreendido nessa discussão diga respeito aos ocupantes das novas construções. Não serão pobres que ocuparão o prédio à beira-mar a que Clara se opõe. Por que então estamos falando deles? Porque se beneficiarão pelo efeito dominó provocado pela ocupação dos novos apartamentos. Assim explica Anthony Ling:

> Evidentemente, muitas das unidades novas a preços de mercado não são acessíveis para a parcela mais pobre da população. No entanto, grande parte do estoque habitacional para baixa renda é formada por unidades antigas, que algum dia foram novas mas que tiveram seu valor depreciado ao longo do tempo.[63]

Um argumento contrário à verticalização que tem aparecido bastante no debate é aquele baseado em dados e mapas que mostrariam que a maioria dos moradores em áreas verticalizadas em São Paulo é branca — o que iria de encontro ao argumento de que a densidade favoreceria grupos vulneráveis, como a população negra.[64] Mas não espanta que sejam brancos que morem nas áreas centrais — nem nos sobrados nem nos prédios.

Não se cogita que a verticalização em áreas nobres, como em São Paulo, tenha promovido a ocupação dessas áreas pela população vulnerável. O que se defende é que a verticalização é necessária para que essa população more mais perto dessas áreas e tenha melhor acesso às suas oportunidades. Isso, evidentemente, sem prejuízo de eventuais iniciativas de provisão direta pelo poder público — como com imóveis subutilizados. É claro também que os efeitos positivos de cada novo prédio são incrementais. Raul Juste Lores lembra por que o modelo que prioriza casas em áreas centrais é tão negativo:

> Se todos tiverem direito à sua casa com quintal e jardim, a cidade vai se espalhando — as distâncias aumentam e o uso do carro como transporte se impõe. Se tivermos uma cidade densa [...], as distâncias se encurtam e a densidade facilita a construção de transporte público. [...] Nossos bairros mais servidos por metrô, ônibus, luz e água precisam de mais moradores, não menos.[65]

A crítica ao adensamento — que em São Paulo e em outras cidades coincide com a defesa dos bairros de casas/ sobrados — é em outros lugares uma agenda da direita, ou mesmo da extrema-direita. Peguemos o exemplo de uma medida pró-adensamento do governo Obama que Donald Trump revogou. Trump anunciou a revogação como vantajosa para os Nimby em bairros de casas, sugerindo a eles não apenas que seus imóveis se valorizariam com a restrição, mas também que não precisariam mais se preocupar com pobres e com violência em suas vizinhanças.[66] Uma mensagem quase abertamente segregacionista que foi vista como um esforço de engajar a parte racista de sua base perto das eleições.[67]

Maranhão, o estado mais pobre

Entretanto, é verdade que a democratização das metrópoles de maior produtividade não exige somente verticalização e investimento em mobilidade urbana: o desenho dos prédios construídos também importa. Se, como mostram os estudos de Raj Chetty, é importante que crianças pobres experimentem as áreas ricas, construções fechadas para a cidade serão menos interessantes para a redução da desigualdade. Condomínios com espaços de convívio voltados para dentro e muros altos são um exemplo no sentido contrário do que seria o chamado "adensamento gentil". Juste Lores entende que, com edifícios que matam a vida nas calçadas, a indústria imobiliária acaba justificando parte do receio que existe em relação aos novos lançamentos.[68] Verticalização também precisa ser sinônimo de adensamento: apartamentos grandes demais com poucos moradores e muitas vagas de carro não servirão tão bem a esse propósito.[69] Cotas solidárias para habitação social nos novos empreendimentos são bem-vindas, e deveriam ser fixadas no máximo possível.[70]

De outra parte, o crescimento econômico recente de outros países emergentes é mais um lembrete da importância que as cidades devem ter para o Brasil. O que teria sido da China e da Índia se houvesse grandes empecilhos para a ocupação de suas cidades nas últimas décadas? Esses países conseguiram reduzir a pobreza de forma extraordinária nesse período, em boa parte porque pessoas migraram para ocupações de maior produtividade nos centros urbanos. O quanto do sucesso econômico de lugares como Shenzhen, espécie de Vale do Silício chinês, pode ser atribuído à hiperdensidade, que permitiu a tantos trabalhadores rápido acesso a empregos com moradia a custo acessível?[71] E o milagre da Coreia, poderia acontecer sem o adensamento de Seul?

"Criar ambientes urbanos densos e diversos econômica e socialmente deve ser um objetivo primordial do progressismo", opina Farhad Manjoo, colunista do *New York Times*.[72] Ele defende mudanças nas cidades pelo seu papel no clima, mas também porque "a densidade promove tolerância, diversidade, criatividade e o progresso".

Há muitos brasileiros para se mudarem para as nossas maiores cidades.[73] Permitir isso é não apenas justo como contribuirá para a redução de desigualdades e o crescimento da economia.

O PROGRAMADOR DA PROMISSORA fintech conta o que mais curte na cidade grande. "Gosto da variedade de lugares para visitar e lojas para encontrarmos o que precisamos", diz Vitor. Ali, destaca a presença também de serviços técnicos e operadores de internet que não encontrava no interior do Maranhão. Ele migrou de Carutapera para Belém, e é da capital paraense que fala comigo, por celular.

Teve receio quando percebeu que estava entrando em um mundo novo. Achava que teria de abandonar a vida pessoal e seu jeito de ser, e "virar uma pessoa séria e estressada". Uma recrutadora ajudou a tranquilizá-lo — foram quase dez empresas que o entrevistaram, disputando a garra e engenhosidade do jovem.

A sorte de Vitor parecia mudar em plena pandemia. Queria comprar um equipamento melhor para programar em Carutapera. Relutou por muito tempo a seguir um conselho

Maranhão, o estado mais pobre

específico, porque não queria se vitimizar. Até que topou a ideia de amigos — pedir ajuda. Foi às vésperas de um Ano-Novo que a saga de Vitor viralizou no Twitter. Recebeu presentes, propostas de emprego e foi parar em Belém: "Eu não tinha expectativas de trabalhar com programação. Estou conhecendo assuntos muito empolgantes de que nunca antes tinha ouvido falar".

Pergunto a ele se imagina viver ainda em outro lugar. "O mundo é gigante. Acho incrível a ideia de mudar para um ambiente em que nada é familiar e tudo é novo". Entre os lugares que espera conhecer estão Austrália, Canadá e Japão.

A família ficou "lá no interior", como se refere ao povoado do Livramento. Indago sobre o que sugeriria aos governantes fazer em prol de lugares como aquele onde ele programava em celulares quebrados. "Não quero usar chavões como investir em educação e tecnologia." Sua prescrição é, talvez, mais objetiva: "Fomentar a curiosidade". Acha que com alguma exposição ao diferente as crianças podem despertar para interesses que perseguirão.

7. Nova Petrópolis, a cidade com mais aposentados

A VENDEDORA ME GARANTIU que não era o que eu imaginava. Os bonecos de velhinhos sentados em bancos, que vinham com a inscrição do nome da cidade, não teriam nada a ver com a população local. "Os turistas compram como lembrança para dar aos seus parentes mais velhos." Deixei para lá e comprei chocolates, afinal essa é a Serra Gaúcha. Estamos em Nova Petrópolis — "a cidade dos velhinhos", segundo a TV Record, ou "a cidade onde metade da população depende da Previdência", na descrição do *El País*.[1]

Você talvez nunca tenha ouvido falar dessa cidade. A prefeitura usa dois motes para ela em seu site oficial: às vezes é "Jardim da Serra Gaúcha", às vezes é "Simplesmente alemã". Digitei no Google: "O que fazer em Nova Petrópolis?". Tem a praça das Flores. O moinho Rasche. O pinheiro multissecular. Dei um pouco de azar, porque por alguns dias perdi a neve de 2021. Uma pena, porque também já tinha perdido o Frühlingsfest, que celebra a primavera. Serrana, como a Petrópolis original, é uma cidade florida, impecavelmente limpa e em que os carros param na faixa para os pedestres atravessarem. Também provoca estranheza o par de tamancos gigantes na avenida principal, convidando para um restaurante holandês.

Mas vim aqui mesmo por causa dos benefícios do INSS, conhecer esse nosso, digamos, "Previdenciaristão". Dados de 2019 do governo federal informam que Nova Petrópolis é o município onde há mais brasileiros recebendo aposentadorias[2] — diretamente, mais de 40% dos moradores — e também onde nossa Previdência mais gasta, em valores por habitante. Mas sequer está entre as seiscentas cidades brasileiras com mais idosos.[3]

Se de fato é natural que o número de benefícios acompanhe o número de idosos, há outra variável chave aqui: o emprego formal. Regiões que por qualquer motivo possuem mais emprego com carteira assinada,[4] inclusive porque são mais prósperas, tenderão a ter mais benefícios da Previdência Social.

Em um modelo como o nosso, que privilegiou a aposentadoria em idades mais jovens para aqueles com melhor acesso ao mercado de trabalho formal, podemos ter essa situação inusitada de muitas aposentadorias sem necessariamente muitos idosos. Ou ainda regiões ricas tendo pessoas aposentadas em idades bem mais jovens do que em regiões mais pobres. Entender o gasto previdenciário é fundamental para entender o gasto público e o Estado brasileiro de forma mais ampla.

A previdência grande de um país jovem

Nova Petrópolis tem mais cinquentões do que pessoas acima de setenta anos de idade. E a faixa etária mais populosa é a dos quarentões, segundo as estimativas mais recentes.[5] A idade mediana é de quarenta anos, em minha conta. O que é fundamental saber é que, no Brasil, aposentado não quer dizer necessariamente idoso. Até a reforma da Previdência de 2019, o país se destacava na comparação internacional por ter uma modalidade de aposentadoria bastante atípica.[6] Ela se chama "aposentadoria por tempo de contribuição", que não é baseada em idade, mas em tempo trabalhado com carteira assinada.

Isso é importante, primeiramente, porque ela provoca gastos mais elevados: não havendo idade mínima para se aposentar, os beneficiados se aposentavam ao cinquenta e poucos anos, o que significa décadas de recebimento do benefício, em média. Além disso, por ser vinculada ao tempo com carteira assinada, ela alcança mais quem teve melhor inserção no mercado de trabalho formal: mais tempo com emprego, o que também está correlacionado com maiores salários. Para a Previdência, isso significa aposentadorias maiores para pagar. A aposentadoria por tempo de contribuição era o principal gasto da Previdência brasileira, superando o de qualquer ministério.

Em segundo lugar, isso importa por uma questão de iniquidade. Ter muito tempo de contribuição — trinta anos para mulheres e 35 para homens, como era exigido — é uma característica típica das melhores profissões e das regiões mais desenvolvidas do país. Afinal, boa parte dos brasileiros passa em sua vida laboral por períodos de informalidade (emprego informal ou por conta própria), desemprego ou mesmo fora da força de trabalho. Esses brasileiros usam outras modalidades de aposentadoria, que demandam menos tempo de carteira, mas que sempre exigiram idade mínima — no meio urbano, a partir de sessenta anos de idade. Colocado de outra forma: a Previdência gasta muito com um benefício que acolhe mais os brasileiros mais "ricos",[7] não os brasileiros mais pobres.

Nova Petrópolis, a cidade com mais aposentados 203

É por essas particularidades que uma cidade com muitos aposentados não será necessariamente uma cidade de "velhinhos". Nessa em particular, os velhinhos que são aposentados provavelmente não se aposentaram velhinhos, e sim recebem há bastante tempo seus benefícios. Quase dois terços das aposentadorias por aqui foram por tempo de contribuição, sem idade mínima.[8]

Por conta dessa distorção causada pela falta de idade mínima, os brasileiros dos estados mais ricos se aposentam bem mais cedo que aqueles dos estados mais pobres. Antes da reforma, a idade média de aposentadoria nos benefícios operados pelo INSS era de cerca de 57 anos no Rio Grande do Sul e em Santa Catarina.[9] Uma grande diferença em relação a Roraima e Amapá, em que a idade média estava acima de 64 anos. Para Nova Petrópolis, o número estimado é de 55 anos.[10] Nesse sentido, Nova Petrópolis não é uma exceção: são quase quarenta as cidades gaúchas que têm mais de 30% da sua população composta por aposentados do INSS.

A economia dessa bela cidade é marcada pelo cooperativismo, história referenciada inclusive em um monumento na sua área central. É aqui que se originou há mais de cem anos o Sicredi, o enorme sistema de cooperativas de crédito que atua em boa parte do país. A liderança em aposentados pode se explicar também pela imigração de aposentados de outras cidades. Nova Petrópolis é uma cidade tranquila, bem cuidada, de clima agradável e se situa em uma região turística. Uma realidade graciosa que parece muito distante daquela da maioria dos municípios brasileiros.

Como mencionamos no início do capítulo, ela não só tem mais aposentados em proporção da sua população como também lidera no maior gasto da Previdência por habitante[11] — o que é obviamente positivo para a economia local. Aqui é pertinente compreendermos então qual a magnitude do gasto previdenciário, que irriga mais cidades como essa.

Mais da metade do orçamento federal era gasto com Previdência no pré-pandemia. Em 2019, foram 52%, mais de 900 bilhões de reais.[12] Compare esse montante com o Bolsa Família, que tanto mencionamos neste livro quanto ao seu impacto na vida dos mais pobres. O Bolsa teve em 2019 algo como 40 bilhões de reais. Somente considerando a esfera federal, gastamos 23 vezes mais com os pagamentos da Previdência do que com os pagamentos do Bolsa Família.

Tão importante quanto o elevado nível desse gasto é o seu crescimento, que em alguns anos antes da pandemia foi de 50 bilhões de reais por ano, em boa parte pelo envelhecimento da população. Um gasto alto subindo a uma velocidade muito rápida inevitavelmente implica restrição a outros gastos, inclusive os mais bem posicionados para chegar nas regiões mais pobres (como o Bolsa Família).

Se compararmos o gasto previdenciário total do Brasil com o de países mais envelhecidos, veremos que gastamos em um nível próximo de sociedades que têm mais idosos.[13] Como o Japão ou a Alemanha, em que o Estado dispende parcela do PIB equivalente ao do Brasil com seus sistemas previdenciários.[14] À medida que o Brasil continuar envelhecendo, esse gasto irá subindo. Como não é bem focalizado do ponto de vista da distribuição de renda, essa evolução representa uma preocupação — que a reforma da Previdência diminuiu.

Essa preocupação foi assim externada pelo parecer da Comissão de Constituição, Justiça e Cidadania (CCJ) do Senado

Federal, assinado pelo senador Tasso Jereissati (PSDB-CE): "O cidadão observa uma penúria cada vez maior nos transportes ou na ciência e tecnologia, enquanto os jornais noticiam há anos gigantescos déficits primários: a União gasta muito mais do que arrecada em tributos. Esse aparente paradoxo é explicado pela supremacia da Previdência".[15]

Um amplo compêndio da experiência internacional e da literatura acadêmica de proteção social, lançado em 2021, aponta justamente para esse desafio, que existiria mesmo nos países onde o gasto social já é mais bem calibrado. Em *Fazendo o gasto social funcionar*, o economista Peter Lindert é taxativo quanto ao estoque crescente de aposentadorias, classificando-o como "a ameaça mais durável ao futuro do gasto social e ao Estado de bem-estar social".[16] O termo "ameaça" não traduz bem uma evolução que é fundamentalmente positiva, que é a tendência de vidas cada vez mais longas. A resultante restrição a outros gastos que beneficiam mais os mais pobres, porém, parece inquestionável.

Por que quem morre antes se aposenta depois?

Se por um lado é de esperar que cidades gaúchas tenham mais aposentados, por estarem mais adiantadas no processo de envelhecimento populacional, por outro ainda temos uma questão para compreender. Se as regras para a aposentadoria são nacionais, e valem em todo território, não faz sentido que no Sul as idades médias de aposentadorias estejam tão abaixo do Norte — como relatamos.

O Brasil é desigual, e a desigualdade do seu mercado de trabalho vai se refletir também na hora de se aposentar. A verdade é que apenas entre os benefícios operados pelo INSS há cinco grandes tipos de aposentadoria.[17] Elas possuem requisitos diferentes, grosso modo, permitindo o recebimento mais cedo para quem teve mais tempo de emprego com carteira assinada. O corolário é que a aposentadoria fica para mais tarde para aqueles com pior inserção no mercado de trabalho. Embora as regras sejam nacionais, as regiões são desiguais quanto à prosperidade de sua economia.

A ausência da famosa idade mínima era uma exceção, válida apenas para quem teve bom acesso ao mercado de trabalho — típico de regiões mais industrializadas, pessoas mais escolarizadas, ocupações mais produtivas. Para os demais tipos de aposentadoria, já havia idade mínima. Desde os 55 anos para a aposentadoria rural por idade da mulher até os 65 anos da aposentadoria urbana por idade do homem — 65 sendo a mesma idade exigida para homens e mulheres no chamado Benefício de Prestação Continuada (BPC).[18] Não é preciso se prender a esses nomes, apenas compreender que a vantagem de poder se aposentar sem idade mínima nunca foi extensível aos mais pobres.[19] Isso ajuda a entender também por que é Nova Petrópolis a campeã do gasto da Previdência, e não um município pobre da Amazônia ou do Sertão.

Perceba que aqui focamos em diferenças regionais, mas nosso foco também poderia ser por raça ou por gênero. Aqueles com maiores obstáculos no mercado de trabalho se aposentam depois. Mulheres são a maioria no BPC — refletindo a realidade, por exemplo, de domésticas que não tinham a carteira assinada ou mães que não puderam ter emprego formal para cuidar

Nova Petrópolis, a cidade com mais aposentados 207

dos filhos. E na aposentadoria por tempo de contribuição, sem idade mínima? A maioria é de homens. Há evidência também de que são pessoas brancas, não as negras, as que conseguiam sua aposentadoria mais cedo nesse sistema.[20]

Existe ainda uma outra grave incoerência aqui, além da desigualdade nas idades de acesso à aposentadoria. É que, por razões diversas, os mais pobres falecem em média antes. Isso quer dizer que o Brasil exigia deles idades maiores para se aposentar, sendo que já teriam menor tempo de usufruto dos benefícios porque morrem mais cedo. Enquanto antes da reforma da Previdência a idade média de aposentadoria de uma mulher por tempo de contribuição era de 53 anos, a média na concessão do BPC para mulheres era 68 anos. Uma diferença de quinze anos. Mas qual delas vive mais? Justamente a que contribuiu por mais tempo. A expectativa de vida de uma beneficiária da aposentadoria por tempo de contribuição era de 86 anos, calculada aos 65 anos. Já a beneficiária do BPC chega em média só aos 82. Um sistema caro em que quem morre mais cedo é quem se aposenta mais tarde.[21]

A explicação é intuitiva: como a possibilidade de se aposentar cedo foi reservada a quem teve mais oportunidades no mercado de trabalho, ela está correlacionada à renda. E pessoas mais ricas tendem a viver mais por diversos motivos, como melhor acesso a serviços de saúde ou a informação. Vale ressaltar que a reforma provocou uma convergência nas regras, atenuando esse diferencial, mas a convergência não foi total para mulheres.[22] Isto é, o diferencial continuará existindo.[23]

Nesse sentido, é pertinente reproduzir a resposta da deputada Tabata Amaral, bombardeada pela sua posição de votar favoravelmente ao núcleo da reforma e apresentar emendas aos pontos de que discordava:

> Eu estudei muito esse tema. Muito. Muito mesmo. [...] Quando eu olhava para os números da Previdência [...], me doía muito esse Brasil desigual que a gente tem. Minha mãe foi diarista. Meu pai foi cobrador de ônibus. Meu tio é pedreiro. Essas galeras se aposentavam com uma regra: por idade. A turma de classe média, ou de classe alta, se aposentava por tempo de contribuição. Por quê? Porque conseguiam carteira assinada. Não é uma coisa que todo mundo consegue. [...] Tinha gente ganhando 40 mil reais na aposentadoria, no Legislativo — os próprios políticos. E [essa turma] falava: "Nossa, você fez algo desumano, vamos trabalhar até morrer".
>
> E aí qual era a minha revolta? Porque a galera de esquerda falava isso. Só que para a minha turma da [Vila] Missionária — os meus parentes, os meus vizinhos — não tinha mudado nada na reforma. Por que é que a regra que se aplica a você agora é desumana, mas quando ela se aplica à minha tia, à minha mãe, ao meu vizinho, ela não é desumana? Não estou dizendo que é legal trabalhar até 62, 65 anos de idade. Estou dizendo que para esse povo sempre foi assim.[24]

"Trabalhar até morrer"

Há uma grande conquista que precisa ser lembrada nessa discussão. A dificuldade de permitir aposentadorias em idades mais jovens se deve a um avanço relevante conquistado pela sociedade brasileira: o contínuo ganho de expectativa

Nova Petrópolis, a cidade com mais aposentados 209

de vida dos mais velhos. A vida dos brasileiros dura cada vez mais. Excetuada a terrível ruptura dessa tendência em 2020 e 2021 pela pandemia de covid-19, espera-se que os ganhos de sobrevida continuem nos próximos anos e décadas. Poucos resultados alcançados pela nossa sociedade nas últimas décadas são tão auspiciosos quanto esse.

Vimos que a expectativa dos idosos está ao redor de oitenta anos, mesmo no caso dos mais pobres. Talvez o número pareça alto, para quem imagina que a expectativa de vida fosse mais baixa. Afinal, muito se fala nesse debate que vamos "trabalhar até morrer". A chave aqui é compreender que a expectativa de vida dos mais velhos (ou de sobrevida) é bem maior do que a expectativa de vida ao nascer. Essa última é um número mais conhecido e divulgado, e não é o mais adequado para tratar do tempo de vida esperado de aposentados.

Segundo o IBGE, a expectativa de vida ao nascer dos brasileiros no ano de 2022 estava em 72 anos para homens e 79 anos para mulheres.[25] Mas esse é um dado que leva em conta os riscos durante toda a vida: não apenas a mortalidade de idosos, mas também a de crianças vítimas da falta de saneamento básico, dos adolescentes vítimas da violência, dos adultos jovens vítimas do trânsito. Essas mortes em idades baixas derrubam a expectativa de vida "ao nascer", sem afetar o quanto de sobrevida é esperada para um idoso.

Na verdade, o IBGE calcula anualmente a expectativa de vida em todas as idades, não apenas na idade zero (a expectativa de vida ao nascer). Em 2022, a expectativa de vida de uma idosa de 65 anos era de quase 85. A de um idoso nessa mesma idade, de 82. Deve-se aqui entender que a expectativa de vida ao nascer não é uma boa bússola para a controvérsia previdenciária: afinal, corremos o risco de argumentar que devemos gastar mais com aposentados porque crianças miseráveis estão morrendo de diarreia. Não é a aposentadoria dos mais pobres a afetada pelo estabelecimento de uma idade mínima, assim como a idade mínima não implica que as pessoas vão trabalhar até morrer.[26] Bem resume essa realidade o referido parecer do senador Tasso Jereissati (PSDB-CE), relator: "Podemos afirmar com tranquilidade que a maioria dos atuais aposentados em nível federal não seria afetado pela reforma da Previdência caso ela vigesse na época de sua aposentadoria. Isto é, as regras seriam as mesmas com que se aposentaram".[27]

Por que houve então tantas manifestações negativas sobre a reforma, acusando-a de ser injusta? Para além de equívocos, é pertinente reconhecer que a versão final da reforma ficou bastante diferente daquela inicialmente apresentada pelo governo Jair Bolsonaro — sobretudo pelas significativas alterações feitas pelo seu relator na Câmara dos Deputados, deputado Samuel Moreira (PSDB-SP). Em conjunto com outras alterações feitas pelo Congresso, esse esforço deixou a reforma mais progressiva do ponto de vista da distribuição de renda. Talvez para muitas pessoas a versão final seja simplesmente desconhecida.

Na prática, podemos dizer com clareza: são lugares como Nova Petrópolis os mais impactados adversamente pela reforma da Previdência.[28]

Por que os mais pobres recebem pouco da Previdência?

Para compreender a dificuldade de esse sistema chegar aos mais pobres basta ter em mente que boa parte dos brasileiros na pobreza são de faixas etárias mais baixas. Estamos falando de crianças e adolescentes morando com adultos novos. Naturalmente, aposentadorias e pensões por morte vão beneficiar domicílios com membros de maior idade. Além disso, sabe-se que famílias mais pobres têm grande dificuldade de inserção no mercado de trabalho, por variados motivos vistos ao longo do livro: estão em uma região menos desenvolvida onde faltam oportunidades (um interior, uma periferia), os adultos não tiveram boa formação (do desenvolvimento infantil à qualificação profissional, passando pela educação básica), a mãe não tem como se ocupar (por não ter com quem deixar os filhos, por não haver uma legislação trabalhista adequada). Já a Previdência, como agora está claro, transfere mais recursos fundamentalmente para quem, ao contrário, teve uma boa inserção no mercado de trabalho.

Peter Lindert, da Universidade da Califórnia em Davis, que compilou as evidências científicas do gasto público, argumenta que uma das principais lições da história mundial para as políticas públicas seria de que governos devem priorizar os mais jovens:

> Quanto mais jovem for a pessoa, maior será o retorno social no longo prazo dos investimentos que a sociedade fez nela, tanto na média quanto na margem. Para qualquer nível de gasto social, investir no desenvolvimento infantil, especialmente em crianças em idade pré-escolar, é mais pró-crescimento e pró-igualdade

do que gastar a mesma quantia em aposentadorias para os mais ricos (ou em transferências que os favoreçam). Gerações de grupos poderosos em muitos países, de forma egoísta, fracassaram em dar ouvidos a essa lição da história.[29]

Deveríamos, assim, corrigir a desproporção entre a proteção social contributiva (decorrente do emprego com carteira) e a não contributiva (como o Bolsa Família ou o auxílio emergencial). Esta última está disponível para todos que precisem: se dá a quem precisa, não a quem pagou.[30] Em um exemplo extremo, a proteção contributiva pode dar uma aposentadoria jovem e amplamente subsidiada a um juiz que ganha 40 mil reais mensais, e não dar nada a uma diarista sua, com filhos necessitados.[31]

É justamente porque o modelo brasileiro direciona tanto a quem ganha mais que a reforma da Previdência pouco afetou os benefícios dos mais pobres. Da Universidade da Califórnia em San Diego, o pesquisador Carlos Góes projetou que as perdas diretas que poderiam ser atribuídas à reforma impactarão sete vezes mais servidores públicos do que trabalhadores que ganham até dois salários mínimos da iniciativa privada.[32] Do ponto de vista regional, o impacto da reforma também será mais expressivo nas transferências operadas pelo INSS para as regiões mais ricas do país.[33] São Paulo responde por um terço dessas perdas, o que é mais do que o dobro do impacto em todos os estados do Norte e do Nordeste juntos. Nos três estados da região Sul, como o que sedia nossa Nova Petrópolis, o impacto será dez vezes maior do que em toda a região Norte. Nas áreas mais pobres do país, é a proteção não contributiva que mais importa.

De fato, a relevância de se aumentar proteção social não contributiva ficou evidente na própria pandemia. Tivemos que criar um novo benefício porque a gigantesca rede de proteção que temos, baseada na Previdência, não alcançava boa parte da população mais vulnerável. Assim nasceu o auxílio emergencial, que teve um tremendo impacto em regiões mais pobres do país, e que era expressamente destinado a brasileiros sem emprego formal. Vamos entender então por que é preciso seguir reformando a Previdência, rumo ao ideal de uma proteção mais universal.

O que a reforma da Previdência teve a ver com o auxílio emergencial?

Era novembro de 2019 quando a reforma da Previdência foi finalmente promulgada no plenário do Senado, depois de quase três anos tramitando no Congresso. Havia algum otimismo quanto aos seus efeitos para 2020, afinal tanto se tinha falado sobre a "economia de 1 trilhão de reais" que a reforma provocaria na próxima década, rebaixando a trajetória da dívida pública e os juros — o custo de investir no país.

O risco-país com a aprovação da reforma chegara ao menor nível em mais de dez anos, equivalente ao que o Brasil tinha quando ainda possuíamos o famoso "grau de investimento" (um atestado quanto à capacidade de pagar a dívida pública).[34] Essa dívida da União ia, com a reforma, ficando menos cara, o governo conseguindo se financiar com juros menores. Várias oportunidades de investimento na economia passam a ficar mais atraentes quando os juros do governo caem, e poupadores deixam de investir no Tesouro para investir em atividades produtivas. Empreendedores conseguem de forma mais barata os empréstimos de que precisam para iniciar ou expandir seus negócios.

O que vimos em 2020, é claro, não foram os efeitos positivos decorrentes desse ajuste. Enquanto o mercado esperava um crescimento do PIB de mais de 2%, tivemos uma queda de 4%.[35] Em vez dos louros da reforma, veio a maldita crise do coronavírus. Essa recessão derrubou as receitas do governo, ao mesmo tempo que a pandemia exigiu dele um grande esforço para o combate às consequências sanitárias, sociais e econômicas do vírus. O governo federal teve um déficit recorde, e a dívida saiu de 75% do PIB para 90% em apenas um ano, um salto histórico.

Porém, sem as condições mais favoráveis de endividamento que o país tinha quando entrou em 2020, dificilmente a resposta poderia ter tido a mesma magnitude em termos fiscais — o que limitaria a cobertura e os valores do auxílio emergencial. Paloma Anós Casero, economista espanhola diretora do Banco Mundial, destaca a reforma da Previdência brasileira entre um conjunto de medidas que "permitiu ao país ter uma credibilidade que viabilizou a resposta das políticas fiscais e monetárias para combater a pandemia".[36]

Outra maneira de ver essa relação é a colocada por alguns analistas: sendo o impacto fiscal da reforma da Previdência em dez anos de cerca de 800 bilhões de reais, essa economia teria sido toda consumida com a reação à covid-19.[37] "De fato, a economia de dez anos da emenda [da reforma] foi praticamente consumida pela pandemia", argumentou o secretário da Previdência Narlon Gutierre.[38] Para Leonardo

Rolim, consultor de orçamento da Câmara dos Deputados e um dos principais especialistas brasileiros no tema, a reforma terminou sendo um colchão.[39] "Certamente, estaríamos em uma situação pior sem a reforma", concordara Felipe Salto, diretor da Instituição Fiscal Independente (IFI), ao avaliar a situação fiscal mais delicada provocada pela crise da covid-19.[40] Para Rodrigo Maia (então DEM-RJ), presidente da Câmara dos Deputados que liderou a pauta, a reforma terminou sendo "fundamental" para o Brasil passar pela pandemia.[41]

O auxílio emergencial, na sua versão inicial e mais generosa, teve — é sabido — um efeito expressivo sobre os nossos indicadores de pobreza, de extrema pobreza e de desigualdade. Por conta dos valores pagos e da cobertura que acolheu um público amplo, observamos em 2020 uma queda da taxa de pobreza para 20% (contra 25% em 2019) e uma queda da taxa de extrema pobreza para 2% (contra 7% em 2019) — nas estimativas das pesquisadoras Luiza Nassif-Pires, Luísa Cardoso e Ana Luíza Matos, da USP.[42] As principais beneficiadas teriam sido mulheres negras, público bem diferente do afetado pela reforma da Previdência. Outras fontes indicam ainda que mais dinheiro foi distribuído em cidades do Norte e Nordeste — da perspectiva regional, também um público diverso do afetado pela reforma (como a gaúcha Nova Petrópolis).[43]

De fato, algumas propostas começaram a ser debatidas já em 2019, exatamente no sentido de redirecionar os recursos liberados da reforma com grupos mais bem posicionados na distribuição de renda para beneficiar os grupos mais vulneráveis.[44] Emenda à reforma da Previdência apresentada pelos deputados Felipe Rigoni (então PSB-ES), Paula Belmonte

(Cidadania-DF), Pedro Cunha Lima (PSDB-PB) e Tabata Amaral (então PDT-SP) e pelo senador Alessandro Vieira (então Cidadania-SE) pleiteava alterar a Constituição para assegurar "equilíbrio na distribuição de recursos entre diferentes grupos etários" e criar expressamente um sistema de seguridade social voltado às crianças.[45] Esse esforço resultou ainda na proposta de um benefício universal infantil, aprovado pelo Senado Federal no âmbito da chamada "PEC Paralela" — uma continuação da PEC da Reforma da Previdência que tramita na Câmara.[46]

O ganho de popularidade que o auxílio emergencial propiciou ao governo Bolsonaro motivou a robusta ampliação do Bolsa Família (inicialmente sob o nome Auxílio Brasil). A combinação da reforma da Previdência com o auxílio emergencial pode, assim, ter permitido uma mudança estrutural no volume de gastos com as transferências de renda.

A evolução dramática dos gastos previdenciários é puxada por uma invisível, mas especular, mudança demográfica no Brasil. Como vimos, a expectativa de vida dos idosos de fato cresceu e há uma tendência de alta, mas o envelhecimento da população não se refere apenas a essa mudança. A maior participação dos idosos no conjunto dos brasileiros e o aumento das idades média/ mediana da população também são causados por outro fenômeno: uma vigorosa queda no número de nascimentos.

Há menos mulheres tendo filhos e, entre as que têm, o número de filhos caiu. A participação de jovens vai, assim, se reduzindo, bem como a idade média da população. Comum a vários países do mundo, a queda do número de filhos por mulher tem sido muito mais agressiva no Brasil, uma nova

Nova Petrópolis, a cidade com mais aposentados

realidade ainda pouco discutida e compreendida em nosso país. Para a Previdência, muda o ritmo de novos beneficiários (idosos) e novos contribuintes (jovens) — uma pressão em um sistema financiado pela lógica de "repartição", em que os trabalhadores contribuem para o pagamento imediato do benefício de alguém, e não para uma poupança a ser usada em seu benefício no futuro. (Esse seria o sistema de capitalização.)

Nas projeções da Divisão de População da ONU, espera-se que a proporção de idosos no Brasil dobre de 7% para 14% em um intervalo inferior a vinte anos (entre 2012 e 2031).[47] Foram mais de cem anos para isso acontecer na França. Em outros países comparados — como os Estados Unidos e a Suécia — esse processo levou mais de seis décadas. A proporção de idosos dobraria novamente em poucas décadas, chegando a 28% em 2060. Nível a que chegaríamos antes de França, Estados Unidos ou Suécia — países que também envelhecem, mas cuja reposição da população jovem parece ser mais considerável do que no Brasil.[48]

Não à toa, o que a reforma faz na prática é meramente conter o aumento da despesa e do déficit — mas o gasto previdenciário continuará crescendo.[49] Vale a explicação da CCJ do Senado:

Essa reforma, por mais ampla que possa ser considerada, não irá zerar o déficit previdenciário, nem ao menos reduzi-lo em termos absolutos. [...] A transição demográfica é de tal forma marcante que a Reforma terá como efeito apenas a atenuação do crescimento do déficit. Isto é, os déficits serão menores do que seriam sem a Reforma. Mas não serão menores do que são hoje.[50]

Caminhamos, fica claro, para ser um país bem mais envelhecido. O Sul está mais avançado nessa transição — particularmente o Rio Grande do Sul, que segundo o demógrafo José Eustáquio Diniz, do IBGE, possui todos os dez municípios mais envelhecidos do Brasil.[51] O Sul é seu país, amanhã.[52]

Novas reformas: as grandes fortunas invisíveis

Se a despesa previdenciária se expande tanto e se a reforma apenas moderou essa expansão, precisaremos de novas reformas nos próximos anos? Não e sim. Não porque não está óbvio que todos os temas tratados na reforma da Previdência tenham que ser revisitados: várias regras parecem ter longa validade e já estão compatíveis com as práticas internacionais.[53] Mas podemos responder que sim porque há grupos relevantes que ficaram fora da reforma ou que poderiam ser mais afetados por ela: principalmente os servidores estaduais, municipais e os militares das Forças Armadas.

Eles podem se aposentar mais cedo do que boa parte da população e ainda recebem subsídios bem maiores (quando se considera o quanto contribuíram). No âmbito federal, esses subsídios chegavam corriqueiramente a 5 milhões de reais durante uma vida para várias carreiras.[54] Isso porque servidores mais antigos podiam se aposentar antes dos 55 anos (mulheres) ou sessenta anos (homens) com uma grande vantagem: receber vitaliciamente o maior salário da carreira, não importando quanto tenham contribuído.

Para as aposentadorias do INSS, a base para o cálculo da aposentadoria nunca é o maior salário, mas sim a média sa-

Nova Petrópolis, a cidade com mais aposentados 219

larial — evidentemente muito mais relacionada às contribuições de cada um, já que as contribuições previdenciárias são descontadas como proporção do salário.[55] Para uma juíza que tenha ficado parte da vida em outro cargo de menor salário, o subsídio pode ser da ordem de 10 milhões de reais. Ou seja, 10 milhões de reais de diferença entre o que foi contribuído e o que será recebido.[56]

O sistema brasileiro então transfere ativos milionários para os indivíduos favorecidos por essas regras, de uma forma que é quase invisível tanto para os cidadãos que pagam quanto para os próprios beneficiários. É verdade que muitos servidores não têm a clareza de que seu vínculo com o Estado vale milhões em aposentadorias sem a correspondente contrapartida contributiva.[57] Grandes fortunas — sacadas mensalmente a partir dos cinquenta e poucos anos de idade — a que não fazem jus os demais brasileiros, tanto porque os que usam o INSS recebem proporcionalmente aos salários que contribuíram (não somente pelo maior salário) quanto porque se aposentam depois (principalmente os regidos por regras de idade).

Para Peter Lindert, o Brasil é um exemplo de distorção no gasto social, no tocante à apropriação dos recursos por uma geração. Além da despesa previdenciária mais alta de forma geral e da despesa mais baixa com os jovens, o regime dos funcionários públicos é especialmente destacado:

No Brasil, aposentadorias excessivamente generosas foram usufruídas por todas as gerações de aposentados[58] entre a Constituição de 1988 — defensora de seus interesses — e a modesta reforma de 2019. Dentro dessas gerações de aposentados, os ganhos foram capturados desproporcionalmente por servidores civis, juízes e militares de alta renda.[59]

E aqui chegamos à principal lacuna da reforma de 2019: os estados e os municípios. Eles foram excluídos do alcance da reforma durante a tramitação na Câmara. Se isso por um lado não afetou diretamente as contas da União, por outro significou que a maior parte dos servidores públicos brasileiros não foi incluída na reforma — já que a maioria dos funcionários públicos estão vinculados a estados e municípios. Subsídios milionários a auditores, procuradores e juízes não federais, por exemplo, continuam a ser pagos de uma forma que não está mais permitida na União. Uma nova reforma atualizando as regras de todos os municípios e estados de uma única vez poderia ser feita, já que o Brasil pós-pandemia é mais endividado do que o Brasil de 2019.

Verde-oliva no vermelho

Outra lacuna relevante da reforma de 2019 diz respeito aos militares federais, isto é, das Forças Armadas. Eles foram objeto de uma reforma separada, que teve alguns avanços importantes: o tempo de serviço e as idades para aposentadorias foram ampliados, a contribuição subiu e pensionistas passaram a ser tributadas (viúvas e filhas). Entretanto, essa reforma veio atrelada a um pacote remuneratório que praticamente tornou os ganhos fiscais da medida nulos, ao elevar os soldos dos militares. Além disso, vantagens que hoje são exclusivas dos militares não foram enfrentadas, e deveriam

Nova Petrópolis, a cidade com mais aposentados 221

ter sido. Há, assim, espaço para uma nova reforma da "previdência" militar.[60]

As idades máximas em cada patente poderiam ser ainda maiores, e deve haver equiparação com os servidores (civis) no tocante à contribuição e às regras da pensão por morte[61] (ambas são mais generosas para os militares). Quanto a esse último ponto, a ausência de vulnerabilidade fica evidente em manchetes como a seguinte, durante a pandemia: "Registros mostram quatrocentas filhas pensionistas de militares como sócias de empresas milionárias".[62] Esse sistema, oficialmente denominado de "proteção social", está calibrado de forma razoável? As filhas do coronel Brilhante Ustra, cujos crimes de tortura foram reconhecidos pela Justiça brasileira, recebem pensões mensais de mais de 15 mil reais cada — e o farão de forma perpétua.[63] Com a reforma, passaram a pagar contribuições mensais, mas que não chegam a 15%.

Finalmente, deve ser revisto o privilégio de receber como benefício a maior remuneração da carreira na "aposentadoria". Essa vantagem, chamada de integralidade, tipicamente não existe para militares em outros países. Para os demais funcionários públicos brasileiros ela está em extinção. Já para militares de qualquer idade, porém, continua havendo o direito. Essa convergência de regras entre servidores e militares pode ser feita por simples lei, e já foi objeto de dois projetos no Parlamento — um na Câmara, da deputada Tabata Amaral (então PDT-SP), no contexto de custeio do auxílio emergencial, e um no Senado, do senador Jorge Kajuru (então Podemos-GO), como política permanente de redução da desigualdade.[64]

O déficit anual já é de cerca de 50 bilhões de reais. Perceba que mesmo com as mudanças de 2019 continuará sendo a regra termos militares que passarão a maior parte do seu vínculo com o Estado brasileiro na reserva, e não trabalhando — saindo da ativa ao redor dos cinquenta anos. Se esses militares ainda têm, além do direito à aposentadoria precoce, o direito à integralidade de salário, isso quer dizer que receberão muito mais dinheiro ao longo da vida como inativos.

No modelo atual, frequentemente os benefícios não são uma reposição de renda para um senhor ou senhora incapaz de trabalhar e sim um complemento a alguém que continua trabalhando. Por exemplo, generais considerados velhos demais para as Forças Armadas foram nos últimos anos CEOS de grandes empresas estatais, acumulando ambas as remunerações; coronéis indiciados pela CPI da Pandemia por supostamente integrarem um esquema na compra de vacinas eram coronéis já aposentados: um era dono de uma empresa de representação comercial de medicamentos.[65] Ou bem permitimos a aposentadoria precoce com um desconto na remuneração (sem integralidade), ou bem aproveitamos por mais tempo essa força de trabalho capaz e que já é paga pelo contribuinte.

É preciso também conter excessos da gestão Bolsonaro, que chegou a permitir que militares aumentassem a remuneração em 73%, bastando para isso fazer um curso de cerca de dois meses — vantagem liberada inclusive para quem está prestes a se aposentar.[66] Há um nítido desvio de finalidade aí: afinal, não faria sentindo investir na qualificação de quem está deixando uma instituição. Em boa parte dos casos, esses adicionais por estudo para oficiais são tão somente um jeitinho de aumentar aposentadorias. Na prática, uma "contrarreforma" da previdência militar, que deve ser revista.

Robin Hood às avessas

Em verdade, mesmo para os servidores federais a reforma de 2019 não foi tão expressiva assim. Apesar dos avanços, continuou sendo permitido a uma geração de servidores se aposentar com 57 anos (mulheres) ou sessenta (homens), bem abaixo do permitido aos mais pobres (como o BPC, aos 65 anos para ambos os sexos).

Além disso, esses servidores se aposentarão ainda com valores desproporcionais, ou seja, com a tal integralidade — o pagamento vitalício do maior salário da carreira independentemente do valor das contribuições feitas. Para piorar, alguns cargos possuem requisitos novos ainda muito favoráveis: uma delegada da Polícia Federal, por exemplo, poderá se aposentar aos 52 anos com um provento mensal superior a 25 salários mínimos, que será recebido para sempre.[67] Continua, dessa forma, havendo um subsídio de milhões em muitos casos: ele será menor do que antes para todos os servidores federais, mas poderá ainda ser uma fortuna.[68] Nesse sentido, Lindert — o professor americano — estava certo em chamar nossa reforma de 2019 de "modesta".

Assim, a previdência dos servidores explica em boa medida por que o gasto público no Brasil é tão apropriado por parcelas mais ricas da sociedade — sem esquecer, claro, de outras distorções que já abordamos. O seguinte exercício é muito interessante nesse sentido: considere toda a população brasileira e imagine um ranking dos brasileiros — do mais rico ao mais pobre. Agora divida essa fila em cinco grupos (ou cinco quintos). Cada quinto tem 20% da população, ou uns 40 milhões de pessoas. O primeiro quinto tem os 40 milhões mais ricos, e assim em diante, até que o último quinto tenha os 40 milhões mais pobres. Seria justo que, quando considerássemos o valor de todos os benefícios pagos pelo Estado, fossem os mais pobres que recebessem mais, certo? A partir daí, grupos intermediários receberiam menos, até que o grupo mais rico receberia ainda menos desses recursos. Mas não é isso que acontece.

Antes da pandemia, o quinto mais pobre recebia apenas 5% dos benefícios sociais. A apropriação crescia um pouco entre os quintos até chegar no quinto mais rico, que recebia quase 50% dos benefícios. Isto é, a fatia mais rica da população nessa divisão leva metade dos recursos.[69] As estimativas são dos professores Rozane Siqueira e José Nogueira, da UFPE.[70] "O Estado não cumpre o seu papel, agindo com frequência como um Robin Hood às avessas", sintetizou Armínio Fraga, ex-presidente do Banco Central, ao analisar esses números.[71]

Essa apropriação é marcadamente diferente da de países desenvolvidos. Quando consideramos o quão importante são para cada grupo os pagamentos do Estado, em proporção da sua renda, temos que os pagamentos no Brasil — ainda que incipientes — até pesam mais na renda dos mais pobres do que na renda dos mais ricos. Mas essa distribuição é muito mais progressiva em democracias avançadas. O mesmo estudo citado no parágrafo anterior apresenta um recorte das populações de vários países de acordo com a renda — dessa vez não em cinco grupos, mas em dez grupos (ou dez décimos, cada um com uns 20 milhões de pessoas no Brasil).

Aqui, no décimo mais pobre da população, os benefícios do governo equivalem a 30% de toda a renda recebida. No décimo mais rico, a 20% da renda. Agora compare essa realidade

Nova Petrópolis, a cidade com mais aposentados 225

com a da Dinamarca: no grupo mais pobre os pagamentos estatais respondem por mais de 90% da renda, e no grupo mais rico por menos de 5%. Ou seja, o gasto é muito mais progressivo, com grande peso para a vida dos mais pobres e pouco para a vida dos mais ricos. Proporções semelhantes à da Dinamarca são encontradas em outros países europeus, como Reino Unido, Irlanda, Finlândia, Bélgica.

A baixa quantidade de recursos destinada à proteção não contributiva (como o Bolsa Família) e o excesso de recursos da proteção contributiva, principalmente do funcionalismo e da elite do INSS, justificam a nossa dificuldade em fazer do gasto público um instrumento efetivo de combate à desigualdade. No estudo de Rozane Siqueira e José Nogueira, mais de 50% da despesa com aposentadorias e pensões vai parar no quinto mais rico da população, e somente 3% no quinto mais pobre. O Bolsa Família apresentava foco muito melhor: 50% indo para o quinto mais pobre, só 5% para o quinto mais rico.

Voltamos então ao ponto que motivou este capítulo: é imperativo almejar uma proteção mais universal, revendo quem deve ser nossa prioridade. Além de ampliar as transferências para os mais pobres, o que passou a ser feito a partir do auxílio emergencial, precisamos limitar os exageros em favor dos mais ricos. Uma nova reforma previdenciária deve ser parcial e se concentrar nesses excessos. Não pode mais ser considerada radical a ideia de abolir a integralidade: trata-se tão somente de aplicar aos servidores e militares regras de cálculo de aposentadorias parecidas com as dos demais brasileiros que usam o INSS.[72] O benefício deve ser baseado na média salarial — que reflete melhor o esforço contributivo de cada um — e não no maior salário — o que provoca os subsídios milionários que vimos.

Um exemplo saliente da época da discussão da reforma é o de um procurador da Operação Lava Jato que se aposentou aos 55 anos, tendo o direito de receber mensalmente o valor de sua última remuneração no Ministério Público para sempre — mesmo que em parte da sua carreira tivesse contribuído como bancário.[73] A reforma de 2019 aumentou a idade em que essa vantagem está disponível, mas não a aboliu. Um país que discute como lutar contra a fome quer mesmo continuar com esse sistema?[74] O estoque já existente de benefícios que foram calculados pela integralidade deve ter sua tributação aumentada, diminuindo a desigualdade e o custo para a sociedade[75] — afinal, muitos benefícios ainda serão usufruídos por décadas.

Lacroeconomia

Zummach, Michaelsen, Schneider, Dreschler, Egon, Gottschalk.[76] Os nomes dos vereadores escolhidos na última eleição nos lembram que Nova Petrópolis não é a nossa típica cidade brasileira. Esse município que tem a maior participação de aposentados na população e que recebe o maior gasto do INSS por habitante está longe de ser um exemplo de vulnerabilidade social. Como deve ter ficado claro, não, a reforma da Previdência não foi um ataque aos mais pobres dos brasileiros.

À luz do exposto neste capítulo, é possível concordar com o juiz que aludiu à reforma como a "destruição da Seguridade"?[77]

Nova Petrópolis, a cidade com mais aposentados   227

E com a auditora que dissera que "Se aprovar essa reforma da Previdência, o Brasil quebra"?[78] Quem também não capturou as nuances do sistema brasileiro foi o economista francês Thomas Piketty, cujo importante trabalho sobre desigualdade citei em outros capítulos deste livro — ou pelo menos podemos dizer que um texto que ele subscreveu não captura esses nuances. Em julho de 2019, fui forçado a escrever uma réplica dura a um artigo assinado por Piketty e outros economistas que havia sido publicado no *Valor Econômico*. Nessa resposta, que redigi com Arminio Fraga e Paulo Tafner, tivemos de explicar vários aspectos básicos do sistema brasileiro que eram constrangedoramente ignorados no texto original.

É difícil imaginar que Piketty tenha de fato se dedicado aos meandros dos nossos regimes e aos detalhes da PEC que tramitava no Congresso Nacional, após subitamente se interessar pelo fascinante universo da Previdência Social brasileira durante o verão francês. Mais provável é que tenha sido chamado a apoiar uma iniciativa política, sendo induzido ao erro por algum colega brasileiro — cuja militância, legítima, pareceu atropelar fatos relevantes. Piketty assinou, assim, um texto a favor de reforma tributária no país, mas contrário à reforma da Previdência, o que, pelo peso de seu nome, teve uma repercussão relevante por aqui. Tinha o surpreendente título de "A quem interessa aumentar a desigualdade?".[79]

Nossa resposta algo inflamada — "A lacroeconomia de Piketty" — tratava então de alguns temas em que tocamos neste capítulo.[80] É que o controverso artigo do francês alegava que a aposentadoria por tempo de contribuição já tinha uma regra de idade no Brasil; que brasileiros pobres após a reforma precisariam se aposentar ao redor de 75 anos de idade ou contribuir por quatro décadas; que haveria o fim das contribuições dos empregadores; que dinheiro da Seguridade na verdade sobra e é desviado para o Tesouro; que o governo ficaria proibido de honrar o déficit da Previdência com outros recursos.[81] Essa última alegação sozinha implicaria um corte de centenas de bilhões ao ano no pagamento de aposentadorias e pensões que já foram concedidas.

Nada disso é verdade.[82] Mesmo a correta defesa de uma reforma tributária sobre os ultrarricos, feita por Piketty e coautores, merece um reparo: ela não é uma alternativa à reforma da Previdência, mas uma reforma complementar. Ambas são necessárias para um país mais justo — e, do ponto de vista fiscal, mesmo uma contundente reforma tributária dificilmente conseguiria neutralizar o crescimento do gasto previdenciário na mesma magnitude em médio e longo prazo.[83] Afinal, para isso a carga tributária teria que ser aumentada continuamente, ano após ano, em fortes doses.

Agora então nos despedimos de Nova Petrópolis, nosso símbolo do gasto previdenciário, que talvez tenha te convencido de que reformar a Previdência foi e será pertinente a fim de não transferirmos mais e mais recursos para onde não estão os mais vulneráveis de nosso país — sem, é claro, prejudicar os direitos e valores dos que já recebem.

Vamos a nosso último extremo.

8. Severiano Melo, a cidade com mais auxílio emergencial

A MOSCA-BRANCA PERDEU suas plantas hospedeiras com a seca. Assim, migrou para os cajueiros — que mantêm folhas verdes e renovadas mesmo sem chuva. A *Aleurodicus cocois* forma colônias debaixo das folhas do cajueiro que sugam sua seiva, debilitando-o. No processo, ainda excretam uma substância que, na parte de cima das folhas, vai desenvolver um fungo. Essa segunda praga deixa as folhas negras e atrapalha a fotossíntese.

Foi a peste antes da peste.

Com a economia baseada no caju destroçada nos anos anteriores à covid-19, Severiano Melo já entrou na pandemia como o município com mais beneficiários do Bolsa Família, em percentual da população. No auxílio emergencial, não foi diferente: novamente líder nos pagamentos — em que pese a paciente explicação de Magaly, a cordelista, sobre o quiproquó quanto ao real número de habitantes e os limites geográficos da cidade. O ataque da mosca-branca durante a seca da última década provocou perdas de 300 mil hectares nos cajuais do Nordeste, derrubando ainda a produção de castanhas de caju no Brasil.

A queda da renda da agricultura não teria sido a única mazela a afetar a economia municipal. Os moradores apontam também para o erro no número de habitantes considerados pelo governo federal. Abaixo do verdadeiro, a população artificialmente menor seria a explicação deles para a liderança em rankings nacionais como os das transferências de renda. Esse seria em si um problema econômico, porque afetaria o recebimento de recursos — enviados de acordo com a quantidade de habitantes *estimada*, ao passo que serviços públicos são demandados pela quantidade de habitantes *de fato*.

Ainda no início da pandemia, à distância, obtive percepções dos moradores sobre a questão. "É um assunto bem polêmico aqui: a grande quantidade de pessoas em relação à população", me disse em uma síntese deliciosa um comerciante local. Já Magaly diz que o problema se agravou em anos mais recentes, quando o IBGE "passou o GPS cortando o município". Seja como for, a divisão não é inofensiva. Empobrece a Prefeitura, que passa a ter direito a fatias menores do imposto de renda arrecadado pela União e do ICMS arrecadado pelo estado.

O auxílio emergencial, por sua vez, não era objeto de polêmica. No auge dos pagamentos, em meados de 2020, ele aquecia a economia dessa cidade do Sertão potiguar: as histórias eram de um boom de consumo. Falta de produtos e um repique de inflação ocorriam na Terra do Caju. Diante do pouco emprego formal na região, Severiano Melo recebeu recursos como nunca nesse período. Foram mais de 5 milhões de reais pagos a habitantes de Severiano nos três primeiros meses do auxílio, revela minha planilha. A redução do auxílio, ainda em 2020, e sua interrupção em 2021 foram extremamente mal calculadas pelo governo, que apostava no fim da crise sanitária. Os pagamentos cessaram justamente quando a segunda onda da covid-19 arrasaria o país.

Com a interrupção dos pagamentos, a esperança para as famílias mais pobres eram duas: Bolsa Família e caju — após uma temporada de boas chuvas. Em nada se parece com nossa parada anterior, Nova Petrópolis, a quase 4 mil quilômetros de distância e muito mais bem abastecida de recursos federais.

O que foi o auxílio emergencial?

Principalmente nos três primeiros meses de pagamento, em que foram gastos quase 200 bilhões de reais, resultados impressionantes puderam ser observados como impacto do benefício. Em vez de cair, a renda dos mais pobres subiu.[1] O país registrou a menor taxa de extrema pobreza desde quando ela começou a ser medida, beneficiando principalmente a população negra.[2]

A desigualdade de renda caiu, também temporariamente. Uma queda de 10% no índice de Gini — na estimativa de Rogério Barbosa (Uerj), para abaixo de 0,50.[3] A primeira vez que o Gini teria ficado abaixo de tal patamar, nas contas de Naercio Menezes, Bruno Komatsu e João Pedro Rosa, do Insper.[4] Os mesmos autores notam ainda que sem o auxílio emergencial a pobreza na primeira infância teria dobrado no início da pandemia,[5] e a extrema pobreza teria sido seis vezes maior.

A recessão foi arrefecida. E apesar de alguns excessos, em uma conjuntura difícil, a focalização não se mostrou ruim.[6] Brasileiros vulneráveis, que normalmente pouco recebem dos recursos públicos e que têm pior inserção no mundo do trabalho, foram priorizados de forma inédita. Isso quer dizer ainda que do ponto de vista regional a forma de partilhar o orçamento também foi sem precedentes. Para cerca de 40% dos municípios brasileiros, o auxílio emergencial em 2020 significou um recebimento de recursos de ordem superior a 10% do seu PIB. E para muitos municípios, principalmente no Sertão e na Amazônia, o dinheiro foi equivalente a mais de 20% do PIB.[7] É natural que o alcance do auxílio tenha sido particularmente relevante no Nordeste e no Norte do Brasil, onde bem menos pessoas conseguem empregos com carteira assinada. Se menos de 20% da economia da reforma da Previdência se dá em *perdas* para as regiões Nordeste e Norte, quase 50% dos *ganhos* do auxílio emergencial foram nelas.

Do total de domicílios brasileiros, mais da metade recebeu o auxílio emergencial — isto é, pelo menos um membro da família foi beneficiado. Há ainda outras formas de enxergar sua magnitude. O Banco Central precisou encomendar a impressão de bilhões em cédulas para que não faltasse dinheiro no país, tamanho o volume de saques. O pagamento dos seiscentos reais é considerado parte da explicação da queda acentuada nos índices de violência durante o início da crise e até da criação da nova cédula do Real, a de duzentos reais estampada com o lobo-guará. O debate por uma renda básica permanente maior que o Bolsa Família finalmente ganhou tração.

A despeito dos impactos positivos, o auxílio emergencial não esteve livre de críticas: seu alcance teria sido excessivo, pois ele não deveria aumentar a renda de ninguém, e sim mantê-la; o foco deveria ser apenas em quem era diretamente afetado pelas medidas da covid-19 e apenas na medida em que era afetado. Nessa visão, o que seriam impactos positivos na verdade teriam sido excessos do auxílio emergencial, que ao

Severiano Melo, a cidade com mais auxílio emergencial 233

fim e ao cabo foram apenas temporários e não contribuíram para a redução da pobreza e a desigualdade em longo prazo — deixando como legado permanente apenas mais dívida.

É difícil concordar. Tirando erros da operação, em algum grau justificáveis pelo contexto inédito de isolamento de beneficiários em uma ponta e de funcionários do governo em outra, a visão que vê gordura no auxílio parece míope. O aumento da renda de famílias mais pobres se justifica no mínimo para fazer frente a aumento de gastos decorrentes da pandemia. Por exemplo porque o fechamento das escolas implicou despesas com alimentos — para substituir a merenda escolar — e com aquisição de equipamentos ou serviços de internet para as aulas à distância.

Ademais, não apenas pelos relatos de Severiano, mas pelos dados de diversas pesquisas, é sabido que o auxílio emergencial elevou não apenas o consumo de alimentos, mas também de medicamentos, eletrodomésticos e material de construção. Medicamentos obviamente têm implicações positivas para o capital humano, enquanto o investimento em infraestrutura doméstica pode ser positivo para melhorar condições sanitárias em uma habitação. Quando se fala que o dinheiro do auxílio emergencial foi usado com eletrodomésticos e reformas, não é crível que se esteja falando da compra de Alexas, *air fryers* ou inauguração de ofurôs. Troca de geladeiras e instalação de pisos sobre o chão têm efeitos duradouros na vida dos mais pobres.

O "excesso" de renda provocada pelo auxílio emergencial pode assim ter levado a um pequeno acréscimo de capital físico que contribui para a saúde, desenvolvimento infantil e inclusão digital dos beneficiários. O pesquisador Naercio Menezes coloca de outra forma as vantagens do auxílio generoso temporário: "Muitos usaram o dinheiro para comprar ativos que geram rendimento no presente e no futuro, como uma bicicleta para fazer entregas". Ele explica ainda que "transferências de recursos concentradas no tempo podem facilitar a saída da pobreza de forma permanente".[8]

Emenda de redação[9]

"Substitua-se na alínea c do inciso VI do caput do art. 2º do PL nº 1066, de 2020, a expressão 'trabalhador informal' por 'trabalhador informal, seja empregado, autônomo ou desempregado'." Esse comando inserido pelo Senado transformou o auxílio emergencial em um programa histórico, capaz de fazer o Brasil registrar sua menor taxa de pobreza extrema justamente em meio à maior crise econômica de nossa história. No universo dos complicados termos do processo legislativo — os procedimentos para elaboração das leis no Congresso Nacional —, o comando é uma "emenda de redação".

Uma emenda é a ferramenta para mudar um projeto de lei. Uma emenda *de redação* é usada quando a mudança é somente de forma, não de conteúdo. Ela é especialmente importante no Senado, a Casa revisora. É que a mudança no conteúdo de um projeto de lei pelo Senado faz com que ele tenha que retornar à Câmara dos Deputados, retardando seu caminho até virar uma lei. Uma emenda de redação, por tratar apenas de forma, pode ser aprovada sem gerar esse atraso.

No caso do auxílio emergencial, não havia tempo a perder. Na véspera de sua votação naquele início da pandemia,

Severiano Melo, a cidade com mais auxílio emergencial

a manchete principal da *Folha de S.Paulo* dizia "Nas favelas, morador passa fome e começa a sair às ruas". O distanciamento social não era opção para os brasileiros sem emprego com carteira assinada, os quais, sabemos, ficam sem renda quando não saem de casa para trabalhar. Benefícios como seguro-desemprego, FGTS ou auxílio-doença começavam a ser solicitados, mas são exclusivos dos trabalhadores formalizados. Por isso o imperativo de um auxílio para os *informais*.

Alterar o auxílio emergencial atrasaria os pagamentos, mas manter o projeto da Câmara como estava poderia excluir largas parcelas dos trabalhadores mais pobres, já que seu texto era vago sobre o que seria um trabalhador informal. Um desafio para o senador Alessandro Vieira (então Cidadania-SE), o relator do auxílio emergencial. Cabe à relatoria emitir um parecer, o documento com as providências do Senado para uma proposta. Rigorosamente, o que os parlamentares votam e aprovam é o parecer, não o projeto de lei em si.

Naquela segunda-feira, 30 de março de 2020, em que o Senado votaria o auxílio emergencial, sabia-se que o governo já começava a preparar os pagamentos de seiscentos reais. Diante da urgência de implementar uma operação complexa sem gerar aglomerações na pandemia, o Executivo se antecipava à votação final. E talvez tivesse uma visão restritiva sobre quem deveria receber a ajuda. Se essa visão se concretizasse, o auxílio emergencial não seria recebido por desempregados ou a maior parte daqueles que já recebiam o Bolsa Família. A ajuda seria somente para quem estava em atividade antes da pandemia e que subitamente perdeu sua renda por trabalhar informalmente. Quem chegou na pobreza antes da disseminação do vírus ficaria de fora.

O bloco 8 do CadÚnico — o Cadastro Único para programas sociais do Governo federal — era o nosso problema. O cidadão que solicita ingresso em diversos programas governamentais responde às perguntas do formulário que compõe o Cadastro. O bloco 8 faz as perguntas de trabalho e remuneração, começando com "Na semana passada trabalhou?". Os que no passado responderam "não" são registrados como desempregados. Podem responder que não trabalharam porque de fato não estavam trabalhando, porque achavam que essa era a resposta certa para conseguir ingressar em um programa social ou porque entenderam que a pergunta era sobre trabalho com carteira assinada. Milhões de brasileiros pobres nesse cadastro estão registrados como desempregados.

Se estão registrados como desempregados, não poderiam receber os seiscentos reais — que seriam voltados apenas para quem se cadastrou respondendo "sim" à pergunta sobre emprego e depois respondendo que trabalhava informalmente. Esse é que seria o "trabalhador informal". Não parecia ser somente isso que a sociedade esperava do Congresso, mas sim um benefício de alcance bem mais amplo diante da crise econômica histórica que se desenhava. Para o senador Alessandro, um alcance incluindo todos os mais pobres sem a proteção do emprego com carteira. A única rede de assistência disponível para eles em caso de doença ou falta de ocupação era a do Bolsa Família, bem mais tímida e restritiva. Em alguns casos, pagava somente cinquenta reais.[10]

E aí voltamos ao dilema. Estender o auxílio a todos que precisavam e atrasar o seu pagamento, porque ele voltaria

Severiano Melo, a cidade com mais auxílio emergencial 237

para deliberação da Câmara, ou mantê-lo como o governo imaginava e iniciar os pagamentos? Deliberamos sobre o parecer — eu, o senador Alessandro, sua chefe de gabinete Elaine Gontijo e o também economista Guilherme Macedo —, e o problema só foi decidido bem perto da própria votação. A emenda de redação expandindo para dezenas de milhões de pessoas o benefício que seria a maior experiência brasileira de renda básica só entraria na oitava versão do parecer, de um total de dez versões redigidas.

Ocorre que, embora a definição de trabalhador informal esteja clara, por exemplo, na metodologia de pesquisas do IBGE, ela nunca foi expressa em nenhuma lei. Havia espaço para fazer isso pela primeira vez.[11] A saída naturalmente foi definir trabalhador informal da maneira mais ampla possível. Se para o IBGE o informal é o empregado sem carteira assinada ou o que atua por conta própria sem um CNPJ, a decisão foi que na nova lei o informal deveria ser simplesmente o "não formal".[12]

Com a aprovação unânime do parecer, milhões de famílias receberiam o benefício na maior recessão da nossa geração. A opinião pública demoraria algumas semanas para se dar conta da extensão do auxílio emergencial. No dia seguinte à aprovação, a *Folha de S.Paulo*, citando projeções da equipe econômica, trazia com pouco destaque a notícia: "O Senado aprovou ontem o projeto que prevê concessão de auxílio emergencial de 600 reais a trabalhadores informais. [...] O impacto da medida deve ficar em 44 bilhões de reais". O valor efetivamente gasto nos três meses iniciais foi mais de três vezes maior. O governo esperava pagar um benefício para 20 milhões de trabalhadores informais, mas os seiscentos reais seriam pagos para quase 70 milhões de pessoas por conta do tratamento amplo dado pelo Senado.

Diante dos efeitos positivos do auxílio, a realidade das transferências de renda da assistência social no Brasil pode ter mudado. Veremos que o status legal delas foi modificado e que seu orçamento foi ampliado. A centralidade política do auxílio emergencial foi tanta que até a concepção dos adversários do Bolsa Família parece ter mudado.

O RETORNO DAS CHUVAS LAVOU as colônias e restaurou o mato nativo, a partir de 2018. BRS 226, BR 265, CCP 76 também podem ser parte de um novo capítulo para Severiano Melo. Esses são os clones de cajueiro-anão da Embrapa, mais tolerantes a pragas, que passaram a ser usados na região. Eventual florescimento da cajucultura nos próximos anos pode tornar o município menos dependente de transferências de renda? Talvez apenas um pouco.

Em Severiano, 2019 foi o ano com maior geração de vagas formais em bastante tempo: foram quatro empregos criados. O melhor ano da década foi 2011: seis novos postos. A cidade somava antes da pandemia um total de 75 empregos com carteira assinada.

Tenha em mente que a população da cidade, estimada ou contada pelo IBGE, varia de 2 mil a 11 mil habitantes — a depender da pesquisa e seu método. Quase a totalidade da população está em ocupações informais, desempregada ou fora da força de trabalho.

Porta de saída

Um dos pontos levantados contra transferências de renda como o Bolsa Família é o de que mães e pais deixariam de buscar trabalho — por exemplo por se contentarem com o valor irrisório que o benefício tinha ou para que não o perdessem. Outro, uma das principais controvérsias, gira em torno das mães. Como o pagamento é, até certo ponto, proporcional ao número de filhos, é comum entre opositores da política o argumento de que as beneficiárias passariam a ter mais filhos, perenizando a pobreza. Nenhum dos dois argumentos é exatamente respaldado pela evidência da literatura científica, até o momento. Nesse debate muito se usa o termo "portas de saída". A saída aqui é a emancipação do beneficiário, rumo à geração própria de renda, devendo a política pública ter os incentivos adequados para que os beneficiários busquem essas portas.

Comecemos com o argumento sobre o trabalho. Um estudo divulgado em 2020 pelo FMI identifica efeitos positivos sobre a busca de trabalho pelos beneficiários do Bolsa Família, particularmente pelos mais jovens.[13] Como o recebimento de um benefício poderia aumentar a chances de alguém procurar ou conseguir um emprego? No estudo, os autores salientam que a própria busca por uma ocupação é custosa. Como explica o sociólogo Luis Henrique Paiva, para os muito pobres a ausência de recursos pode ser tal que um dinheiro extra ajuda na inserção no mercado de trabalho: permite por exemplo a preparação e impressão de um currículo, a aquisição de bilhetes para o transporte público ou mesmo a compra de uma roupa ou sapato.[14]

No trabalho do FMI, outro mecanismo é lembrado para explicar a relação positiva entre Bolsa Família e oferta de trabalho — os efeitos do benefício sobre o bem-estar psicológico: "Há uma crescente literatura sugerindo que a escassez pode levar a processamento cognitivo e tomada de decisões falhos, o que, por sua vez, perpetua a pobreza". É como se o estresse diante das ameaças do dia a dia consumisse recursos mentais necessários para o planejamento de uma vida melhor. Como se não fosse possível pensar uma estratégia para conseguir emprego quando há o almoço de amanhã para garantir.

"O 'efeito preguiça' foi objeto de centenas de estudos e hoje está praticamente descartado em virtude das evidências colhidas no Brasil e ao redor do globo", concluiu Pablo Acosta, um economista argentino do Banco Mundial.[15] No caso brasileiro, como os valores envolvidos eram baixos, programas como o Bolsa Família eram frequentemente apenas uma forma de complementação de renda — como rendas do mercado informal, conforme evidenciado por dados da PNAD. "A imensa maioria das famílias do Bolsa Família trabalha ou está disponível para trabalhar", pontua o economista.

Por sua vez, as pesquisadoras Joana Naritomi e Joana Silva — junto a François Gerard — observam efeitos positivos do Bolsa Família especificamente sobre o mercado de trabalho formal. Se de um lado se detectam desincentivos à ocupação com carteira pelos beneficiários, de outro o recebimento dos benefícios teria um impacto elevado sobre o emprego local ao estimular o consumo dos beneficiários.[16]

Ainda que o resultado previsto pelo "efeito preguiça" acontecesse, é preciso considerar que há casos em que a saída do mercado de trabalho por conta do recebimento de um benefício é bem-vinda. Por exemplo uma mãe com um filho pequeno que não dispõe de um lugar adequado para deixá-lo enquanto trabalha — a presença dela em casa pode ser vantajosa para o cuidado e estímulo ao filho, se comparado a alternativas precárias (deixar o filho com uma vizinha, digamos).

Outro exemplo é quando o benefício contribui para aumentar o "salário de reserva", o mínimo que alguém está disposto a aceitar para trabalhar, fazendo com que o beneficiário recuse postos aviltantes.

Por fim, um último caso em que é compreensível que um beneficiário se mantenha fora do mercado de trabalho liga-se às próprias regras do programa, que infelizmente permite a existência de filas — potencialmente uma longa espera para começar a receber os pagamentos, inclusive para as famílias que já tiveram a parte burocrática resolvida e o direito ao benefício reconhecido pelo Estado. Assim, poderia ser uma decisão perfeitamente racional recusar uma vaga ruim de trabalho com o receio de, em uma situação de demissão, não poder retornar para o Bolsa Família — piorando então a vida familiar. Um raciocínio do tipo "é melhor um pássaro na mão do que dois voando". Reformar a regra que permite a formação de filas é uma das principais pautas para nossa agenda social a ser considerada nos próximos anos.

Em verdade, a controvérsia entre política social e trabalho não existe só no Brasil — podemos até dizer que ela ocorre em algum grau no mundo todo. Um novo estudo ajuda a jogar mais luz sobre essa polêmica. "Por que as pessoas continuam pobres?" é o nome do artigo em que pesquisadores do MIT e da London School of Economics exploraram resultados de um "experimento" ocorrido ao longo de onze anos com

242   *Extremos*

milhares de famílias em Bangladesh, de patamares equivalentes de miséria. Parte delas foi sorteada para receber ativos, mas parte não. Essa randomização permite isolar os efeitos do recebimento desses recursos, o qual não foi, assim, oriundo de nenhum atributo de cada família.

Os cientistas queriam elucidar qual de duas visões existentes sobre causas da pobreza era mais aderente à vida real: uma que "enfatiza diferenças em fundamentos, como capacidade, talento ou motivação" e outra que "enfatiza diferenças de oportunidades que derivam do acesso à riqueza". E concluíram que a pobreza é mesmo uma armadilha, que prende suas vítimas: "Os dados suportam a visão de armadilhas da pobreza: nós identificamos um limite inicial de ativos acima dos quais os domicílios passam a acumular mais ativos, conseguem ocupações melhores e saem da pobreza".[17]

Ao fim e ao cabo, o argumento sobre a alegada preguiça dos beneficiários da política social nem é novo. Como analisa o professor Peter Lindert, ele existe há séculos — mesmo quando a polêmica era sobre a ajuda na forma de comida, pelo Estado ou mesmo por organizações religiosas. Tentativas de classificar pobres entre os que merecem e os que não merecem ajuda datariam de muito tempo: "A mesma questão que dominava os debates sobre [a atuação] da Igreja no século XII domina os debates sobre benefícios sociais hoje".[18]

Coisas ruins acontecem também a pessoas boas. A inédita situação provocada pela covid-19 pode ter tornado essa verdade mais palpável, ter exposto grupos da sociedade à ideia de que a pobreza é frequentemente fortuita — em contraste com ideações de meritocracia no país ou concepções sobre preguiça. A oposição aos pagamentos para os mais pobres sem contrapartida de contribuições direta talvez tenha diminuído após a experiência do auxílio. "Reduziu-se a resistência à transferência de renda, que alguns segmentos viam como esmola. A transferência de renda é para atingir pessoas que, por mais esforço que façam, não conseguem sair da pobreza", explica Marcos Mendes, autor de *Por que o Brasil cresce pouco* e um dos idealizadores da proposta de Lei de Responsabilidade Social.[19]

Por mais que a inserção no mercado de trabalho seja um caminho a ser buscado, ele não pode ser o único. Lane Kenworthy, sociólogo da Universidade da Califórnia em San Diego que já citamos, aponta que "em décadas recentes, aumentos na renda dos menos favorecidos nas nações ricas tenderam a vir principalmente de aumentos nas transferências do governo".[20]

O neném-geladeira

Já destrinchamos o argumento sobre a oferta de trabalho, mas e o que fala contra os programas sociais por supostamente levarem as beneficiárias a terem mais filhos, tornando assim as famílias mais numerosas e dificultando que se sustentem? Em vez de ajudar com benefícios, deveríamos organizar um rigoroso controle de natalidade? Novamente, um exemplo dessa crítica pode ser visto em uma fala de Jair Bolsonaro sobre o Bolsa Família: "Tem meninas no Nordeste que bate [sic] a mão na barriga grávida e fala [sic] 'Esse aqui vai ser uma geladeira', 'Esse aqui vai ser uma máquina de lavar'. E não querem trabalhar".[21] Há evidência desse efeito para aquele programa, que pagava 1,5 real por dia por criança? Plantamos uma bomba populacional?

Não segundo o estudo de Romero Rocha, da Universidade Federal do Rio de Janeiro (UFRJ), ou o de Patrícia Simões e Ricardo Soares, da Universidade Federal do Ceará (UFC), ou o de Bruna Signorini e Bernardo Queiroz, da Universidade Federal de Minas Gerais (UFMG), tampouco segundo o de José Eustáquio Diniz e Suzana Cavenaghi, do IBGE.[22] A visão do neném-geladeira ou do neném-máquina de lavar não se ampara, mesmo porque quando resultados positivos em termos de mais filhos foram encontrados eles foram modestos — como em um estudo da FGV que encontrou um "pequeno incentivo à geração do segundo filho".[23] O "Bolsa Família-boom" nunca aconteceu.

Ao contrário, há uma queda contínua no número de filhos tidos pelas mulheres pobres. Essa queda teria sido inclusive um fator que contribuiu para a redução da pobreza no Brasil no início deste século. Perceba que a renda per capita aumenta, mesmo quando a renda familiar total se mantiver igual, se houver menos pessoas em uma família. Como reflete o professor Naercio Menezes, esse processo de queda no tamanho dessas famílias foi tão significativo que naturalmente já vai até se exaurindo.[24] É mais uma razão pela qual é importante investir em desenvolvimento humano, já que o crescimento da renda per capita dos grupos mais pobres não terá mais como depender tanto da queda no número de filhos. Quer dizer, tanto não faz sentido o medo da bomba populacional de pobres que nosso desafio já é outro: como combater a pobreza quando a fecundidade dos mais pobres já está perto do piso.[25]

Severiano Melo, a cidade com mais auxílio emergencial

Se há, da parte dos críticos das transferências de renda, a grande preocupação com "portas de saída" para os adultos, os principais efeitos a se esperar desses programas são justamente de longo prazo — pelas consequências que têm sobre o desenvolvimento infantil, como vimos nos capítulos iniciais deste livro. Crianças que recebem apoio hoje, adultos mais produtivos amanhã. É pela redução da pobreza infantil que quebraremos o ciclo estrutural da pobreza. A porta de saída é a criança.

Alguns resultados nesse sentido talvez já estejam sendo sentidos. O IMDS estudou a primeira geração de beneficiários do Bolsa Família, que o recebia em 2005, analisando onde estavam em 2019.[26] Observou-se que 80% de crianças e adolescentes beneficiados pelo Bolsa Família não recebia mais do programa quando se tornaram adultos. Segundo o estudo coordenado pelo economista Paulo Tafner, quase dois terços saíram do próprio Cadastro Único, por superarem os limites de renda familiar mensal acima de 3 mil reais ou renda familiar per capita de meio salário mínimo: "Embora ainda não esteja claro até que ponto o Bolsa Família atuou na mobilidade social de longo prazo, há indicativos de que ele funcionou nesse sentido, ao menos para uma parcela dos beneficiários".[27]

Em paralelo à lógica maior de combater a pobreza de forma mais fundamental em longo prazo, diversos efeitos positivos e relativamente imediatos do Bolsa Família já foram bem identificados pela literatura. Como na redução da desigualdade regional, melhores do que tantas políticas mais caras voltadas para empresas com o objetivo de diminuir a disparidade entre nossas regiões.[28] A especialista Letícia Bartholo sintetiza os resultados, fruto tanto do alívio da transfe-

246   *Extremos*

rência de renda em si quanto das contrapartidas exigida das famílias — pré-natal, vacinação, frequência escolar:

> Houve redução do trabalho infantil. Melhorou não só a frequência escolar como o desempenho dos adolescentes que chegam ao ensino médio. A mortalidade infantil caiu. As condicionalidades permitiram a articulação das políticas de saúde, educação e assistência social e entre governo federal, estados e municípios.[29]

"O Bolsa Família não é bom. É espetacular", defendeu Rodrigo Zeidan, da Universidade de Nova York em Xangai. "Uma das raras unanimidades entre profissionais de economia de todo o mundo, de direita ou de esquerda".[30] Zeidan destaca ganhos nos quesitos insegurança alimentar, nível educacional, participação e progressão escolar de meninas, gravidez na adolescência, emprego formal, estatura das crianças, saúde dos demais membros da família.

O "ônus da prova" agora deve recair sobre os que se opõem à sua expansão ou que preferem mobilizar recursos públicos para outros fins: que eles provem a ineficácia do programa, se puderem. A Associação Internacional de Seguridade Social (Issa) chegou a dar ao Bolsa o primeiro prêmio de Destaque em Seguridade Social. Essa espécie de Oscar da política social justificou a escolha de nosso modelo de transferência de renda por considerá-lo "experiência excepcional e pioneira na redução da pobreza e promoção da seguridade social".[31]

"A ideia de dar dinheiro para pessoas pobres manterem os filhos na escola é um dos grandes triunfos de política social da história recente", comenta Filipe Campante (Universidade Johns Hopkins) — notando resultados positivos do Progresa,

Severiano Melo, a cidade com mais auxílio emergencial   247

o irmão mexicano do Bolsa Família.[32] Para o México, pesquisadoras estimaram recentemente que meninas de famílias que receberam o benefício nos anos 1990 têm como adultas renda em média 25% superior à de mulheres que não receberam auxílio na infância.[33]

Não basta defendermos o Bolsa: queremos que a situação dos beneficiários seja melhor. É isso que discutiremos a seguir.

Não direito

O Auxílio Brasil, benefício que substituiu o Bolsa Família na virada de 2021 para 2022, até contou com um orçamento mais robusto em relação ao que o Bolsa tinha então. Mas não tratou de algumas das principais fragilidades do programa anterior. O Bolsa não reajustava seus valores pela inflação, e vinha formando filas de milhões de pessoas. Com o novo governo Lula, iniciado em 1º de janeiro de 2023, o programa voltou a se chamar Bolsa Família, passou a prever benefícios específicos para a primeira infância e seus recursos foram garantidos permanentemente — mas ainda falta conquistar outras vitórias.

Tomemos a situação das filas: é aquela que ocorre quando os critérios para entrar no programa estão presentes mas não há orçamento para começar os pagamentos às famílias. No início de 2020, a fila era de 3 milhões de pessoas — fosse uma fila literal ela iria de Brasília a São Paulo. Novamente deve ficar claro que filas como as que existem para recebimento do Bolsa/ Auxílio não ocorrem para outros pagamentos, voltados a grupos mais bem posicionados na distribuição de renda. Aposentadorias, pensões, auxílios e seguros da Previdência ou do Fundo de Amparo ao Trabalhador (FAT), bem como salários de servidores, devem ser sempre pagos. Se o orçamento designado para esses benefícios se mostra menor do que o necessário, o Estado deve arranjar um orçamento em que caibam os benefícios. Ao contrário, no Bolsa Família, se o orçamento se mostra menor do que o necessário, são os benefícios que são cortados para que caibam no orçamento, o que historicamente tem sido feito atrasando a entrada de novos beneficiários, por exemplo até que outros beneficiários saiam do programa.

No primeiro caso, é problema do poder público descobrir como pagar e se programar para isso. No segundo caso, é problema das famílias (descobrir como viver e se programar para esperar). Perceba que a fila no Bolsa Família é de pessoas que já foram habilitadas, isto é, o próprio Estado já reconheceu que elas têm direito aos benefícios. Ou seja, é uma espera para efetivar um direito que já é reconhecido.

Isso significa que a União não precisa necessariamente pagar os benefícios de quem preenche os critérios previstos em lei, mesmo que isso signifique exatamente que essas famílias estão em reconhecida precariedade de renda — algo que deveria demandar urgência, até porque no limite estamos falando do que pode ser uma família com crianças enfrentando insegurança alimentar.

Pense no que aconteceria se benefícios do INSS ou salários de servidores não fossem pagos porque o Estado aprovou o orçamento dessas despesas com valores abaixo do necessário. Seria impensável, porque havendo dinheiro no orçamento total é claro que o poder público deveria remanejar recursos para fazer esses pagamentos a quem tem direito. E se renúncias fiscais (gastos tributários) deixassem abruptamente de ser concedidas a empresários porque o valor previsto no ano anterior se mostrou abaixo do necessário para custeá-los? A fila de empresários para receber renúncias não se cogita.

O Auxílio Brasil, que reformou o Bolsa Família, porém, não veio com a proibição de filas: não houve na nova lei equiparação ao status de despesa obrigatória que outros pagamentos estatais têm. Ou melhor, houve, mas esse ponto foi vetado pelo presidente Bolsonaro. A transferência de renda continuaria sendo então apenas um "quase direito", para usar a crítica de Renata Bichir, professora de políticas públicas na USP. Ou ainda, um caso de "direito financeiro do inimigo", na expressão do especialista Vinicius Amaral.[34]

Há esperança, porém, de que esse quadro possa ir mudando a partir de uma alteração constitucional feita ao final de 2021, por iniciativa do Senado no âmbito da chamada "PEC dos Precatórios", que tratava dos recursos para o Auxílio Brasil.[35] As transferências de renda às famílias mais pobres passam finalmente a estar previstas na Constituição, não podendo ser extintas, e facilitando a equiparação com o status das demais despesas previstas ali. Mais importante, ficou estabelecido que uma renda básica — sem contrapartida contributiva — passa a ser direito de todo brasileiro em situação de vulnerabilidade de renda. E o Bolsa Família faria o papel dessa renda básica. Se a Constituição diz agora que todos que precisam têm direito ao benefício, poderá o Estado continuar negando os pagamentos e formando filas — ou essa possibilidade passou a ser inconstitucional?

"O cerco à naturalização do não direito dos pobres talvez esteja se fechando", analisou a socióloga Letícia Bartholo.[36] Pode ser que leve um tempo e exija judicialização, mas é plausível que agora benefícios assistenciais possam disputar recursos de igual para igual com as políticas que atendem outros grupos da sociedade. Se isso de fato acontecer, é uma conquista importante — sendo louvável também que com essa emenda o Brasil possa ter se tornado o primeiro país do mundo a assegurar uma renda básica como um direito constitucional. Embora esse não tenha sido o objeto inicial da tal PEC dos Precatórios, a mudança foi ali inserida pelo relator, Fernando Bezerra Coelho (MDB-PE), a partir de texto da PEC da Renda Básica, do senador Eduardo Braga (MDB-AM).[37]

Responsabilidade social

Um segundo problema ainda não atacado é a falta de reajuste automático de acordo com a inflação. Esse é outro desafio que não foi contemplado na volta do Bolsa Família em 2023. Novamente, é possível fazer um paralelo com os demais benefícios ligados ao mercado formal, que contam com esse escudo. Sem a indexação à inflação, os beneficiários podem empobrecer com o tempo — até que algum governo faça o favor de reajustar os benefícios.

Há ainda outra forma pela qual a ausência de reajustes provoca empobrecimento: é que também as linhas de pobreza que dão acesso ao benefício não são reajustadas. Se uma família possui alguma renda vinculada à inflação (como o salário mínimo), poderia em tese ser desligada do programa apenas porque o custo de vida aumentou. Uma crítica comum a uma eventual mudança aponta que a economia brasileira já é muito indexada, o que alimenta a inflação — nessa ótica, nosso objetivo deveria ser acabar com as indexações que já existem, em vez de criar uma nova. Essa lógica, porém, coloca o esforço da desindexação da economia nos mais pobres.

Durante a tramitação do Auxílio Brasil, outra proposta apresentada no sentido de proteger os benefícios com alguma vinculação foi a de um piso para o benefício médio: ele seria equivalente a 2% do salário do presidente da República, conforme emenda do senador Randolfe Rodrigues (Rede-AP).[38] Se a proporção parece tímida, ela se encontra bem acima dos valores médios pagos historicamente às famílias no Auxílio Brasil e no Bolsa Família. Em 2017, por exemplo, a proporção do valor do Bolsa em relação ao salário do presidente era de 0,5% — mais uma forma de ver nossa complacência com a desigualdade.

Outra oportunidade perdida de progresso se deve a um veto do então presidente Jair Bolsonaro a uma boa medida que constava do texto aprovado do Auxílio Brasil: o regime de metas de pobreza, incluído pelo deputado Marcelo Aro (Progressistas-MG), relator, a partir do projeto da Lei de Responsabilidade Social, do senador Tasso Jereissati (PSDB-CE). Análogo ao regime de metas de inflação, esse previa que o Brasil teria metas anuais e decrescentes para a pobreza e a extrema pobreza. Tal qual acontece com as metas de inflação, o descumprimento não geraria uma sanção para o governante, mas exigiria explicações públicas sobre o que levou ao fracasso e o que será feito para trazer os indicadores para o alvo — por exemplo reformando outros gastos ou o sistema tributário para alocar recursos na política social.[39]

Metas para a pobreza existem em outros países. Na política econômica brasileira, já existem metas para a despesa (teto de gastos, novo arcabouço fiscal); para a taxa básica de juros, a Selic; para a diferença entre a arrecadação e a despesa (o resultado primário), entre outras. Por que não para a quantidade de brasileiros pobres — especialmente quando temos em vista que a erradicação da pobreza é um objetivo fundamental, expresso na Constituição? Tais metas, aprovadas pelo Parlamento e vetadas por Jair Bolsonaro, poderiam dar centralidade no debate público a esse objetivo e a formas para alcançá-lo.

Renda básica universal

Neste livro falamos do BUI, um benefício universal infantil, espécie de renda universal para todas as crianças. Mas não tratamos da renda universal, uma ideia que deixou de ser tabu em alguns setores da sociedade em anos recentes. Seria como se todos os brasileiros recebessem o Bolsa Família. Vale a pena distribuir uma quantidade de dinheiro para todos os cidadãos? Isso é viável, ou só é financeiramente possível pagando-se valores muito baixos?

O papa Francisco, na pandemia, defendeu que se explore o conceito de renda básica universal.[40] Seus objetivos seriam permitir que as pessoas possam rejeitar condições de trabalho aviltantes, eliminar estigmas e facilitar mudanças de trabalho em um momento de transformações tecnológicas. Apesar de o Papa falar expressamente em renda básica universal, sua premissa na verdade não parece ser de pagamento a todas as famílias. Sua motivação parece mais de uma renda mínima,[41] ou de uma renda básica como agora prevista pela Constituição brasileira — no sentido de assegurar um patamar mínimo de consumo para todos os cidadãos.[42]

Francisco fala expressamente em um "imposto de renda negativo", ideia do Nobel liberal Milton Friedman, sistema em que a partir de um determinado nível de renda os cidadãos pagariam impostos e abaixo dele receberiam benefícios (daí o imposto ser negativo) — novamente, algo que remete mais a lógica de renda mínima. Mas outras personalidades parecem entusiastas, sim, da versão mais radical de uma renda básica universal, em que todos recebem pagamentos.

Magnatas da tecnologia, como Elon Musk e Mark Zuckerberg, aventam a renda universal como forma de atenuar impactos adversos da inteligência artificial, que causariam o que no jargão técnico é chamado de desemprego estrutural. Esse ocorre quando trabalhadores são alijados de setores específicos afetados por transformações nos meios de produção. Todavia, na prática, a renda universal existe apenas em alguns experimentos localizados, tendo sido implantada de forma permanente e em maior escala no Alasca — com a distribuição de dinheiro do petróleo.

No Brasil, desde 2004 vigora lei de autoria do ex-senador Eduardo Suplicy (PT-SP) prevendo uma renda universal, chamada de "renda básica de cidadania".[43] A lei permite, contudo, que a implantação seja feita em etapas, com pagamentos focados nas "camadas mais necessitadas da população". O governo Lula preferiu na época optar pelo modelo do Bolsa Família, e um benefício com o nome de renda básica de cidadania nunca foi pago a nível nacional.

Simulações do Ipea mostram que uma renda universal no Brasil teria — para uma mesma quantidade de recursos — efeitos mais limitados sobre a pobreza e a desigualdade do que alternativas como uma expansão de um modelo tipo Bolsa Família ou um híbrido com apenas uma parte universal (para crianças e adolescentes — com o BUI, defendido no capítulo 2, sobre Ipixuna).[44]

Diante das limitações da renda universal, ela poderia até ser aspiração de longuíssimo prazo para a sociedade, mas agora vale priorizar planos mais efetivos. Uma alternativa que teria efeitos superiores, tanto no alívio à pobreza quanto no desenvolvimento humano, e que tem inspiração similar é o BUI (benefício universal infantil). Quem sabe a ideia, por ter espírito parecido, possa se apoiar no ímpeto e na empolgação que a renda universal tem trazido. A crise da covid-19, com o auxílio emergencial, já quebrou alguns tabus sobre as transferências de renda. Afinal, como pontuou Jason DeParle, do New York Times, "a bem-sucedida expansão da rede de proteção durante a pandemia nos lembra que altos níveis de pobreza são uma escolha política, não uma fatalidade".[45]

Em Severiano Melo, vale mais uma conversa. Para ir além, não bastam as transferências de renda. Por último, mas não por menos, precisamos falar de educação.

FINALMENTE, fui em carne e osso para Severiano. No caminho pelo Oeste potiguar cada município parece ter sua versão de um monumento baseado em uma fonte de água — e cada

Severiano Melo, a cidade com mais auxílio emergencial 255

chafariz de adoração é lembrete da escassez dela por aqui. Chego então na cidade que eu só conhecia à distância, aqui, já no limite com o Ceará.

Depois de dois anos, me encontrei pessoalmente com a cordelista. De lá para cá, o auxílio emergencial virou Auxílio Brasil, as vacinas vingaram e as chuvas voltaram. As carnaúbas são mais evidentes que os mandacarus. E Magaly, pelo restante da pandemia, experimentou uma súbita mudança: se tornou secretária de Educação.

Imunizados e já tendo sido infectados pela ômicron, pudemos sentar para um café. O Sertão está verdinho. É quase São João, época de colheita do caju. Além de uma coleção de cordéis, recebi bolachas caramelizadas do município, castanhas de caju assadas, uma caneta de cacto — e uma cachacinha. O modo amável também é traço de outros moradores da cidade antes chamada de Bom Lugar. A covid-19, que era um pavor, foi superada pela família da professora apenas com sintomas leves. Pode então me contar sobre outras dificuldades — com as escolas.

Em quinze anos o país ainda sentirá o prejuízo da pandemia na educação, ela avalia. "O aluno não esqueceu, não, ele desaprendeu." Magaly se queixa da ausência de investimentos em inclusão digital, que impactou as possibilidades de aprendizado para alunos mais carentes, bem como o excesso de burocracia que ata as mãos de gestores bem-intencionados na ponta. "As escolas podiam ter sido fechadas, mas não abandonadas!" Para muitos gestores no país, opina, parece ter havido a escolha de trancá-las — em vez de equipá-las. Qual o grande problema na educação brasileira? "As maquiagens." Da observância dos pisos salariais do magistério ao quadro de professores, as normas parecem cumpridas, mas a realidade dos alunos é outra.

Perguntei se há uma certa indiferença em nossa sociedade: por que, afinal, muitos pais de estudantes não reagiram à interdição prolongada das aulas no país — que, como veremos, quase não teve paralelos no mundo? Apesar dos discursos sobre a importância da educação, seria o brasileiro — na prática — cético quanto aos seus efeitos? Magaly vê a questão na região mais como um problema geracional. "Há a vergonha de se colocar, de buscar direitos. Como se naturalizassem a falta. A geração anterior se acostumou assim." Pais e avós que teriam uma mentalidade conformista do Sertão: "A gente viveu muito de 'Eu nasci no campo, é assim mesmo, tem que ter paciência, a gente nasceu filho de agricultor'".

E qual o futuro da educação no Brasil? A avaliação de Magaly aqui no nosso semideserto é bem sintonizada com a de especialistas dos grandes centros. Defende que abracemos as novas tecnologias, em vez de temê-las. E dá sua versão para o que se tem chamado de habilidades socioemocionais em novos currículos. No mais, o próprio conhecimento é que derrotaria o fatalismo, transformando a mentalidade das novas gerações quanto ao que devem reivindicar: mais.

Vinte mil reais

E se te dissessem que você vai perder 20 mil reais? Você aceitaria passivamente? Isso vai acontecer com milhões de estudantes brasileiros — ou melhor, pode acontecer se o país não reagir às perdas educacionais na pandemia. Nas estimativas do pesquisador Ricardo Paes de Barros, esse é o valor que será perdido em remuneração ao longo da vida laboral em decorrência do fechamento das escolas, por conta do déficit de aprendizagem. No total, 700 bilhões de reais a menos para a geração da covid: "Esses jovens serão menos produtivos e o Brasil vai produzir menos durante décadas. Afeta o estoque humano, a capacidade criativa do país".[46]

O economista Guilherme Lichand e outros pesquisadores da Universidade de Zurique e do Banco Interamericano de Desenvolvimento (BID) detectam também um risco aumentado de evasão, quase 400% maior. As consequências seriam enormes e "provavelmente trarão efeitos duradouros sobre os níveis de emprego, a produtividade e pobreza".[47]

Já o FMI projeta que estudantes brasileiros estão entre os que mais perderão renda dentre os estudantes das vinte maiores economias do mundo (G-20) — por conta das marcas deixadas pela pandemia na educação.[48] De fato, levantamento da Unicef indica que o Brasil ficou em quinto lugar entre os países que mais tempo deixaram as escolas fechadas — e em números absolutos o que teve a maior população perdendo quantidade significativa de aulas presenciais (mais de 40 milhões de alunos).[49]

Resultados de curto prazo já são evidentes. A taxa de crianças de seis e sete anos que não sabem ler e escrever disparou de 25% em 2019 para mais de 40% em 2021 — como evidenciam dados compilados pela organização Todos pela Educação; um atraso que pode afetar toda a trajetória escolar desse grupo.[50] Lichand aponta a necessidade de medidas urgentes para buscar ativamente os alunos afetados e incentivar a permanência.[51] O economista da Universidade de Zurique

258   *Extremos*

defende investimentos em tecnologia para que o poder público acesse os alunos, iniciativas de comunicação empática voltadas para o lado emocional e o pagamento de transferências de renda focadas na continuidade dos estudos. Coloca ainda um imperativo que já existia antes: o de qualificar os professores em didática.

O argumento pela educação

A desigualdade no acesso à educação é, entre outros, um problema econômico. A escolarização importa para o PIB. Como defende Branko Milanović, privar uma parte da sociedade de educação de qualidade é equivalente a privar a outra parte de usufruir desse resultado. Isto é, trata-se de privar a própria elite "das habilidades e do conhecimento de um amplo segmento dos indivíduos (os pobres)".[52]

Já para Lane Kenworthy seria a educação a característica das social-democracias que mais garante igualdade de oportunidades. Ele enfatiza especialmente a educação infantil (creche e pré-escolas), mas não só. Mesmo fora da primeira infância, a escola teria um papel equalizador ao permitir o desenvolvimento de habilidades de crianças de lares mais vulneráveis, reduzindo disparidades oriundas dos ambientes familiares diferentes:

> Algumas crianças têm pais que leem para elas, que cultivam traços úteis como autocontrole e persistência, protegem do estresse, de machucados e de doenças, expõem a novas informações e oportunidades de aprendizado, ajudam com o dever de

casa [...], permanecem em um relacionamento estável durante a infância, e assim por diante. Outras crianças têm menos sorte. As escolas ajudam a compensar as diferenças de capacidades geradas pelas famílias.[53]

No Brasil, porém, quase 60% dos filhos possuem o mesmo nível de escolaridade dos pais — segundo um recente relatório do IMDS. Na comparação com países da OCDE, seríamos então um dos piores em "imobilidade" intergeracional na educação. A situação é pior para os negros. "A desigualdade educacional desempenha um papel determinante na transmissão das desigualdades entre as gerações", apontam os autores do relatório. É, assim, "um indicador robusto para tendências futuras na desigualdade de renda".[54]

O desequilíbrio no acesso à educação explica ainda outro tipo de desigualdade no país: a regional. Alexandre Rands, da UFPE, estima que a desigualdade de renda entre o Nordeste e o Centro-Sul deixaria de existir se, tão somente, o nível de escolaridade e qualidade da educação fossem os mesmos entre estas regiões.[55] Marcos Mendes, do Insper, destaca ainda o fato de que os ganhos na renda decorrentes do aumento da escolaridade tendem a ser mais altos onde estamos agora — no Nordeste, devido à região partir de uma situação inicial pior.[56] Nesse sentido, é de interesse o ponto de vista de Pedro Cavalcanti Ferreira e Renato Fragelli, da FGV: "Políticas de transferência de renda para os grupos desfavorecidos podem minorar a desigualdade, mas essa só cai estruturalmente com a ampliação da educação, o que requer tempo e políticas focadas [nessa prioridade]".[57]

A escolaridade média no Brasil ainda está abaixo de oito anos de estudo. Como destaca o pesquisador do Ipea Leonardo Monasterio, esse é o mesmo nível do Chile e da Coreia do Sul — décadas atrás. Comparando com países desenvolvidos há mais tempo, observamos a atual taxa brasileira em 1975 para o Japão, 1950 para a Austrália e 1935 para os Estados Unidos, o que nos põe num atraso de mais de oitenta anos, como protesta Monasterio.[58] Uma defasagem que será prejudicada pela pandemia, mas que muito a antecede.

E qualidade? Para além dos exames internacionais de proficiência (como o Pisa), estudos nacionais também atestam nossa fragilidade — e alguns resultados chegam a ser desesperadores. O que você sente quando lê manchetes recentes como "96% dos alunos da rede estadual de SP concluíram ensino médio sem saber resolver equação de 1º grau" ou "Estudantes do ensino médio acertam apenas 27% das questões de matemática básica"?[59] Uma forma de determinar nosso hiato em relação aos países ricos é feita pelo colunista Felippe Hermes: "O ano de 2278 será histórico para o Brasil. Será nesse ano que, segundo o Pisa, os alunos brasileiros irão atingir o mesmo grau de proficiência em leitura dos alunos de países ricos".[60]

A melhora do Brasil se mostra, assim, lenta, e marcada por desafios ainda não superados. Estudo de professores da UFMG indica que apenas pouco mais da metade dos estudantes brasileiros termina os nove anos do ensino fundamental com uma trajetória regular — isto é, sem evasão, abandono ou reprovação.[61] No Nordeste de Severiano, essa taxa é de apenas 40%.

A literatura indica que — além dos efeitos sobre o indivíduo, e assim sobre a desigualdade — a educação tem efeitos agregados notáveis. Compilado recente de pesquisadores da União Europeia aponta para "taxas de retorno social significativas" para esse tipo de investimento, que eleva a produtividade e o PIB.[62] Importante notar que não apenas cada trabalhador mais escolarizado se tornaria mais produtivo per se, como também mais conhecimento passa a circular naquela sociedade a partir daquele indivíduo, irradiando os ganhos da educação (*spillover*, no jargão).

A educação de um melhora a vida de outros. Imagine um exemplo muito simples de circulação do conhecimento, como o de uma criança que aprende sobre prevenção contra a dengue e ensina pais e membros de sua comunidade, diminuindo danos à saúde, dias de trabalho perdidos etc. Um exemplo mais avançado seria o de um estudante de agronomia que passa a aplicar técnicas novas no campo, aprendidas na universidade, e que começam a ser imitadas por seus vizinhos, ampliando as colheitas. Ambos são exemplos de circulação do conhecimento que beneficia a economia para além do aumento de produtividade do indivíduo que diretamente estudou.

Outros ganhos para a sociedade podem ser observados já em curto prazo — como em indicadores de violência e emprego, atesta novo estudo de Naercio Menezes (Insper) e Luciano Salomão (USP).[63] "É possível transformar a vida de uma geração de jovens através da educação", exclama Naercio a partir dos resultados.[64] Efetivamente, a literatura indica também que os ganhos de emprego formal no Brasil no início do século XXI foram em parte um resultado defasado do aumento da escolaridade a partir dos anos 1990.[65]

Marcelo Medeiros sintetiza ainda outros ganhos das escolas:

Educação é um meio para o trabalho, mas também é um fim em si mesma. Pessoas devem ser educadas para que tomem decisões mais bem-informadas sobre suas vidas e as dos outros, para que tenham mais opções de lazer e cultura, para que entendam melhor como o mundo funciona e possam agir sobre ele e para que ajudem a formar as gerações futuras, apenas para citar alguns exemplos.[66]

O copo meio cheio aqui é que, ainda que nosso sistema seja ineficiente, haverá mais recursos por aluno nos próximos anos e décadas — uma consequência da acelerada transição demográfica que analisamos em Nova Petrópolis. O copo meio vazio é que nossa educação já formou a maior parte da força de trabalho do futuro, também por conta das mudanças demográficas.

EU ME PERDI NO CAMINHO MARCADO pelas cercas de faxina, feitas com varas e galhos secos, que rodeiam os terrenos aqui de Severiano Melo. As cadeiras nas portas no fim da tarde são muito úteis: são o melhor GPS. Consigo acessar rapidamente os moradores sempre gentis que me orientam a chegar no distrito de Santo Antônio. Quero ir ao Instituto Meu Sertão, uma iniciativa da comunidade para preservação da cultura local, que abriga também a cordelteca de Magaly.

Ela acredita na economia cultural como uma alternativa para geração de renda no município. O Meu Sertão ajuda a valorizar o que parte da população não preza como algo vendável — por exemplo o artesanato. Tentam proteger manifestações feito o pastoril, uma tradição do Natal, e os papangus,

Severiano Melo, a cidade com mais auxílio emergencial 263

do Carnaval. A grande aspiração é a construção do Museu do Caju, que faz os olhos de Magaly brilharem.

Hora de nos despedirmos da professora de papo entusiasmado, que em nossa conversa sobre sua vida e sua cidade só pende para o choro em dois momentos — quando fala do orgulho que sente dos filhos e quando conta um episódio da pandemia: a visita à casa de uma estudante adormecida. Miserável, a família tentava forçar a criança a dormir o máximo possível e acordar o mais tarde que desse. Assim pulava uma refeição sem sofrer. Magaly titubeia quando fala o que sentiu, uma angústia da impotência:

"A fome é real!"

Epílogo

Um dia fui convidada
Para falar de sucesso,
É caminho sem atalho
O caminhar do progresso.

Magaly Holanda

EDUCAÇÃO É UM DOS TEMAS que não exaurimos neste livro. Há outros, também densos, que são importantes para o combate à desigualdade, entre eles a reforma bancária e a reforma da tributação de bens e serviços, que merecem fazer parte do debate nacional.[1] Posso ainda fazer outras duas ressalvas.

Nossa viagem por extremos nacionais permite ilustrar pontos a partir de localidades que estão em pior ou melhor situação, mas isso é uma simplificação. Em todos os estados há gente muito rica e há gente muito pobre. Isso significa que, embora a resposta federal seja fundamental, também há esforços que podem ser empreendidos pelos governos estaduais e municipais, além da própria sociedade civil.

Outra consideração que podemos fazer agora é que não sabemos até que ponto todas as desigualdades que vimos se traduzem em desigualdade de bem-estar (de "felicidade"). A ciência está apenas começando a progredir nessa área. Afinal, um rico pode não viver assim tão bem, se está sob constante medo de perder seu celular ou carro de forma violenta, ou se é viciado no consumo de supérfluos, por exemplo, e uma pessoa mais pobre pode conseguir uma vida plena e feliz de forma modesta e repleta de afetos. O que já sabemos sobre essas questões, porém, permite concluir que a desigualdade é uma forma ineficiente de organizar a economia: é possível aumentar o bem-estar médio da população reduzindo a desigualdade. Ela reflete, ao fim e ao cabo, um desperdício dos nossos recursos.

Sobre os tantos temas de que tratamos, espero que possamos fazer progressos neles nos próximos anos. O Brasil conseguirá reduzir a sua desigualdade nas próximas décadas a um nível como o de Portugal? Chegará a índices pequenos de pobreza extrema como os de Chile ou Uruguai? Conseguirá minimizar seu conflito geracional, que tanto pune crianças e jovens? Geraremos mais oportunidades para que cada brasileiro alcance seu potencial, em vez de ter sua vida frustrada? Fizemos avanços suficientes nas últimas décadas para acreditar que sim. A crise econômica provocada pela pandemia e pelo cenário externo deve ser uma oportunidade que o país não pode se dar ao luxo de perder, continuando a mobilizar a sociedade a favor de mudanças.

A saída passa pelas reformas que discutimos em Pinheiros, Ipixuna, Morumbi, Mocambinho, Distrito Federal, Maranhão, Nova Petrópolis e Severiano. Nesses destinos falamos das evidências que ensejam um conjunto de propostas que têm condição de mudar o Brasil. Há caminhos para o nosso país.

Agradecimentos

Este livro não teria acontecido sem o suporte paciente de Marcella Cunha e dos editores Juliana Freire e Ricardo Teperman.

O professor Carlos Alberto Ramos, da UnB, é uma influência intelectual importante na minha formação e, assim, neste trabalho.

Também agradeço o apoio de Edimar, Holângeles, Marta, Michele, Nildo, Leonardo, Luiz, Sergio, Wagner e Wilto, além de Magaly, Thaynara, Jenifer e Vitor — brasileiros que eu não conhecia antes deste livro e que, compartilhando suas histórias e visões, me ajudaram a escrevê-lo.

Notas

Epígrafe [p. 5]

1. Papa Francisco, *Ritorniamo a sognare: La strada verso un futuro migliore*. Milão: Piemme, 2020.

1. Pinheiros, o lugar mais desenvolvido [pp. 15-43]

1. Em São Paulo, uma subprefeitura reúne distritos (nesse caso, o homônimo Pinheiros, além de Alto de Pinheiros, Itaim Bibi e Jardim Paulista). Os distritos reúnem bairros, embora esses, ao contrário dos distritos e das subprefeituras, não sejam uma divisão administrativa existente formalmente. Pinheiros, por sua vez, é nome de um bairro, um distrito e uma subprefeitura.
2. O *Atlas* é uma iniciativa do PNUD, da Fundação João Pinheiro e do Ipea. O recorte utilizado no *Atlas* é um recorte próprio chamado de "unidades de desenvolvimento humano" (UDH), que não se confunde, embora possa se confundir, com um bairro de uma grande cidade. Por simplificação, e para facilitar a comparação com municípios inteiros, preferimos o termo "lugar" — que usaremos neste e no próximo extremo.
3. Márcia De Chiara, "Iguatemi está entre endereços mais caros do varejo mundial". *Exame*, 16 maio 2016, <https://exame.com/negocios/iguatemi-esta-entre-enderecos-mais-caros-do-varejo-mundial/>; Chiara Cantão, "Aluguel do Iguatemi São Paulo é o quarto mais caro das Américas", G1, 2 set. 2011, <https://g1.globo.com/economia/noticia/2011/09/aluguel-do-iguatemi-sao-paulo-e-o-quarto-mais-caro-das-americas.html>.
4. Branko Milanović, *The Haves and the Have-Nots: A Brief and Idiosyncratic History of Global Inequality*. Nova York: Basic Books, 2011.
5. Por enquanto estamos falando em "dinheiro", evitando termos mais bem definidos, como "renda" e "riqueza", mas chegaremos lá.

6. Prêmio Jabuti de Livro do Ano em 2019, prêmio de Melhor Tese em Sociologia da Capes em 2017, prêmio de Melhor Tese em Ciências Sociais da Anpocs.
7. Pedro Herculano Guimarães Ferreira de Souza, *A desigualdade vista do topo: a concentração de renda entre os ricos no Brasil, 1926--2013*. Brasília: UnB, 2016. 378 pp. Tese (Doutorado em Sociologia), <https://repositorio.unb.br/bitstream/10482/22005/1/2016_Pedro-HerculanoGuimar%C3%A3esFerreiradeSouza.pdf>.
8. Marc Morgan, "Falling Inequality beneath Extreme and Persistent Concentration: New Evidence for Brazil Combining National Accounts, Surveys and Fiscal Data, 2001-2015", *WID.world Working Paper*, n. 2017/12, ago. 2017, <https://wid.world/document/extreme-persistent-inequality-new-evidence-brazil-combining-national-accounts-surveys-fiscal-data-2001-2015-wid-world-working-paper-201712/>.
9. PNUD, Relatório de Desenvolvimento Humano — 2020. Ver <https://hdr.undp.org/system/files/documents/2020statisticalannextable3pdf.pdf>.
10. Como no citado "Falling Inequality beneath Extreme and Persistent Concentration", de Marc Morgan, consideram-se nos cálculos os rendimentos antes da tributação e das transferências do governo, exceto o seguro-desemprego e os benefícios da Previdência. Ver <https://hdr.undp.org/system/files/documents/2020statisticalannextable3pdf.pdf>.
11. A Turquia aparece na frente do Brasil desta vez. Ver <https://wir2022.wid.world/www-site/uploads/2021/12/WorldInequalityReport2022_Full_Report.pdf>.
12. Em 2023. Ver <https://wid.world/income-comparator/BR/>.
13. Há algumas qualificações para serem feitas em relação a esses números, porque não é exatamente fácil saber quanto as pessoas ganham. Uma é que a comparação se aplica a rendas individuais (ou renda per capita), e não a rendas familiares. Os autores do cálculo alertam também para rendas "invisíveis" que uma família pode ter: quem mora em casa própria não precisa pagar aluguel, por exemplo. Possui, assim, uma espécie de renda que deriva de ter essa propriedade — é como se pagasse aluguel para si mesmo (e de si recebesse).
14. Gabriel Zanlorenssi, Daniel Mariani e Wellington Freitas, "O seu salário diante da realidade brasileira". Nexo, 11 jan. 2016,

Notas

<https://www.nexojornal.com.br/interativo/2016/01/11/O-seu-sal%C3%A1rio-diante-da-realidade-brasileira>.

15. A Pesquisa Nacional por Amostra de Domicílios (PNAD). Há um conhecido viés dessas pesquisas domiciliares quanto aos valores respondidos para rendas mais altas, já que, por diversas razões — de constrangimento a medo de violência — os respondentes podem evitar dizer o quanto realmente ganham. Respondem, assim, um valor menor do que o que ocorre de fato. Existem métodos para corrigir esse viés, mas essas correções se mostraram insuficientes quando pesquisadores passaram a ter acesso aos dados de imposto de renda, efetivamente declarados para a Receita Federal — e que devem ser verdadeiros.

16. Aqui os valores da calculadora do Nexo foram atualizados em termos nominais (segundo a inflação) para o início de 2023.

17. A OCDE estima valores ainda menores para esta mediana, de cerca de mil reais em valores de 2022. Ver *OECD Economic Surveys: Brazil 2020*. Paris: OECD, 2020, <https://static.poder360.com.br/2020/12/OECD-Economic-Surveys_-Brazil-2020-16dez2020.pdf>.

18. Observe que o interesse aqui é a renda per capita. Uma trabalhadora recebendo um salário mínimo pode estar bem mais abaixo na distribuição de renda, por exemplo, se sustenta sozinha um domicílio com um marido desempregado e filhos dependentes. Observe, ademais, que os números da parte de baixo da distribuição de renda serão mais sensíveis à expansão do Auxílio Brasil/ Bolsa Família a partir de 2022.

19. Pedro Ferreira de Souza, no capítulo "Pobreza e desigualdade", discute exaustivamente variados métodos. In: Claudio D. Shikida, Leonardo Monasterio e Pedro Fernando Nery, *Guia brasileiro de análise de dados: Armadilhas & soluções*. Brasília: Enap, 2021. pp. 39-80, <https://repositorio.enap.gov.br/handle/1/6039>.

20. A disponibilidade de dados em alguns períodos também pode variar: declarações do imposto de renda são anuais, mas pesquisas domiciliares do IBGE são feitas com mais frequência. Resultados diferentes também podem derivar de focos diferentes das análises: o foco são os indivíduos, as famílias ou apenas os declarantes do IR? O interesse é em todas as rendas ou apenas salários? É possível ainda analisar quantitativamente outros tipos de desigualdade além da renda, como a desigualdade de riqueza (patrimônio) ou a de

consumo. Em geral, análises bem-feitas se complementam e trazem insights diferentes para esse nosso vasto problema.

21. Carlos Góes e Izabela Karpowicz, "Inequality in Brazil: A Regional Perspective", *IMF Working Papers*, n. 2017/225, 31 out. 2017, <https://www.imf.org/en/Publications/WP/Issues/2017/10/31/Inequality-in-Brazil-A-Regional-Perspective-45331>.

22. "Novo estudo sobre desigualdade é debatido por pesquisadores do tema", Insper, 28 out. 2021, <https://www.insper.edu.br/noticias/novo-estudo-sobre-desigualdade-e-debatido/>.

23. Fernando Gaiger Silveira et al., "Impactos distributivos da educação pública brasileira: Evidências a partir da Pesquisa de Orçamentos Familiares (POF) 2017-2018". *Nota de Política Econômica*, Made, São Paulo, n. 11, 30 abr. 2021, <https://madeusp.com.br/wp-content/uploads/2021/04/NPE011_site.pdf>.

24. IBGE, PNAD Contínua trimestral, <https://sidra.ibge.gov.br/home/pnadct>.

25. Lucas Veloso, "Morador de periferia recorre até a pé de frango contra fome". *Folha de S.Paulo*, 24 jul. 2021, <https://www1.folha.uol.com.br/mercado/2021/07/morador-de-periferia-recorre-ate-a-pe-de-frango-contra-fome.shtml>; Bruna Barbosa Pereira, "Moradores de Cuiabá fazem fila para conseguir doações de restos de ossos de boi". *Folha de S.Paulo*, 17 jul. 2021, <https://www1.folha.uol.com.br/cotidiano/2021/07/moradores-de-cuiaba-fazem-fila-para-conseguir-doacoes-de-restos-de-ossos-de-boi.shtml>.

26. Tanto pela força do auxílio quanto pela oscilação na renda de grupos mais ricos. É importante fazer aqui uma ressalva que será válida para outros momentos neste livro: a desigualdade de renda é uma *proxy*, uma aproximação para outros tipos de desigualdade. A desigualdade tem muitas dimensões, mas a desigualdade de renda é de nosso interesse por alguns aspectos: é mais fácil de medir e de comparar (no tempo e entre regiões) e às vezes se correlaciona ou é a causa de outras fontes de desigualdade. A ressalva é útil quanto à queda do Gini nos primeiros meses da covid: embora a desigualdade de renda tenha baixado muito, outros tipos de desigualdade continuaram existindo e podem até ter ficado mais evidentes naquele momento (por exemplo no acesso à saúde, na qualidade de habitação). Ver Rogério Jerônimo Barbosa e Ian Prates, "Efeitos do desemprego, do Auxílio Emergencial e do Programa Emergencial

Notas   273

de Preservação do Emprego e da Renda (MP nº 936/2020) sobre a renda, a pobreza e a desigualdade durante e depois da pandemia". *Notas Técnicas – Mercado de Trabalho*, n. 69, jul. 2020, <https://www.ipea.gov.br/portal/images/stories/PDFs/mercadodetrabalho/200811_BMT_69_efeito_do_desemprego.pdf>.

27. Acumulado de doze meses. Maria Andreia Parente Lameiras, "Inflação por faixa de renda – Novembro/ 2021". *Carta de Conjuntura*, n. 53, 4º trimestre de 2021, <https://www.ipea.gov.br/portal/images/stories/PDFs/conjuntura/211215_nota_22_ifr_nov21.pdf>.

28. Sem pretensão de exaurir o assunto, essa é a abordagem da "ótica da renda" para o PIB.

29. Supondo nesse exercício uma mesma quantidade de pessoas ricas e pobres no cálculo, bem como uma mesma variação percentual da renda.

30. Ver Francesca Angiolillo, "Depois do touro da B3, São Paulo ganha a baleia do B32", *Guia Folha*, 17 nov. 2021, <https://guia.folha.uol.com.br/passeios/2021/11/depois-do-touro-da-b3-sao-paulo-ganha-a-baleia-do-b32.shtml>, <https://www.facebook.com/birmann32/photos/a.527793313925109/4432748450096223/?type=3>.

31. Ver Giulia Fontes, "Fila para comprar jatinho e helicóptero é de até 15 meses; usados sobem 20%". UOL, 21 out. 2021, <https://economia.uol.com.br/noticias/redacao/2021/10/21/compra-jatinho-helicoptero-espera-preco-seminovos.htm>; Julio Wiziack, Mariana Grazini e Andressa Motter, "Revendedora de Porsche esvazia showroom e tem fila de 1.500 compradores no Brasil". *Folha de S.Paulo*, 8 ago. 2021, <https://www1.folha.uol.com.br/colunas/painelsa/2021/08/revendedora-de-porsche-esvazia-showroom-e-tem-fila-de-1500-compradores-no-brasil.shtml>; Romero Rafael, "Quanto custa um Porsche, carro de luxo desejado pela filha de 17 anos de Gugu Liberato". *Jornal do Commercio*, 25 ago. 2021, <https://jc.ne10.uol.com.br/social1/2021/08/13033732-quanto-custa-um-porsche-carro-de-luxo-desejado-pela-filha-de-gugu-liberato.html>.

32. Ver "Fila para doação de ossos se estende por cinco quarteirões em Cuiabá". *Correio 24 Horas*, 23 dez. 2021, <https://www.correio24horas.com.br/noticia/nid/fila-para-doacao-de-ossos-se-estende-por-cinco-quarteiroes-em-cuiaba/>; Thais Villaça, "Porsche Taycan tem fila de espera de até seis meses para compra". *Auto Esporte*, 8 set. 2021, <https://autoesporte.globo.com/um-so-planeta/

noticia/2021/09/porsche-taycan-tem-fila-de-espera-de-ate-seis-meses-para-a-compra.ghtml>.

33. Walter Scheidel, "The Only Thing, Historically, That's Curbed Inequality: Catastrophe". *The Atlantic*, 21 fev. 2017, <https://amp.theatlantic.com/amp/article/517164/>. Ver também, do mesmo autor, *Violência e a história da desigualdade: Da Idade da Pedra ao século XXI*. Rio de Janeiro: Zahar, 2020.

34. Ruan de Sousa Gabriel, "'O Estado deve desempenhar um papel maior do que antes da pandemia', diz o economista Branko Milanović". *O Globo*, 3 jul. 2020, <https://oglobo.globo.com/mundo/o-estado-deve-desempenhar-um-papel-maior-do-que-antes-da-pandemia-diz-economista-branko-milanovic-24513077>.

35. Eduardo Rodrigues e Lorena Rodrigues, "Guedes diz que, se reforma tributária piorar a desigualdade, 'é melhor não ter'". *O Estado de S. Paulo*, 20 ago. 2021, <https://www.estadao.com.br/economia/guedes-diz-que-se-reforma-tributaria-piorar-a-desigualdade-e-melhor-nao-ter/>.

36. Cálculos do pesquisador Sergio Gobetti, do Ipea, a partir de dados da Receita Federal, ver <https://twitter.com/swgobetti1/status/1412551091103977472>; *Distribuição da Renda por Centis 2019*. Brasília: Ministério da Fazenda, 23 jun. 2023, <https://www.gov.br/receitafederal/pt-br/centrais-de-conteudo/publicacoes/estudos/distribuicao-da-renda/distribuicao-de-renda-por-centis-de-2006-a-2021/distribuicao-da-renda-por-centis-2019/view>.

37. Michael Stott, "Latino-americanos mais ricos deveriam pagar muito mais imposto, diz FMI". *Folha de S.Paulo*, 21 jun. 2021, <https://www.folha.uol.com.br/amp/mercado/2021/06/latino-americanos-mais-ricos-deveriam-pagar-muito-mais-imposto-diz-fmi.shtml>.

38. A alíquota efetiva não se confunde com a alíquota de 27,5% porque essa é somente uma alíquota máxima: parte da renda está sujeita a alíquotas menores. Há ainda tipos de renda que são isentas (como lucros e dividendos), ou tem um tratamento diferenciado, sem contar as deduções que podem abater o total de imposto pago (como gastos com saúde).

39. "Análise dos dados das declarações do IRPF no Brasil". Sindifisco, ago. 2023, <https://static.poder360.com.br/2023/08/Sindifisco-analise-dados-IRPF.pdf>.

40. Ligia Guimarães, "Arminio Fraga: 'Minhas propostas me colocam à esquerda, mas esquerda para valer, não a que dá dinheiro para rico'".

BBC News Brasil, 3 fev. 2020, <https://www.bbc.com/portuguese/brasil-51303795>.

41. Além do IR, também as contribuições para a Previdência deixam de ser cobradas quando um autônomo se formaliza como pessoa jurídica.

42. Pedro Fernando Nery, "Triunfo da injustiça". *O Estado de S. Paulo*, 4 ago. 2020, <https://economia.estadao.com.br/noticias/geral,triunfo-da-injustica,70003386290>.

43. Essa não é a única isenção que existe no IR, nem o único mecanismo que permite hoje aos mais ricos pagarem pouco imposto: outros incluem "palavrões" como a dedução de juros sobre capital próprio, fundos de investimentos fechados, letras de crédito imobiliário ou do agronegócio. O governo Lula, em 2023, enviou ao Congresso um conjunto de propostas elevando a tributação sobre a renda (PLS nº 4173, 4258 e 5129); contudo, uma reforma mais ampla sobre a tributação da renda, incluindo lucros e dividendos, ficou para após a promulgação da reforma tributária sobre o consumo (a mais discutida naquele ano — PEC nº 45, de 2019).

44. Eles são o 0,1% mais rico dos contribuintes do IR. Já os outros 99,9% têm somente um quarto da sua renda isenta. Os cálculos são do especialista Sergio Gobetti, citados em Adriana Fernandes, "'Super-ricos têm isenção de 60% no IR; restante dos contribuintes, 25%'". *O Estado de S. Paulo*, 6 jul. 2021, <https://economia.estadao.com.br/noticias/geral,super-ricos-tem-isencao-de-60-no-ir-restante-dos-contribuintes-25,70003769637>.

45. Fernanda Brigatti, "Reforma do IR evita que brasileiros ricos sejam tax-free, uma Suíça individual, diz Lira". *Folha de S.Paulo*, 27 ago. 2021, <https://www1.folha.uol.com.br/mercado/2021/08/reforma-do-ir-evita-que-brasileiros-ricos-sejam-tax-free-uma-suica-individual-diz-lira.shtml>.

46. O valor superou R$ 500 bilhões em 2021, talvez pela perspectiva de tributação. Ver "Grandes números do irpf 2008 a 2022". Receita Federal, <https://www.gov.br/receitafederal/pt-br/centrais-de-conteudo/publicacoes/estudos/imposto-de-renda/estudos-por-ano/grandes-numeros-do-IRPF-2008-a-2022>; Idiana Tomazelli, "Renda com lucros e dividendos tem recorde de R$ 556 bi e eleva concentração nos mais ricos". Folha de S.Paulo, 27 jul. 2023, <https://www1.folha.uol.com.br/mercado/2023/07/renda-com-lucros-e-dividendos-tem-recorde-de-r-556-bi-e-eleva-concentracao-nos-mais-ricos.shtml>.

47. Em um modelo dual, no qual haveria compensação na tributação da pessoa jurídica. Em proporção do PIB: 0,9% a 1,5%. A revisão da isenção sobre lucros e dividendos constituiria parte relevante dessa reforma, mas se propõe um conjunto mais amplo de medidas para reduzir a "renda básica do 1%" que o Estado concede as elites via imposto de renda. Ver Luis Henrique Paiva et al., "A reformulação das transferências de renda no Brasil: Simulações e desafios". *Texto para Discussão*, 2021, <https://www.ipea.gov.br/portal/images/stories/PDFs/pubpreliminar/210521_publicacao_preliminar_a_reformulacao_das_transferencias.pdf>.

48. Com base em dados de 2015. Para anos mais recentes, é esperado que o resultado seja melhor, a partir da ampliação do Bolsa Família. Ver *Efeito redistributivo da política fiscal no Brasil*. Brasília: Ministério da Fazenda, 2017, <https://www.gov.br/fazenda/pt-br/centrais-de-conteudos/publicacoes/boletim-de-avaliacao-de-politicas-publicas/arquivos/2017/efeito_redistributivo_12_2017.pdf>. A OCDE tem resultados semelhantes, porém mais conservadores quanto à redução percentual dos países citados e do Brasil; ver *OECD Economic Surveys: China Overview*. Paris: OECD, mar. 2017, <https://www.oecd.org/economy/surveys/china-2017-OECD-economic-survey-overview.pdf>.

49. Por exemplo, reduzindo tributos sobre o consumo ou sobre o emprego, que penalizam mais os mais pobres.

50. Ver "Global Innovation Index 2021: Innovation Investments Resilient Despite COVID-19 Pandemic; Switzerland, Sweden, U.S., U.K. and the Republic of Korea Lead Ranking; China Edges Closer to Top 10". WIPO, 20 set. 2021, <https://www.wipo.int/pressroom/en/articles/2021/article_0008.html>.

51. Rigorosamente, há duas possibilidades aqui: a maior tributação do topo pode estar associada a um aumento do gasto com os mais pobres de forma casada, ou pode estar associada a uma redução equivalente na arrecadação incidente sobre os mais pobres.

52. PL nº 1409, de 2021. Haveria ainda redução de 20% nos gastos tributários, tema que será analisado mais adiante neste capítulo. A proposta desse PL é semelhante à apresentada pelos economistas franceses Emmanuel Saez e Gabriel Zucman no livro *The Triumph of Injustice: How the Rich Dodge Taxes and How to Make Them Pay*. Nova York: W. W. Norton & Company, 2019.

53. Emenda nº 106 à PEC nº 186, de 2019.

Notas 277

54. PLP nº 62, de 2021. Inclui ainda medidas de controle de certos gastos.

55. Índice de Gini de 0,32.

56. Respectivamente, PEC nº 22, de 2021, PL nº 3241, de 2020 e PL nº 2742, de 2020.

57. Respectivamente, PL nº 5343, de 2020 e PEC nº 34, de 2020. A PEC também mobiliza recursos de deduções do IRPF.

58. PEC nº 11, de 2020.

59. Ver Ross Chainey, "In which countries do people pay the most tax?". World Economic Forum, 16 out. 2015, <https://www.weforum.org/agenda/2015/10/in-which-countries-do-people-pay-the-most-tax/>.

60. Lei nº 7450, de 23 de dezembro de 1985, alterada pela Lei nº 7713, de 22 de dezembro de 1988; ver respectivamente <https://www2.camara.leg.br/legin/fed/lei/1980-1987/lei-7450-23-dezembro-1985-367965-normaatualizada-pl.html> e <http://www.planalto.gov.br/ccivil_03/leis/l7713.htm>.

61. Emenda nº 68 ao PL nº 2337, de 2021, <https://www.camara.leg.br/proposicoesWeb/prop_mostrarintegra?codteor=2055472&filename=EMP+68+%3D%3E+PL+2337/2021>.

62. Como argumenta Philippe Aghion, da London School of Economics, em *O poder da destruição criativa: Inovação, crescimento e o futuro do capitalismo* (Lisboa: Temas e Debates, 2021), um moderno compilado sobre a literatura do crescimento econômico, a tributação dos mais ricos pode, sim, ser deletéria para a inovação, mas apenas em níveis suficientemente altos. Abaixo desses níveis, a tributação seria bem-vinda, se os recursos custearem políticas públicas necessárias para o crescimento econômico.

63. Peter Diamond e Emmanuel Saez, "The Case for a Progressive Tax: From Basic Research to Policy Recommendations". *Journal of Economic Perspectives*, Nashville, v. 25, n. 4, pp. 165-90, outono 2011, <https://www.aeaweb.org/articles?id=10.1257/jep.25.4.165>.

64. Matthew Yglesias, "Alexandria Ocasio-Cortez is floating a 70 percent top tax rate — here's the research that backs her up". Vox, 7 jan. 2019, <https://www.vox.com/policy-and-politics/2019/1/4/18168431/alexandria-ocasio-cortez-70-percent>.

65. Em verdade, a própria relação entre mérito e renda no topo da pirâmide não está bem estabelecida — algo para se ter em mente

quando alguém diz que a tributação desincentivaria a atuação dos talentosos, prejudicando o progresso do país. Um trabalho publicado em 2023 para a Suécia mostra que a correlação entre QI e salário é positiva naquela sociedade, mas não dentro do 1% com melhores salários — quando a renda já deixa de estar ligada ao QI. Generalizando esse resultado, fica menos intuitivo que a tributação no topo desestimule o crescimento econômico, se o pertencimento a esta elite decorre mais de privilégio ou sorte que de capacidade individual. Frise-se que, por si só, o indicador de QI já é considerado um indicador simplista para capacidade. Chama atenção, contudo, que ele esteja positivamente relacionado com os salários até o topo (correspondente a 25 mil reais naquela amostra). Ver Marc Keuschnigg et al., "The plateauing of cognitive ability among top earners". *European Sociological Review*, v. 39, n. 5, pp. 820-33, out. 2023.

66. Perceba que o tipo de análise que estamos fazendo não é indiferente a características históricas do país. Elas são reveladas pelos próprios números que estamos analisando. Como o índice de Gini, por exemplo, que ainda hoje refletiria a história da escravidão, e seria mais de 0,10 ponto mais baixo em sua ausência (na escala de 0 a 1). Estimativas nesse patamar são encontradas no estudo de Rodrigo Reis (Columbia), Juliano Assunção (PUC-Rio) e Tomás Goulart, "A Note on Slavery and the Roots of Inequality". *Journal of Comparative Economics*, Amsterdam, v. 40, n. 4, pp. 565-80, nov. 2012, <https://www.sciencedirect.com/science/article/pii/S0147596712000169>, e também no de Thomas Fujiwara (Princeton), Humberto Laudares (Unctad) e Felipe Caicedo (Escola de Economia de Vancouver), "Tordesillas, Slavery and the Origins of Brazilian Inequality", Insper, jan. 2017, <https://www.insper.edu.br/wp-content/uploads/2018/08/fujiwara-et-al-tordesillas.pdf>. Nosso passado não está ignorado nos nossos números atuais. Assim, o exame da desigualdade de renda e das medidas que poderiam ser tomadas para reduzi-la não deve ser considerado alheio ao debate sobre escravidão e racismo. E tampouco é impertinente comparar a distribuição de renda do Brasil com países desenvolvidos apenas porque eles não passaram por um processo como a escravidão.

67. Ana Bottega et al., "Quanto fica com as mulheres negras? Uma análise da distribuição de renda no Brasil". *Nota de Política Econômica*,

Notas

Made, São Paulo, n. 18, 13 dez. 2021, <https://madeusp.com.br/wp-content/uploads/2021/12/npe018.pdf>.

68. Os gastos tributários incluem um leque maior do que apenas "isenções". Na lição de Josué Pellegrini, também "anistias, reduções de alíquotas, presunções creditícias, deduções, abatimentos e diferimentos de obrigações tributárias". Há ainda as imunidades, isenções que são previstas pela própria Constituição. Ver Josué Alfredo Pellegrini, "Gastos (benefícios) tributários". Nota técnica, Instituição Fiscal Independente, Brasília, n. 17, 8 jun. 2018, <https://www12.senado.leg.br/ifi/pdf/nota-tecnica-no-17-gastos-beneficios-tributarios-jun-2018>.

69. Thâmara Brasil, "Orçamento 2022 chega com déficit de R$ 49,6 bi". Agência Senado, 15 out. 2021, <https://www12.senado.leg.br/noticias/infomaterias/2021/10/orcamento-2022-chega-com-deficit-de-r-49-6-bi>; Taísa Medeiros, "Privilégios tributários devem gerar mais de R$ 367 bilhões em perda fiscal em 2022, diz estudo". *Correio Braziliense*, 30 jan. 2022, <https://www.correiobraziliense.com.br/economia/2022/01/4981376-privilegios-tributarios-devem-gerar-mais-de-rs-367-bilhoes-em-perda-fiscal-em-2022-diz-estudo.html>.

70. O autor percebe excessos também em programas de parcelamento e perdão de dívidas tributárias com o governo, os "Refis". Amaury José Rezende, *Avaliação do impacto dos incentivos fiscais sobre os retornos e as políticas de investimento e financiamento das empresas*. Ribeirão Preto: Fearp-USP, 2014. 180 pp. Tese (Livre Docência), <https://www.teses.usp.br/teses/disponiveis/livredocencia/96/tde-19052021-105307/pt-br.php>.

71. Toni Sciarretta, "Para Guedes, 'barulheira política' está contaminando desempenho da economia". Bloomberg Línea, 20 ago. 2021, <https://www.bloomberglinea.com.br/2021/08/20/para-guedes-barulheira-politica-esta-contaminando-desempenho-da-economia/>.

72. Albert O. Hirschman, *The Rhetoric of Reaction: Perversity, Futility, Jeopardy*. Cambridge (MA): Belknap Press, 1991.

73. Para esse ponto de vista, vale ler a sempre ótima Zeina Latif, "Reforma tributária demanda mais técnica". *O Globo*, 20 jul. 2021, <https://oglobo.globo.com/economia/reforma-tributaria-demanda-mais-tecnica-25118652>.

74. Adrien Matray, "Taxing corporate dividends can stimulate investment and reduce the misallocation of capital". Voxeu, 5 dez. 2020,

280 *Extremos*

<https://voxeu.org/article/taxing-corporate-dividends-can-stimu-late-investment-and-reduce-misallocation-capital>; Adrien Matray e Charles Boissel, "Higher Dividend Taxes, No Problem! Evidence from Taxing Entrepreneurs in France". *Griswold Center for Economic Policy Studies Working Paper*, Princeton, n. 276, set. 2020, <https://gceps.princeton.edu/wp-content/uploads/2021/06/276_Matray.pdf>; Charles Boissel e Adrien Matray, "Dividend Taxes and the Allocation of Capital: Comment Retraction". *American Economic Review*, Pittsburgh, v. 112, n. 9, pp. 2884-920, set. 2022, <https://www.aeaweb.org/articles?id=10.1257/aer.20210369>.

75. Pedro Forquesato, Luis Meloni e Fabiana Rocha, "Afinal, a taxação de dividendos reduz o investimento?". *Jornal da USP*, 19 jul. 2021, <https://jornal.usp.br/artigos/afinal-a-taxacao-de-dividendos-reduz-o-investimento/>.

76. Emenda nº 60 ao PL nº 2337, de 2021.

77. Kelly Candale, "Gabriel Zucman: Tax Policies Fuel Wealth Inequality". Capital & Main, 14 nov. 2019, <https://capitalandmain.com/gabriel-zucman-tax-policies-fuel-wealth-inequality-1114>; Emmanuel Saez e Gabriel Zucman, *The Triumph of Injustice: How the Rich Dodge Taxes and How to Make Them Pay*. Nova York: W. W. Norton & Company, 2019.

78. Lei nº 12527, de 18 de novembro de 2011.

79. Pedro Fernando Nery, "Jante e Gérson". *O Estado de S. Paulo*, 2 jun. 2020, <https://economia.estadao.com.br/noticias/geral,jante-e-gerson,70003321752>.

80. "Publication of the Income Tax Lists". *The New York Times*, 20 jan. 1865, <https://www.nytimes.com/1865/01/20/archives/publication-of-the-income-tax-lists.html>.

81. Luciano Huck, "Estado precisa resolver 'opacidades' para rastrear e reduzir desigualdades". *O Estado de S. Paulo*, 13 set. 2020, <https://www.estadao.com.br/infograficos/cultura,estado-precisa-resolver-opacidades-para-rastrear-e-reduzir-desigualdades,1119966>.

2. Ipixuna, o lugar menos desenvolvido [pp. 44-76]

1. Índice Firjan de Desenvolvimento Municipal, 2018, <https://www.firjan.com.br/ifdm>.

Notas

2. Supera em extensão o Araguaia, o Xingu e o rio Negro.

3. Leandro Tapajós, "Incêndio destrói parte de escola e deixa alunos sem aulas em Ipixuna, no AM". GI Amazonas, 31 out. 2017, <https://g1.globo.com/am/amazonas/noticia/incendio-destroi-parte-de-escola-e-deixa-alunos-sem-aulas-em-ipixuna-no-am.ghtml>.

4. Luke Parry et al., "Saúde precária nas cidades sem acesso rodoviário no Amazonas desafia próximos prefeitos". *BBC News Brasil*, 28 set. 2016, <https://www.bbc.com/portuguese/brasil-37491145>.

5. "Fatos da Amazônia 2021". Amazônia 2030, 8 abr. 2021, <https://amazonia2030.org.br/fatos-da-amazonia-2021/>.

6. Esse é então um indicador de desenvolvimento com diferenças em relação ao IDH, usado no *Atlas do desenvolvimento humano* — de que tratamos no capítulo sobre Pinheiros e que é voltado para áreas dentro de grandes cidades.

7. Veja que no capítulo anterior o índice usado tinha como unidades de análise algo semelhante a bairros, e, o de agora, municípios. Na ausência de um mesmo indicador para comparar bairros de metrópoles e municípios menores no país, optamos aqui por usar um índice de cada. De forma livre, estamos comparando então "lugares" nestes dois primeiros capítulos.

8. "Ipixuna". In: Projeto Primeira Infância Primeiro. 2022, <https://primeirainfanciaprimeiro.fmcsv.org.br/municipios/ipixuna-am/>.

9. Esse e outros estudos discutem também o papel de outras causas, como melhoras na educação e no mercado de trabalho. Ver Pedro H. G. Ferreira de Souza et al., "Os efeitos do programa Bolsa Família sobre a pobreza e a desigualdade: Um balanço dos primeiros quinze anos". *Texto para Discussão*, n. 2499, ago. 2019, <https://www.ipea.gov.br/portal/images/stories/PDFs/TDs/td_2499.pdf>.

10. Naercio Menezes Filho, "O futuro do Bolsa Família". *Valor Econômico*, 15 out. 2021, <https://valor.globo.com/opiniao/coluna/o-futuro-do-bolsa-familia.ghtml>.

11. Vinícius Botelho e Marcelo Gonçalves. "Transferências de renda resolvem muitos problemas sociais, mas não todos". Blog do Ibre, 24 jul. 2020, <https://blogdoibre.fgv.br/posts/transferencias-de-renda-resolvem-muitos-problemas-sociais-mas-nao-todos>; *Caderno de Estudos*, Brasília, n. 35, 2020, <https://aplicacoes.mds.gov.br/sagirmps/ferramentas/docs/Caderno%20de%20Estudos-35-online.pdf>.

12. Vinícius Botelho e Marcelo Gonçalves. "Transferências de renda resolvem muitos problemas sociais, mas não todos". Blog do Ibre, 24 jul. 2020, <https://blogdoibre.fgv.br/posts/transferencias-de-renda-resolvem-muitos-problemas-sociais-mas-nao-todos>.

13. Jorge Luis García et al., "Quantifying the Life-Cycle Benefits of an Influential Early-Childhood Program". *Journal of Political Economy*, Chicago, v. 128, n. 7, pp. 2502-41, 2021, <https://www.journals.uchicago.edu/doi/abs/10.1086/705718?af=R&mobileUi=0&&> e <https://heckmanequation.org/resource/13-roi-toolbox/>.

14. Ver <https://heckmanequation.org/>.

15. O argumento de que pobreza na infância e violência na fase adulta estão relacionados foi recentemente fortalecido pelo trabalho de Carolina Ziebold e colegas para o Brasil, "Childhood Individual and Family Modifiable Risk Factors for Criminal Conviction: A 7-Year Cohort Study from Brazil". *Scientific Reports*, Londres, v. 12, 13381, 2022, <https://www.nature.com/articles/s41598-022-13975-8#Sec3>.

16. Trabalhos de Heckman foram questionados recentemente por outros acadêmicos, mas essa lógica central não. O debate é resumido em Robert Farley, "Biden Stretches Evidence for Universal Pre-K". FactCheck.org, 15 fev. 2022, <https://www.factcheck.org/2022/02/biden-stretches-evidence-for-universal-pre-k/>.

17. Naercio Menezes Filho e Bruno Kawaoka Komatsu, "Uma proposta de ampliação do programa Bolsa Família para diminuir a pobreza infantil". *Policy Paper*, n. 50, out. 2020, <https://www.insper.edu.br/wp-content/uploads/2020/10/Proposta_PBF_ampliada_Final.pdf>.

18. James J. Heckman, "Invest in Early Childhood Development: Reduce Deficits, Strenghten the Economy". The Heckman Equation, 7 dez. 2012, <https://heckmanequation.org/www/assets/2013/07/F_HeckmanDeficitPieceCUSTOM-Generic_052714-3-1.pdf>.

19. Considerando a linha de pobreza do Banco Mundial de 5,50 dólares (PPC — ajustado para poder de compra) por dia. Ver "Crianças e adolescentes: magnitude da pobreza e extrema pobreza no Brasil". IMDS, 14 set. 2021, <https://imdsbrasil.org/criancas-e-adolecentes/magnitude-da-pobreza-e-extrema-pobreza-monetaria-no-brasil>.

20. Lucianne Carneiro, "4 em cada 10 pobres são adolescentes e crianças". *Valor Econômico*, 13 jul. 2021, <https://valor.globo.com/brasil/noticia/2021/07/13/4-em-cada-10-pobres-sao-adolescentes-e-criancas.ghtml>.

Notas

21. Ver <https://twitter.com/dannielduque/status/125804123174718 6690>.

22. Cláudia Dianni, "Pouco mais de 1% do PIB chega aos mais pobres no Brasil". *Correio Braziliense*, 25 nov. 2019, <https://www.correiobraziliense.com.br/app/noticia/politica/2019/11/25/interna_politica,808923/pouco-mais-de-1-do-pib-chega-aos-mais-pobres-no-brasil.shtml>.

23. Érica Fraga, "Brasil desperdiça metade do talento das crianças, diz diretora do Banco Mundial". *Folha de S.Paulo*, 30 out. 2020, <https://www1.folha.uol.com.br/mercado/2020/10/brasil-desperdica-metade-do-talento-das-criancas-diz-diretora-do-banco-mundial.shtml>.

24. Michael França, "Pobreza estrutural". *Folha de S.Paulo*, 17 maio 2021, <https://www1.folha.uol.com.br/colunas/michael-franca/2021/05/pobreza-estrutural.shtml>.; James J. Heckman e Stefano Mosso, "The Economics of Human Development and Social Mobility". *NBER Working Paper*, Cambridge, n. 19925, fev. 2014, <https://www.nber.org/papers/w19925>.

25. Flávio Cunha e James Heckman, "The Technology of Skill Formation". *American Economic Review*, Pittsburgh, v. 97, n. 2, pp. 31-47, maio 2007, <http://jenni.uchicago.edu/papers/Cunha-Heckman_AER_v97n2_2007.pdf>.

26. Vinícius Botelho e Marcelo Gonçalves. "Transferências de renda resolvem muitos problemas sociais, mas não todos". Blog do Ibre, 24 jul. 2020, <https://blogdoibre.fgv.br/posts/transferencias-de-renda-resolvem-muitos-problemas-sociais-mas-nao-todos>.

27. Joe Biden, "Remarks by President Biden on the American Families Plan". The White House, 3 maio 2021, <https://www.whitehouse.gov/briefing-room/speeches-remarks/2021/05/03/remarks-by-president-biden-on-the-american-families-plan/>.

28. Entre outros trabalhos sobre essa relação, ver Greg J. Duncan, Kathleen M. Ziol-Guest e Ariel Kalil, "Early-Childhood Poverty and Adult Attainment Behavior, and Health". *Child Development*, Chicago, v. 81, n. 1, pp. 306-25, jan./fev. 2010, <https://pubmed.ncbi.nlm.nih.gov/20331669/>.

29. Vinícius Botelho e Marcelo Gonçalves. "Transferências de renda resolvem muitos problemas sociais, mas não todos". Blog do Ibre, 24 jul. 2020, <https://blogdoibre.fgv.br/posts/transferencias-de-renda-resolvem-muitos-problemas-sociais-mas-nao-todos>.

30. Mariana Luz, "Davos — a criança (não) estava lá". *O Estado de S. Paulo*, 30 jan. 2020, <https://opiniao.estadao.com.br/noticias/espaco-aberto,davos-a-crianca-nao-estava-la,70003177880>.

31. A iniciativa é de pesquisadores de Columbia, NYU, Duke e outras universidades americanas, e tem o nome de *Baby's First Years*. Ela responde assim, de forma convincente, se a relação entre pobreza na infância e sucesso futuro é causada pela insuficiência de renda ou por outros aspectos que coincidem com a pobreza infantil. Como o estudo foi randomizado — famílias escolhidas de forma aleatória —, há mais confiança em concluir pela relação de causalidade. Ver <https://www.babysfirstyears.com/>; Kimberly G. Noble et al., "Baby's First Years: Design of a Randomized Controlled Trial of Poverty Reduction in the United States". *Pediatrics*, Irvine, v. 148, n. 4, e2020049702, 2021, <https://dukespace.lib.duke.edu/dspace/bitstream/handle/10161/23883/Noble%20peds.2020-049702.full.pdf?sequence=2>.

32. "MPAM em ação: Após ação do MPAM, operadora de telefonia tem 60 dias para melhorar internet em Ipixuna", Ministério Público do Estado do Amazonas, 30 mar. 2021, <https://www.mpam.mp.br/noticias-mpam/14113-mpam-em-acao-apos-acao-do-mpam-operadora-de-telefonia-tem-60-dias-para-melhorar-internet-em-ipixuna#.YtdarXbMJ9g>; "Moradores de Ipixuna pedem 'socorro' por sinal de telefonia da Vivo e Claro". Radar Amazônico, 10 maio 2019, <https://radaramazonico.com.br/moradores-de-ipixuna-pedem-socorro-por-sinal-de-telefonia-da-vivo-e-claro/>.

33. Silane Souza, "Navegação pelas bacias dos rios Juruá, Purus e Madeira é afetada pela vazante 2017". *A Crítica*, 25 ago. 2017, <https://www.acritica.com/navegac-o-pelas-bacias-dos-rios-jurua-purus-e-madeira-e-afetada-pela-vazante-2017-1.184738>; Mazinho Rogério, "Embarcações de grande porte voltam a navegar no rio Juruá após dois meses com atividades suspensas". G1 Acre, 15 out. 2018, <https://g1.globo.com/ac/cruzeiro-do-sul-regiao/noticia/2018/10/15/embarcacoes-de-grande-porte-voltam-a-navegar-no-rio-jurua-apos-dois-meses-com-atividades-suspensas.ghtml>; Iryá Rodrigues, "Bebê de 1 ano some em rio após barco bater em galhos de árvore e naufragar no AC". G1 Acre, 14 dez. 2021, <https://g1.globo.com/ac/acre/noticia/2021/12/14/bebe-de-1-ano-some-em-rio-apos-barco-bater-em-galhos-de-arvore-e-naufragar-

no-ac.ghtml>; "Ipixuna: Corpo de bombeiros encerra buscas por 4 homens desaparecidos junto com embarcação no rio Juruá". Juruá Online, 19 mar. 2021, <https://www.juruaonline.com.br/ipixuna-corpo-de-bombeiros-encerra-buscas-por-4-homens-desaparecidos-junto-com-embarcacao-no-rio-jurua/#:~:text=Depois%20de%20seis%20dias%2C%200,no%20munic%C3%ADpio%20de%20Rodrigues%20Alves>; "Familiares de homens que desapareceram no Rio Juruá há 4 meses realizam protesto pedindo justiça". *O Juruá em Tempo*, 31 jul. 2021, <https://www.juruaemtempo.com.br/2021/07/familiares-de-homens-que-desapareceram-no-rio-jurua-ha-4-meses-realizam-protesto-pedindo-justica/>.

34. Marie Quinney, "5 Reasons Why Biodiversity Matters — To Human Health, the Economy and Your Wellbeing". World Economic Forum, 22 maio 2020, <https://www.weforum.org/agenda/2020/05/5-reasons-why-biodiversity-matters-human-health-economies-business-wellbeing-coronavirus-covid19-animals-nature-ecosystems/>.

35. Rhett A. Butler, "The Top 10 Most Biodiverse Countries". Mongabay, 21 maio 2016, <https://news.mongabay.com/2016/05/top-10-biodi-verse-countries/>; "Life on Land". Purpose", <https://www.purpo-seplus.com/world/indicators/biodiverisity-index-per-land-area/>.

36. Pelos dados do Instituto do Homem e Meio Ambiente da Amazônia (Imazon).

37. Taxas de 45% e 44%, respectivamente, em 1995, segundo o IBGE.

38. Anny Malagolini, "Pobreza no Brasil: veja ranking por estado, segundo estudo da FGV". *Jornal DCI*, 30 jun. 2022, <https://www.dci.com.br/economia/pobreza-no-brasil-2022/263048/>; Carmen Nery, "Extrema pobreza atinge 13,5 milhões de pessoas e chega ao maior nível em 7 anos". Agência IBGE Notícias, 6 nov. 2019, <https://agenciadenoticias.IBGE.gov.br/agencia-noticias/2012-agencia-de-noticias/noticias/25882-extrema-pobreza-atinge-13-5-milhoes-de-pessoas-e-chega-ao-maior-nivel-em-7-anos>.

39. Em âmbito nacional uma iniciativa parecida já existiu e foi retomada a partir de 2023, o Bolsa Verde, do Ministério do Meio Ambiente. O programa esteve desativado por sete anos e voltou ainda com poucos recursos, embora haja a ambição de atingir 100 mil famílias nos próximos anos. Uma avaliação recente e posi-

tiva do Bolsa Floresta foi feita por Elías Cisneros et al., "Impacts of Conservation Incentives in Protected Areas: The Case of Bolsa Floresta, Brazil". *Journal of Environmental Economics and Management*, Amsterdam, v. III, 2022, <https://www.sciencedirect.com/science/article/pii/S0095069621001200?via%3Dihub#fig1>.

40. Jørgen Henningsen, "Global funds can protect the Amazon but obstacles still apply". *Financial Times*, 9 set. 2019, <https://www.ft.com/content/a3c79186-d2f5-11e9-8367-807ebd53ab77>.É de interesse nesse ponto a literatura sobre mercado de carbono.

41. Em 2020, o que equivaleria a quase mil reais em 2024 se fosse atualizado pela inflação. Anaïs Fernandes, "Renda básica deve ter crianças como alvo, diz Naercio". *Valor Econômico*, 22 jun. 2020, <https://valor.globo.com/brasil/noticia/2020/06/22/renda-basica-deve-ter-criancas-como-alvo-diz-naercio.ghtml>.

42. A depender da renda e composição da família.

43. Respectivamente, PLP nº 213, de 2020, e PEC nº 22, de 2021.

44. PEC nº 11, de 2020.

45. PEC nº 34, de 2020. O BUI também é tema da PEC nº 133, de 2019 — já aprovada no Senado.

46. O maior benefício em quantitativo de público é assistencial — o benefício para menores no Bolsa Família —, pago aos comprovadamente pobres. Mas há ainda um benefício trabalhista — o salário-família, para empregados com carteira de menor remuneração — e um tributário — a dedução por dependente no imposto de renda, uma espécie de desconto no pagamento do IR, que indiretamente representa um pagamento estatal para as crianças das famílias mais ricas, um valor que poderia até ser maior do que era o valor do Bolsa Família por criança.

47. Sergei Soares, "Universal Child Grant in Brazil: An Idea Whose Time Has Come". In: IV Seminar on Investing in Children, Santo Domingo, 2019, <https://www.unicef.org/lac/sites/unicef.org.lac/files/2019-03/PPT-Panel%202.1_02_Sergei%20Soares.pdf>.

48. Cláudia Dianni, "Pouco mais de 1% do PIB chega aos mais pobres no Brasil". *Correio Braziliense*, 25 nov. 2019, <https://www.correiobraziliense.com.br/app/noticia/politica/2019/11/25/interna_politica,808923/pouco-mais-de-1-do-pib-chega-aos-mais-pobres-no-brasil.shtml>.

49. Sergei Soares et al., "Um subsídio infantil universal para o Brasil: O que precisamos fazer e o que esperar". *One Pager*, International Policy

Notas

Centre for Inclusive Growth, Brasília, n. 418, abr. 2019, <https://ipcig.org/sites/default/files/pub/pt-br/OP418PT_Um_subsidio_infantil_universal_para_o_Brasil.pdf>. O Centro é uma parceria entre o PNUD e o governo brasileiro.

50. Alemanha, Austrália, Áustria, Eslováquia, Eslovênia, Estônia, Finlândia, França, Hungria, Irlanda, Islândia, Israel, Japão, Letônia, Luxemburgo, Noruega, Nova Zelândia e Suécia.

51. Canadá, Dinamarca, Holanda, Reino Unido e Suíça são exemplos no grupo.

52. Junto com outros senadores republicanos, propôs o Family Security Act em 2021. Já em 2022, outros parlamentares do partido de Donald Trump apresentaram o Providing for Life Act, que, embora exija algumas contrapartidas dos pais, pagaria valores semelhantes.

53. Os cálculos são de outro estudo, do Ipea, por Sergei Suarez Soares, Letícia Bartholo e Rafael Osorio, "Uma proposta para unificação dos benefícios sociais de crianças, jovens e adultos pobres e vulneráveis", *Texto para Discussão*, n. 2505, ago. 2019, <http://repositorio.ipea.gov.br/bitstream/11058/9370/1/td_2505.pdf>.

54. Sergei Suarez Soares, "Universal Child Grant in Brazil: An Idea Whose Time Has Come". In: IV Seminar on Investing in Children, Santo Domingo, 2019, <https://www.unicef.org/lac/sites/unicef.org.lac/files/2019-03/PPT-Panel%202.1_02_Sergei%20Soares.pdf>.

55. Emenda nº 320 à Medida Provisória nº 1061, de 2021.

56. Ver <https://twitter.com/jairbolsonaro/status/15937840018>; Sandy Mendes, "'Bolsa-farelo' e 'voto de cabresto': As contradições de Bolsonaro sobre o Bolsa Família". Congresso em Foco, 10 ago. 2021, <https://congressoemfoco.uol.com.br/area/governo/bolsa-farelo-e-voto-de-cabresto-as-contradicoes-de-bolsonaro-sobre-o-bolsa-familia/>; ver <https://www.youtube.com/watch?v=nSwabpTncdk>.

57. Elisabeth Barboza França et al., "Principais causas da mortalidade na infância no Brasil, em 1990 e 2015: Estimativas do estudo de Carga Global de Doença". *Revista Brasileira de Epidemiologia*, São Paulo, v. 20, supl. 1, pp. 46-60, 2017, <https://www.scielo.br/j/rbepid/a/PyFpwMM3fm3yRcqZJ66GRky/?lang=pt>.

58. Kelsey Piper, "Early Childhood Education Yields Big Benefits — Just Not the Ones You Think". Vox, 16 out. 2018, <https://www.vox.com/future-perfect/2018/10/16/17928164/early-childhood-education-doesnt-teach-kids-fund-it>.

59. Guthrie Gray-Lobe, Parag A. Pathak e Christopher R. Walters, "The Long-Term Effects of Universal Preschool in Boston". *NBER Working Paper*, Cambridge, n. 28756, maio 2021, <https://www.nber.org/system/files/working_papers/w28756/w28756.pdf>.

60. Uma referência recente de interesse, baseada no Rio de Janeiro, é o trabalho de Orazio Atanasio et al., "Public Childcare, Labor Market Outcomes of Caregivers, and Child Development: Experimental Evidence from Brazil". *NBER Working Paper*, n. 30653, nov. 2022, <https://www.nber.org/papers/w30653>. Os autores examinaram uma "loteria" de creches, que teria tido efeitos positivos sobre a renda da família, nutrição e cognição das crianças.

61. Yamini Atmavilas, "Investing in child care: good for families, good for children, good for economies", 7 mar. 2022, <https://www.gatesfoundation.org/ideas/articles/investing-in-child-care-good-for-economic-growth#:~:text=Investment%20in%20child%20care%20means,and%20more%20productive%20working%20adults>.

62. Miguel Talamas, "Grandmothers and the Gender Gap in the Mexian Labor Market", 1º fev. 2021, <https://cpb-us-e1.wpmucdn.com/sites.northwestern.edu/dist/7/4221/files/2021/04/2021.01.29-Grandmother-and-the-Gender-Gap-.pdf>.

63. Lei nº 13005, de 25 de junho de 2014.

64. "Brasil aumenta o número de crianças em creches e na pré-escola, mas segue distante da meta, diz IBGE". GI, 12 nov. 2020, <https://g1.globo.com/educacao/noticia/2020/11/12/brasil-aumenta-o-numero-de-criancas-em-creches-e-na-pre-escola-mas-segue-distante-da-meta-diz-ibge.ghtml>.

65. PL nº 3717, de 2021.

66. No Brasil, programas como o Mais Infância Ceará e o Primeira Infância Melhor (PIM), do Rio Grande do Sul, são referências; no âmbito federal as iniciativas fazem parte do Programa Criança Feliz.

67. Michael França, "Pobreza estrutural". *Folha de S.Paulo*, 17 maio 2021, <https://www1.folha.uol.com.br/colunas/michael-franca/2021/05/pobreza-estrutural.shtml>.

68. Juliane Soska, "Desigualdade social: Assembleia propõe ações para minimizar impactos da pandemia". Assembleia Legislativa do Estado do Rio Grande do Sul, 22 set. 2021, <http://www.al.rs.gov.br/agenciadenoticias/destaque/tabid/855/IdMateria/325787/Default.aspx>.

Notas

69. Pedro Fernando Nery, "E se crianças votassem?". *O Estado de S. Paulo*, 6 out. 2020, <https://economia.estadao.com.br/noticias/geral,e-se-criancas-votassem,70003464639>.

70. Os benefícios gerenciados pelo governo incluem o FGTS, o seguro-desemprego, o abono salarial (esses dois custeados pelo FAT), o salário-família, o salário-maternidade, o auxílio-doença, o auxílio-acidente, o auxílio-reclusão, a pensão por morte, a aposentadoria por invalidez e a aposentadoria por idade (esses últimos custeados pela Previdência Social).

71. Essa é uma simplificação. Não considera por exemplo o caso de um monopsônio, o caso extremo em que há um único contratante ou comprador, cuja demanda não necessariamente se reduziria com o aumento do custo.

72. Especificamente sobre os mais jovens, é didática a explicação mais aprofundada de José Márcio Camargo, "Contrato Verde Amarelo e incentivos". *O Estado de S. Paulo*, 23 nov. 2019, <https://economia.estadao.com.br/noticias/geral,contrato-verde-amarelo-e-incentivos,70003099373>.

73. IBGE, *Pesquisa Nacional por Amostra de Domicílios Contínua (PNAD Contínua): Indicadores mensais produzidos com informações do trimestre móvel terminado em março de 2023*. Rio de Janeiro: IBGE, 28 abr. 2023, <https://agenciadenoticias.ibge.gov.br/media/com_mediaibge/arquivos/ff8e6a83c0334e05af29552a3a306530.pdf>.

74. Taxas de 11,3% (pretos) x 6,8% (brancos); 10,8% (mulheres) x 7,2% (homens); 18% (entre 18 a 24 anos) x 5,6% (entre 40 a 59 anos).

75. IBGE, *Síntese de indicadores sociais: Uma análise das condições de vida da população brasileira — 2020*. Rio de Janeiro: IBGE, 2020.

76. Uma pessoa não é considerada desempregada mesmo que não tenha um emprego e que aceitasse um. Para ser considerada desempregada (desocupada), é preciso estar à procura de um emprego. Outras medidas, que não a taxa de desemprego, incorporam esse contingente (as estatísticas de desalentados, de força de trabalho potencial).

77. Na verdade, a distinção que estamos fazendo entre trabalho e capital não é a mais moderna. É preciso incluir a nuance entre trabalho assalariado com carteira e outras formas de trabalho: afinal, muitos trabalhadores de altíssima renda pagam pouco imposto (como aqueles profissionais liberais que se formalizam como empresas).

É dos trabalhadores de menor renda que estamos falando quando dizemos que o trabalho é muito tributado.

78. Há exceções, vide o Simples e o caso de setores desonerados — que deixam de pagar a alíquota de 20% sobre a folha de salários para pagar alíquotas sobre o faturamento.

79. Nem todos incidem ao mesmo tempo, porém.

80. Luiz Ricardo Cavalcante, "Encargos trabalhistas no Brasil". *Textos para Discussão*, Núcleo de Estudos e Pesquisas da Consultoria Legislativa, Brasília, n. 287, <https://www12.senado.leg.br/publicacoes/estudos-legislativos/tipos-de-estudos/textos-para-discussao/td288>.

81. O "Custo Brasil" abrange o conjunto de particularidades brasileiras que prejudicam nossa competitividade em relação a outras economias e, assim, o crescimento econômico do país. Secretaria de Competitividade e Política Regulatória, "Resultados da consulta pública do Custo-Brasil". Ministério do Desenvolvimento, Indústria, Comércio e Serviços, set. 2023, <https://www.gov.br/mdic/pt-br/assuntos/noticias/2023/setembro/mdic-define-oito-eixos-de-atuacao-para-reduzir-custo-brasil/resultados_cp_custo-brasil.pdf>.

82. A desoneração não é livre de controvérsia. Um resumo da crítica pode ser visto no texto do professor Rogério Werneck, da PUC-Rio, chamado "Duas ideias fixas" (*O Estado de S. Paulo*, 26 jul. 2019, <https://economia.estadao.com.br/noticias/geral,duas-ideias-fixas,70002939187>). O professor entende que o principal ganho da desoneração seria nos salários, não nos empregos. O argumento está em linha com o trabalho de Jonathan Gruber, "The Incidence of Payroll Taxation: Evidence from Chile" (*Journal of Labor Economics*, Chicago, v. 15, n. S3, pp. S72-S101, 1997, <https://www.journals.uchicago.edu/doi/abs/10.1086/209877>), que identificou que no Chile uma desoneração irrestrita, para todos os grupos, teria levado a aumentos salariais, não a aumento de emprego.

83. PL nº 5108, de 2020.

84. Desonerações de âmbito nacional marcaram o governo Dilma Rousseff, mas foram criticadas, entre outros aspectos, por atender apenas setores selecionados, escolhidos pelo próprio governo, e pela ausência de compensação apropriada para as contas públicas. Parcialmente revertidas, algumas desonerações seguem em vigor.

85. Bernard Appy, "Desoneração da folha de salários". *O Estado de S. Paulo*, 26 maio 2020, <https://economia.estadao.com.br/noticias/geral,desoneracao-da-folha-de-salarios,70003314471>.

Notas 291

86. Neste livro, optamos por falar em "lugar mais desenvolvido" e "lugar menos desenvolvido", evitando a expressão mais usada "desenvolvimento humano" e o eventual estigma de falar em um lugar com humanos menos desenvolvidos.
87. Segundo os dados do Imazon.

3. Morumbi, o bairro em que se vive mais [pp. 77-109]

1. Juliana Andrade, "Conheça a trajetória de Joseph Safra, o homem mais rico do Brasil". *Forbes*, 10 dez. 2020, <https://forbes.com.br/forbes-money/2020/12/conheca-a-trajetoria-de-joseph-safra-o-homem-mais-rico-do-brasil/>; Kerry A. Dolan, "Brazil's Joseph Safra, World's Richest Banker, Dies at Age 82". *Forbes*, 10 dez. 2020, <https://www.forbes.com/sites/kerryadolan/2020/12/10/brazils-joseph-safra-worlds-richest-banker-dies-at-age-82/>; Anderson Antunes, "Morto aos 82 anos, Joseph Safra era obcecado por segurança e se arrependeu de construir casa de 11 mil m² em SP". Glamurama, 10 dez. 2020, <https://glamurama.uol.com.br/notas/;obcecado-com-seguranca-safra-se-arrependeu-de-construir-mansao-de-11-mil-metros-quadrados-em-sp/>; David Friedlander, "Os templos da nova riqueza". *Veja*, 20 dez. 1995, <https://web.archive.org/web/20120513132310/http://veja.abril.com.br/arquivo_veja/capa_20121995.shtml>.
2. Ver <https://www.youtube.com/watch?v=6LX04n_dJQE>.
3. "Mansão que era do ex-banqueiro Edemar Cid Ferreira arrematada em 2020 por R$ 27,5 mi, é colocada à venda por R$ 70 mi em SP". G1 São Paulo, 22 jul. 2021, <https://g1.globo.com/sp/sao-paulo/noticia/2021/07/22/mansao-do-ex-banqueiro-edemar-cid-ferreira-arrematada-em-2020-por-r-275-milhoes-e-colocada-a-venda-por-r-70-milhoes-em-sp.ghtml>.
4. O indicador de longevidade do *Atlas do desenvolvimento humano* tem como base a expectativa de vida ao nascer, e, além dos padrões de mortalidade, é afetado também pelas taxas de fecundidade. Ver, entre outros, "Índice de Desenvolvimento Humano Municipal Brasileiro". In: *Atlas do desenvolvimento humano no Brasil*. Brasília: PNUD, 2013.
5. Nancy Cooper, "World's Best Hospitals 2023". *Newsweek*, 2023, <https://www.newsweek.com/best-hospitals-2023>.

6. Tuca Vieira, "São Paulo: Imagem de injustiça". *The Guardian*, 29 nov. 2017, <https://www.theguardian.com/cities/2017/nov/29/sao-paulo-tuca-vieira-photograph-paraisopolis-portuguese>.

7. Rigorosamente, esse ranking não se dá por bairros, mas por unidades de análise que podem ser aproximadas como bairros de regiões metropolitanas. Esses recortes, chamados de UDH, podem existir em mais de um número no que é considerado um bairro em uma cidade. Diz o Ipea: "As UDHS são recortes territoriais localizados dentro das áreas metropolitanas que podem ser uma parte de um bairro, um bairro completo ou, em alguns casos, até um município pequeno. A definição dos limites das UDHS é entendida a partir da homogeneidade socioeconômica das mesmas, formadas com base nos setores censitários do IBGE". Frise-se também que há defasagem nos dados por conta dos intervalos entre censos demográficos, razão adicional para ressaltar o caráter ilustrativo dessa análise. Disponível em: <http://ivs.ipea.gov.br/index.php/pt/sobre>.

8. Mesmo chamar o Morumbi de bairro não é simples, porque essa não é uma definição formal: ele é tecnicamente um distrito para a prefeitura. Partes do distrito podem ser consideradas bairros separados pela imprensa ou pelas imobiliárias; por exemplo, o Cidade Jardim, dentro do Morumbi, foi recentemente apontado separadamente como o bairro mais caro do Brasil.

9. Caso de Vila Guilherme. Comparações poderiam ser feitas também com Parque do Carmo (40% maior) e Capela do Socorro (30% maior). Dados até agosto de 2021 para óbitos e até 2020 para população idosa — ver "Panorama da covid-19 na Grande São Paulo" (Agência Mural, 2021, <https://www.agenciamural.org.br/panorama-da-covid-19-na-grande-sao-paulo/>) e "Indicadores sociodemográficos da população idosa residente na cidade de São Paulo" (Prefeitura de São Paulo, 2020).

10. David Cutler, Angus Deaton e Adriana Lleras-Muney. "The Determinants of Mortality". *Journal of Economic Perspectives*, Nashville, v. 20, n. 3, pp. 97-120, verão 2006, <https://pubs.aeaweb.org/doi/pdf/10.1257/jep.20.3.97>.

11. Raj Chetty et al., "The Association Between Income and Life Expectancy in the United States, 2001-2014". *JAMA*, Chicago, v. 315, n. 16, pp. 1750-66, 26 abr. 2016, <https://pubmed.ncbi.nlm.nih.gov/27063997/>.

Notas

12. Eric D. Finegood et al., "Association of Wealth With Longevity in US Adults at Midlife". *JAMA Health Forum*, Chicago, v. 2, n. 7, e211652, 2021, <https://jamanetwork.com/journals/jama-health-forum/fullarticle/2782410>.

13. Para países europeus, ver, entre outros, Johan P. Mackenbach et al., "Socioeconomic Inequalities in Health in 22 European Countries". *The New England Journal of Medicine*, Boston, v. 358, n. 23, pp. 2468-81, 5 jun. 2008, <https://pubmed.ncbi.nlm.nih.gov/18525043/>.

14. Ver <https://www.metropoles.com/brasil/eleicoes-2022/atlas-intel-76-estao-otimistas-sobre-o-brasil-nos-proximos-6-meses>.

15. Alex Shaw e Kristina R. Olson, "All Inequality Is Not Equal: Children Correct Inequalities Using Resource Value" (*Frontiers in Psychology*, Lausanne, v. 4, 19 jul. 2013), sintetizam essa literatura e apresentam novos experimentos, <https://www.frontiersin.org/articles/10.3389/fpsyg.2013.00393/full>.

16. Joel Pinheiro da Fonseca, "A desigualdade importa?". *Folha de S.Paulo*, 4 dez. 2018, <https://www1.folha.uol.com.br/colunas/joel-pinheiro-da-fonseca/2018/12/a-desigualdade-importa.shtml>.

17. Kate E. Pickett e Richard G. Wilkinson, "Income Inequality and Health: A Causal Review". *Social Science & Medicine*, Oxford, v. 128, pp. 316-26, mar. 2015, <https://pubmed.ncbi.nlm.nih.gov/25577953/>.

18. Ver também pesquisas em "economia do bem-estar" (*well-being economy*).

19. Bruno Villas Bôas, "'Crescimentismo precisa dar lugar a igualitarismo'". *Valor Econômico*, 30 set. 2019, <https://valor.globo.com/brasil/noticia/2019/09/30/crescimentismo-precisa-dar-lugar-a-igualitarismo.ghtml>.

20. O trabalho do economista italiano Alberto Alesina junto com o turco Dani Rodrik, "Distributive Politics and Economic Growth" (*Quarterly Journal of Economics*, Cambridge, v. 109, n. 2, pp. 465-90, 1994, <https://dash.harvard.edu/bitstream/handle/1/4551798/alesina_distributive.pdf>), é ponto de partida relevante dessa questão nas últimas décadas, assim como o trabalho de Philippe Aghion, Eve Caroli e Cecilia Garcia-Penalosa, "Inequality and Economic Growth Theories" (*Journal of Economic Literature*, v. 37, n. 4, pp. 1615-60, dez. 1999, <https://www.aeaweb.org/articles?id=10.1257/jel.37.4.1615>).

21. Jonathan D. Ostry, Andrew Berg e Charalambos G. Tsangarides, "Redistribution, Inequality and Growth". *IMF Staff Discussion Note*, Washington, fev. 2014, <https://www.imf.org/external/pubs/ft/sdn/2014/sdn1402.pdf>; Andrew Berg et al., "Redistribution, Inequality, and Growth: New Evidence". *Journal of Economic Growth*, Boston, v. 23, pp. 259-305, 2018, <https://link.springer.com/article/10.1007/s10887-017-9150-2>.

22. Gustavo A. Marrero e Juan Gabriel Rodriguez, "Inequality and Growth: The Cholesterol Hypothesis". *ECINEQ's Working Papers*, Palma de Mallorca, n. 501, 2019, <https://ideas.repec.org/p/inq/inqwps/ecineq2019-501.html>.

23. Shekhar Aiyar e Christian H. Ebeke, "Inequality of Opportunity, Inequality of Income and Economic Growth". *IMF Working Papers*, Washington, 15 fev. 2019, <https://www.imf.org/en/Publications/WP/Issues/2019/02/15/Inequality-of-Opportunity-Inequality-of-Income-and-Economic-Growth-46566>.

24. Marcos Mendes, "Desigualdade e crescimento: Uma revisão da literatura" (*Textos para Discussão*, Núcleo de Estudos e Pesquisas da Consultoria Legislativa, Brasília, n. 131, ago. 2013, <https://www2.senado.leg.br/bdsf/bitstream/handle/id/496329/TD131-MarcosMendes.pdf?sequence=1&isAllowed=y>), que traz uma ampla revisão da literatura sobre desigualdade e crescimento, apresentando também as teorias que viam a desigualdade como positiva para o crescimento.

25. Podcast Brasil, Economia e Governo, temporada 1, episódio 3, 21 fev. 2018, <https://www.brasil-economia-governo.com.br/?p=3169>.

26. Branko Milanović, *The Haves and the Have-Nots: A Brief and Idiosyncratic History of Global Inequality*. Nova York: Basic Books, 2011.

27. Luis Doncel, "Amartya Sem: 'A desigualdade corrói as vantagens das democracias'". *El País*, 29 maio 2021, <https://brasil.elpais.com/brasil/2021-05-29/amartya-sen-a-desigualdade-corroi-as-vantagens-das-democracias.html>.

28. Graziella Vallenti e Gustavo Ferreira, "De saída da xp, Zeina teme Brasil acomodado com 'pibinho'". Valor Investe, 8 jan. 2020, <https://valorinveste.globo.com/mercados/brasil-e-politica/noticia/2020/01/08/de-saida-da-xp-zeina-latif-teme-risco-de-brasil-se-acomodar-com-pibinho.ghtml>.

Notas 295

29. Ligia Guimarães, "Arminio Fraga: 'Minhas propostas me colocam à esquerda, mas esquerda para valer, não a que dá dinheiro para rico'". *BBC News Brasil*, 3 fev. 2020, <https://www.bbc.com/portuguese/brasil-51303795>.

30. Hugo Passarelli, "PIB não destrava sem redução de desigualdade, diz Arminio". *Valor Econômico*, 22 nov. 2019, <https://valor.globo.com/brasil/noticia/2019/11/22/pib-nao-destrava-sem-reducao-de-desigualdade-diz-arminio.ghtml>.

31. Pedro Ferreira e Renato Fragelli, "Crescimento é (quase) tudo". *Valor Econômico*, 17 out. 2019, <https://valor.globo.com/opiniao/coluna/crescimento-e-quase-tudo.ghtml>.

32. Fernando Canzian, "É totalmente insensato dizer que falta dinheiro para dar aos pobres, diz Ricardo Paes de Barros". *Folha de S.Paulo*, 5 out. 2021, <https://www1.folha.uol.com.br/mercado/2021/10/e-totalmente-insensato-dizer-que-falta-dinheiro-para-dar-aos-pobres-diz-ricardo-paes-de-barros.shtml>.

33. Podcast Economisto, temporada 1, episódio 1, jun. 2020, <https://www.idp.edu.br/podcasts/economisto/temporada-1-episodio-1-o-estado-com-persio-arida/>.

34. Michael França, "De viola em vez de enxada, a desigualdade de oportunidades". *Folha de S.Paulo*, 31 maio 2021, <https://www1.folha.uol.com.br/colunas/michael-franca/2021/05/de-viola-em-vez-de-enxada-a-desigualdade-de-oportunidades.shtml>.

35. Lane Kenworthy, *Social Democratic Capitalism*. Nova York: Oxford University Press, 2019.

36. Jon Clifton, "Freedom Rings in Places You Might Not Expect". Gallup Blog, 27 jun. 2018, <https://news.gallup.com/opinion/gallup/235973/freedom-rings-places-not-expect.aspx>.

37. *OECD Economic Surveys: Brazil, December 2020*, <https://www.oecd.org/economy/surveys/Brazil-2020-OECD-economic-survey-overview.pdf>.

38. "Global Social Mobility Index 2020: Why Economies Benefit from Fixing Inequality". World Economic Forum, 19 jan. 2020, <https://reports.weforum.org/social-mobility-report-2020/global-findings/>.

39. Já o Banco Mundial mostra que a mobilidade social é ainda pior em estados do Norte e do Nordeste: ver Ambar Narayan et al.,

Fair Progress? Economic Mobility across Generations around the World. Washington: World Bank Group, 2018, <https://openknowledge. worldbank.org/handle/10986/28428>. Desigualdade similar fora encontrada pelos pesquisadores brasileiros Sergio Guimarães Ferreira, do IMDS, e Fernando Veloso, da FGV, no tocante à escolaridade; ver seu estudo "Mobilidade intergeracional de educação no Brasil". *Pesquisa e Planejamento Econômico*, Brasília, v. 33, n. 3, pp. 481-513, dez. 2003, <http://repositorio.ipea.gov.br/bitstream/11058/3377/3/PPE_v33_n03_Mobilidade.pdf>.

40. "André Esteves, do BTG, diz ser consultado por Campos Neto sobre piso de juros". *Poder360*, 25 out. 2021, <https://www.poder360.com.br/economia/andre-esteves-do-btg-diz-ser-consultado-por-campos-neto-sobre-piso-de-juros/>.

41. PEC nº 22, de 2021.

42. Ainda, para políticas ativas de emprego.

43. É sabido, porém, que o sistema americano comporta muitas deduções para esse tributo federal.

44. Ademais, a Receita Federal ganharia mais poder para combater artifícios usados por herdeiros para não elidir a tributação, um problema comum a diversos países. Por exemplo, há aqui hoje um desafio com aqueles que usam mecanismos para receber a herança fora do país, deixando assim de arcar com as (já baixas) alíquotas estaduais.

45. Emenda nº 119 à PEC Emergencial (PEC nº 186), de 2019.

46. Respectivamente PEC nº 34, de 2020, e PL nº 5343, de 2020.

47. Thomas Piketty e Emmanuel Saez, "A Theory of Optimal Inheritance Taxation". *Econometrica*, Chicago, v. 81, n. 5, pp. 1851--86, set. 2013.

48. Gedeão Locks, Rodrigo Orair e Marc Morgan, "Concentração de riqueza no Brasil é ainda maior que a de renda". *Folha de S.Paulo*, 24 jan. 2021, <https://www1.folha.uol.com.br/mercado/2021/01/imposto-de-heranca-e-concentracao-da-riqueza-no-brasil.shtml>.

49. João Pedro Caleiro, "Brasil é mais desigual do que se imaginava, diz pesquisador". *Exame*, 11 mar. 2016.

50. Naercio Menezes Filho, "Imposto sobre a herança". *Valor Econômico*, 24 abr. 2015. Ambos são referências da justificação da PEC nº 22.

51. Ver <https://twitter.com/marcelo_meds/status/1250085884529082369>.

Notas

52. PLP nº 213, de 2020. O limite de 20 milhões é relevante também em outro projeto: o PLP nº 183, de 2019 — do senador Plínio Valério (PSDB-MA). As alíquotas praticadas, porém, são menores.

53. A maior parte da arrecadação para esse pagamento, entretanto, viria da reforma da tributação da renda.

54. Luís Henrique Paiva et al., "A reformulação das transferências de renda no Brasil: Simulações e desafios". *Texto para Discussão*, Ipea, Brasília, 2021, <https://www.ipea.gov.br/portal/images/stories/PDFs/pubpreliminar/210521_publicacao_preliminar_a_reformulacao_das_transferencias.pdf>.

55. Este é o gasto do governo não relacionado à dívida pública, como benefícios sociais, salários de servidores, obras etc.

56. Carmen Ang, "The World's 100 Most Valuable Brands in 2021". Visual Capitalist, 6 out. 2021, <https://www.visualcapitalist.com/top-100-most-valuable-brands-in-2021/>; Jesse Eisinger, Jeff Ernsthausen e Paul Kiel, "The Secret IRS Files: Trove of Never-Before-Seen Records Reveal How the Wealthiest Avoid Income Tax". ProPublica, 8 jun. 2021, <https://www.propublica.org/article/the-secret-irs-files-trove-of-never-before-seen-records-reveal-how-the-wealthiest-avoid-income-tax>; Ben Gilbert, "How Billionaires Like Jeff Bezos and Elon Musk Avoid Paying Federal Income Tax While Increasing Their Net Worth by Billions". *Insider*, 13 jun. 2021, <https://www.businessinsider.com/how-billionaires-avoid-paying-federal-income-tax-2021-6>.

57. Esse argumento de que os mais pobres serão prejudicados pela tributação dos mais ricos é normalmente conhecido como *trickle-down economics* e ganhou maior proeminência a partir do governo Ronald Reagan nos anos 1980. Ele de fato é mais adotado pela direita, mas aparece também à esquerda (há uma lógica semelhante sobre supostos efeitos indiretos que prejudicariam os mais pobres, por exemplo, quando se fala que há elevado "multiplicador" sobre o PIB nas aposentadorias dos servidores).

58. Zeina Latif, "A desesperança e o 'nós contra eles'". *O Globo*, 20 set. 2023, <https://oglobo.globo.com/economia/zeina-latif/coluna/2023/09/a-desesperanca-e-o-nos-contra-eles.ghtml>.

59. Não precisamos entender o PIB apenas como uma medida para o conjunto da economia nacional. Afinal, ele é uma métrica para o nível de atividade econômica em um determinado período. Pelas suas diferentes óticas, podemos usar esse conceito de forma equivalente para regiões mais pobres ou mesmo famílias mais pobres.

60. No jargão técnico, é de interesse estudar as "elasticidades" referentes a essas reações. Ver entre outros Marius Brülhart et al., "Behavioral Responses to Wealth Taxes: Evidence from Switzerland". *American Economic Journal: Economic Policy*, Nashville, v. 14, n. 4, nov. 2022, <https://www.aeaweb.org/articles?id=10.1257/pol.20200258>; e Lorreine Silva Messias, "Vale a pena instituir o IGF? Uma análise dos efeitos econômicos do imposto a partir de experiências internacionais". Insper, mar. 2021, <https://www.insper.edu.br/wp-content/uploads/2021/05/IGF_V7.pdf>.

61. PL nº 1409, de 2021. Até 2023, o projeto de lei não havia sido analisado.

62. Pedro Humberto Bruno de Carvalho Junior, "A progressividade dos tributos diretos nas pesquisas de orçamentos familiares (POFS) 2008-2009 e 2017-2018". *Texto para Discussão*, Ipea, Brasília, n. 2645, <https://www.ipea.gov.br/portal/images/stories/PDFs/TDs/td_2645.pdf>.

63. Ibid.

64. Rodrigo Toneto e Matias Cardomingo, "Desafios e possibilidades de uma maior progressividade tributária no Brasil: o caso do IPTU". *Notas de Política Econômica*, Made, São Paulo, n. 13, 27 jul. 2021.

65. Podcast Escolhas no Ar, episódio 9, 14 jun. 2020, <https://www.escolhas.org/episodio-9-por-que-o-itr-e-chamado-de-imposto-dos-dez-reais/>.

66. "Imposto Territorial Rural: Justiça tributária e incentivos ambientais". Instituto Escolhas, abr. 2019, <https://www.escolhas.org/wp-content/uploads/2019/04/Imposto_Territorial_Rural_-justi%C3%A7a_tribut%C3%A1ria_e_incentivos-ambientais-SUM%C3%81RIO-EXECUTIVO.pdf>. Críticos do aumento da arrecadação pelo ITR argumentam que a Constituição não autoriza essa função para o tributo, que seria ali concebido apenas como um tributo extrafiscal — com o objetivo de desestimular latifúndios improdutivos.

67. Ver <https://twitter.com/tvalmg/status/1413227010890113025>.

68. Afinal, o SUS é uma política pública que parece ser bem focalizada (ricos não usufruem tanto), tem impacto relevante sobre o próprio capital humano e consumiu parcelas expressivas dos orçamentos dos três níveis de governo — na ordem de centenas de bilhões de reais por ano. Várias e várias vezes mais do que um Bolsa Família,

Notas   299

por exemplo. O próprio Amartya Sen, o indiano prêmio Nobel de economia, distingue desigualdade de renda de outras que ele também vai considerar como "desigualdades econômicas" (vide educação ou saúde).

69. Mesmo quando falamos de dados econômicos, é mais fácil e mais comum medir renda do que patrimônio. Renda é um tipo de dado gerado com frequência razoável e disponível para vários períodos e territórios, permitindo comparações e estudos diversos. Há, assim, muito mais literatura sobre desigualdade de renda do que sobre outros tipos de desigualdade para difundirmos neste livro.

4. Mocambinho, o bairro em que se vive menos [pp. 110-39]

1. Ellyo Teixeira, "Tribunal do crime: Polícia apura mortes de jovens, relação com facções, covas abertas e vídeos compartilhados". Oito Meia, 28 abr. 2021, <https://www.oitomeia.com.br/noticias/2021/04/28/policia-apura-mortes-de-mulheres-relacao-faccoes-e-tribunal-do-crime-em-teresina/>.

2. Brunno Suênio e Jeyson Moraes, "Frentista executado em posto era investigado por morte de motoboy no Mocambinho". GP1, 11 nov. 2021, <https://www.gp1.com.br/pi/piaui/noticia/2021/11/11/frentista-executado-em-posto-era-investigado-por-morte-de-motoboy-no-mocambinho-513798.html>; "Jovem encontrado no rio com corda no pescoço foi torturado antes de morrer". Piauí Hoje, 3 jun. 2021, <https://piauihoje.com/noticias/policia/jovem-encontrado-no-rio-com-corda-no-pescoco-foi-torturado-antes-de-morrer-366147.html>; "Jovem de 22 anos morre após ser baleado em lanchonete na Zona Norte de Teresina". G1 Piauí, 5 ago. 2021, <https://g1.globo.com/pi/piaui/noticia/2021/08/05/jovem-de-22-anos-morre-apos-ser-baleado-em-lanchonete-na-zona-norte-de-teresina.ghtml>; Bárbara Rodrigues e Marcos Teixeira, "Policial militar morto após briga de trânsito foi seguido por dono de moto, dizem testemunhas ao DHPP". G1 Piauí, 20 dez. 2021, <https://g1.globo.com/pi/piaui/noticia/2021/12/20/policial-militar-morto-apos-briga-de-transito-foi-seguido-por-dono-de-moto-dizem-teste-munhas-ao-dhpp.ghtml>; Nataniel Lima e Rebeca Lima, "Tenente

aposentado é preso suspeito de atirar em rosto de ex-mulher no Mocambinho". Cidade Verde, 26 jan. 2022, <https://cidadeverde. com/noticias/361515/tenente-aposentado-e-preso-suspeito-de-atirar-em-rosto-de-ex-mulher-no-mocambinho>.

3. A ressalva sobre unidades de análise, recorte do *Atlas*, feita em capítulo anterior, continua valendo. Dividir as cidades em bairros é ainda mais difícil no caso de periferias, que tendem a mudar de maneira mais acelerada.

4. Novamente, destaca-se que essa comparação é baseada em números do último Censo: quando atualizados, dado o próprio crescimento veloz das periferias nas metrópoles brasileiras, é provável que novos nomes apareçam entre os piores em longevidade.

5. Patrícia Andrade, "Bebês dividem o mesmo leito na maior maternidade pública do Piauí". GI Piauí, 12 set. 2013, <https://g1.globo.com/ pi/piaui/noticia/2013/09/bebes-dividem-o-mesmo-leito-na-maior-maternidade-publica-do-piaui.html>; Catarina Costa, "Servidora flagra 4 bebês em mesmo leito de maternidade pública no Piauí". GI Piauí, 2 abr. 2014, <https://g1.globo.com/pi/piaui/noticia/2014/04/ servidora-faz-foto-que-mostra-4-bebes-no-mesmo-leito-em-maternidade-do-pi.html>; "313 bebês já morreram na maior maternidade pública do Piauí em 2015". GI Piauí, 14 dez. 2015, <https://g1.globo. com/pi/piaui/noticia/2015/12/313-bebes-ja-morreram-na-maior-maternidade-publica-do-piaui-em-2015.html>; "Direção investiga 3 mortes em menos de 24h em maternidade de Teresina". GI Piauí, 14 dez. 2015, <https://g1.globo.com/pi/piaui/noticia/2015/12/direcao-investiga-4-mortes-em-menos-de-24h-em-maternidade-de-teresina. html>; "Maternidade afasta médico e investiga 'tampão' dentro de mulher após parto". GI Piauí, 23 fev. 2017, <https://g1.globo.com/pi/ piaui/noticia/2017/02/maternidade-afasta-medico-e-abre-sindicancia-apos-mulher-achar-tampao.html>; Luciano Coelho, "Deputada denuncia a morte de 30 bebês em maternidade". Rádio Teresina FM, 2 jun. 2021., <https://www.teresinafm.com.br/saude/2021/06/02/ deputada-denuncia-a-morte-de-30-bebes-na-maternidade/>.

6. "Falta de investimento aumenta taxa de mortalidade infantil na maior maternidade do Piauí". GI Piauí, 22 maio 2018, <https:// g1.globo.com/pi/piaui/noticia/falta-de-investimento-aumenta-taxa-de-mortalidade-infantil-na-maior-maternidade-do-piaui.ghtml>.

Notas   301

7. "Teresina-PI". In: Primeira Infância Primeiro. 2022, <https://primeirainfanciaprimeiro.fmcsv.org.br/capitais/teresina-pi/>.

8. Nem toda ocupação é irregular ali, porém, pega emprestado o nome do bairro — como a Vila Firmino Filho, em que casas de barro são cercadas por mato e lixo, na ausência de asfalto e calçadas.

9. Note ainda que uma favela não costuma ser considerada isoladamente um bairro (no caso de Teresina nem mesmo a maior delas — a Vila Irmã Dulce, que ganhou atenção nacional quando visitada pelo presidente Lula nos primeiros dias do seu primeiro mandato).

10. Ver <https://twitter.com/DalsonFigueired/status/1500828479348256768>; Hellen Guimarães, "Os paradoxos do Piauí". *piauí*, 13 ago. 2021, <https://piaui.folha.uol.com.br/os-paradoxos-do-piaui/>; Anne Barbosa e Renata Souza, "Cidades mostram como melhoraram ensino básico". CNN Brasil, 7 fev. 2022, <https://www.cnnbrasil.com.br/nacional/cidades-mostram-como-melhoraram-ensino-basico/>.

11. IBGE, *Pesquisa Nacional por Amostra de Domicílios Contínua (PNAD Contínua): Indicadores mensais produzidos com informações do 4º trimestre de 2021*. Rio de Janeiro: IBGE, 24 fev. 2022, <https://agenciadenoticias.ibge.gov.br/media/com_mediaibge/arquivos/d5e20bc-cb450b96295a3c7874bba086a.pdf>.

12. Dados de 2019, medidos entre vinte e 22 anos. O percentual é de 23% para os brancos. Ver "Desigualdades sociais por cor ou raça no Brasil" (IBGE, 2019), <https://biblioteca.IBGE.gov.br/index.php/biblioteca-catalogo?view=detalhes&id=2101681>.

13. Sobre a importância de integrar em um mesmo ambiente "excluídos" e "incluídos", é de interesse o trabalho recente de Matthew Jackson, de Stanford, sobre a relação entre redes de contatos e desigualdade: "Inequality's Economic and Social Roots: The Role of Social Networks and Homophily" (*SSRN*, 22 mar. 2021), <https://papers.ssrn.com/sol3/papers.cfm?abstract_id=3795626>.

14. Há diferentes métodos de calcular o custo do trabalho, que variam, por exemplo, quando a conta é feita por instituição ligada à representação dos trabalhadores ou à representação patronal. Optamos aqui por uma estimativa mais conservadora, com valor mais baixo para o custo. Cabe observar que esse valor considera uma jornada de 44 horas semanais, e não contempla então as jornadas reduzidas dos novos tipos de contratos criados pela reforma

302   *Extremos*

trabalhista de 2017, que estão judicializados e ainda são pouco adotados (como o contrato intermitente, que será discutido mais adiante). Ver Luiz Ricardo Cavalcante, "Encargos trabalhistas no Brasil". *Textos para Discussão*, Núcleo de Estudos e Pesquisas da Consultoria Legislativa, Brasília, n. 287, <https://www12.senado. leg.br/publicacoes/estudos-legislativos/tipos-de-estudos/textos-para-discussao/td288>.

15. Há, claro, outras consequências não econômicas do desemprego, além da já mencionada violência. Psicólogos e outros cientistas que estudam a felicidade humana chegam a observar que o desemprego afeta desproporcionalmente o bem-estar, em intensidade maior do que a perda de renda que o acompanha. Ele seria pior até que um divórcio. Médicos identificam ainda o desemprego como causa de depressão e ansiedade. Um incremento recente e interessante nessa literatura é o trabalho sobre o experimento aleatório controlado (RCT, na sigla em inglês) feito por pesquisadores em um campo de refugiados em Bangladesh com pessoas da população ruainga, em que aqueles sem emprego que receberam dinheiro não tiveram os mesmos ganhos de bem-estar dos que foram sorteados para uma ocupação. Ver Reshmaan N. Hussam, "The Psychosocial Value of Employment". *NBER Working Paper*, Cambridge, n. 28924, jun. 2021, <https://www. nber.org/papers/w28924>; Pedro Fernando Nery, "Economia da felicidade: Implicações para políticas públicas". *Textos para Discussão*, Núcleo de Estudos e Pesquisas da Consultoria Legislativa, Brasília, n. 156, out. 2014, <https://www12.senado.leg.br/publicacoes/estudos legislativos/tipos-de-estudos/textos-para-discussao/td156/view>.

16. Michael Birkjær et al., *Towards a Nordic Wellbeing Economy*. Nordic Council of Ministers, 2021, <https://pub.norden.org/nord2021-049/ #79528>.

17. Amartya Sen, *Desenvolvimento como liberdade*. São Paulo: Companhia de Bolso, 2010. (Adaptado).

18. Publicado durante a pandemia, estudo de Jaime Arellano-Bover, de Yale, analisou dezenove países e identificou que trabalhadores que enfrentaram taxas de desemprego mais altas quando entraram no mercado de trabalho têm menores aptidões (*skills*) por anos e décadas depois. Ver "The Effect of Labor Market Conditions at Entry on Workers' Long-Term Skills" (*The Review of Economics and Statistics*, Cambridge, v. 104, n. 5, pp. 1028-45, 2022), <https://direct.mit.edu/

Notas 303

rest/article/doi/10.1162/rest_a_01008/97730/The-Effect-of-Labor-Market-Conditions-at-Entry-on>.

19. Esses dois casos — saída da força de trabalho e depreciação de capital humano — estão associados ao conceito de histerese: a perpetuação no longo prazo de efeitos de curto prazo, mesmo quando o evento inicial (como uma recessão) não existe mais. Um estudo recente e inventivo feito para a Grécia por economistas da Universidade de Chicago ilustra o problema. Eles tentaram verificar a relação entre desemprego e posterior produtividade: com uma amostra de professores, foi observado que cada ano adicional de desemprego leva no futuro à queda no desempenho dos seus respectivos estudantes. Ver Michael Dinerstein, Rigissa Megalokonomou e Constantine Yannelis, "Human Capital Depreciation and Returns to Experience". *NBER Working Paper*, Cambridge, n. 27925, out. 2020, <https://www.nber.org/system/files/working_papers/w27925/w27925.pdf>.

20. Mulheres de fato se afastam mais do que homens até os quarenta anos de idade, mas, segundo levantamento de Regina Madalozzo e Adriana Carvalho, relatado em "Perguntas e respostas sobre licença a maternidade" (Insper, 2019, <https://www.insper.edu.br/wp-content/uploads/2019/11/Perguntas-e-Respostas-sobre-Licen%C3%A7a-Maternidade_Regina-Madalozzo.pdf>), a diferença média é de oito dias por ano na faixa etária com maior hiato. Embora não tenham licença-maternidade, homens parecem se afastar mais por outras causas, como acidentes.

21. Pedro Fernando Nery, Gabriel Nemer Tenoury e Claudio Shikida, "Probabilidade de desemprego por faixa etária: Implicações para idade mínima e políticas de emprego". *Textos para Discussão*, Núcleo de Estudos e Pesquisas da Consultoria Legislativa, Brasília, n. 253, nov. 2018, <https://www12.senado.leg.br/publicacoes/estudos-legislativos/tipos-de-estudos/textos-para-discussao/td253>.

22. Ana Fischer, "Boas intenções prevalecem, com frequência, sobre a razão no direito do trabalho". *Forbes*, 20 ago. 2020, <https://forbes.com.br/forbes-collab/2020/08/ana-fischer-boas-intencoes-prevalecem-com-frequencia-sobre-a-razao-no-direito-do-trabalho/>; Pedro Fernando Nery, "Por que candidatos querem cortar os salários de mães?". *Gazeta do Povo*, 28 ago. 2018, <https://www.gazetadopovo.com.br/vozes/pedro-fernando-nery/por-que-candidatos-querem-cortar-os-salarios-de-maes/>.

304   *Extremos*

23. Ana Luiza Neves de Holanda Barbosa e Joana Simões de Melo Costa, "Oferta de creche e participação das mulheres no mercado de trabalho no Brasil". *Boletim Mercado de Trabalho*, n. 62, pp. 23-35, abr. 2017, <http://repositorio.ipea.gov.br/bitstream/11058/10297/2/bmt_62_oferta_de_creche.pdf>.

24. "Labor Force Participation Rate, Female (% of Female Population Ages 15+) (Modeled ILO estimate)". World Bank, 30 ago. 2020, <https://data.worldbank.org/indicator/SL.TLF.CACT.FE.ZS>; Michel Strawczynski, "Optimal EITC in the Presence of Cultural Barriers for Labor Market Participation". *Journal of Labor Research*, Fairfax, v. 41, pp. 233-59, 2019, <https://papers.ssrn.com/sol3/papers.cfm?abstract_id=3374827>.

25. Lucianne Carneiro e Alessandra Saraiva, "Mulheres com filhos têm menos presença no mercado de trabalho". *Valor Econômico*, 5 mar. 2021, <https://valor.globo.com/brasil/noticia/2021/03/05/mulheres-com-filhos-tem-menos-presenca-no-mercado-de-trabalho.ghtml>; Giuliana Saringer, "Só 54,6% das mulheres com filhos pequenos conseguem trabalhar, diz IBGE". TV Cultura, 4 mar. 2021, <https://cultura.uol.com.br/noticias/17228_so-54-6-das-mulheres-com-filhos-pequenos-conseguem-trabalhar-diz-ibge.html>.

26. Vitor Cavalcante, Naercio Menezes Filho e Bruno Kawaoka Komatsu, "Efeitos da pandemia na primeira infância". *Policy Paper*, Insper, São Paulo, n. 56, abr. 2021, <https://www.insper.edu.br/wp-content/uploads/2021/04/Policy_Paper_56.pdf>.

27. É necessário cautela com pontos da legislação que visam "proteger" a mulher: como costumava salientar a ministra Ruth Bader Ginsburg, histórica feminista da Suprema Corte norte-americana, normas com proteções às mulheres com frequência acabam criando obstáculos ao trabalho delas, pois induzem à contratação de homens (e em vagas de melhor remuneração).

28. É central aqui o conceito de "agência", que estaria associado inclusive à redução da mortalidade infantil e à redução da fecundidade. Amartya Sen (*Desenvolvimento como liberdade* (São Paulo: Companhia de Bolso, 2010) vê o fortalecimento da capacidade de agência das mulheres em países pobres como uma agenda fundamental para o desenvolvimento econômico e social.

29. Isso também aconteceu em outros países — na língua inglesa inclusive se cunhou o termo *shecession*, trocadilho com *she* (ela) +

Notas   305

recession (recessão). O pesquisador Carlos Góes, da Universidade da Califórnia em San Diego, lembra ainda as especificidades das medidas de distanciamento social demandadas pela covid-19. Elas fizeram com que setores econômicos em que há maior sobrerrepresentação das mulheres fossem mais impactados (como o comércio varejista, os hotéis, os restaurantes), agravando a situação. Ver Carlos Góes, "A recessão das mulheres". *O Globo*, 18 dez. 2021, <https://oglobo.globo.com/economia/a-recessao-das-mulheres-25324496/>.

30. Novamente estamos diante da premissa de mercados competitivos: quando, ao contrário, os empregadores têm poder de mercado (como em um monopsônio), o aumento do salário mínimo não teria o mesmo impacto adverso sobre o emprego — de acordo com a própria teoria, como explica Rafael Cariello no artigo "Trabalhadores, uni-vos" (*piauí*, n. 171, dez. 2020, <https://piaui.folha.uol.com.br/materia/trabalhadores-uni-vos/>. A lógica do monopsônio a nível local foi a base para os pleitos entusiasmados de aumentos do salário mínimo nos Estados Unidos em anos recentes; para contrapontos didáticos ver Jeffrey Clemens, "Making Sense of the Minimum Wage: A Roadmap for Navigating Recent Research" (Cato Institute *Policy Analysis*, Washington, n. 867, 14 maio 2019); Jonathan Meer, "The Downsides of Minimum Wage Increases" (EconLog, 6 abr. 2019, <https://www.econlib.org/hidden-costs-of-the-minimum-wage/>); e "The Effects on Employment and Family Income of Increasing the Federal Minimum Wage" (Congressional Budget Office, jul. 2019, <https://www.cbo.gov/system/files/2019-07/CBO-55410-MinimumWage2019.pdf>).

31. Observe que nesta análise não estamos incorporando o trabalho intermitente, uma forma alternativa de contratação criada pela reforma trabalhista de 2017, que ainda é judicializada e tem pouca adesão, mas que em tese permitiria um ajuste mais suave em situações como essa.

32. Examinar as diferenças e eventuais superioridades dos métodos em cada trabalho foge do nosso propósito. Optei por apresentar nestes parágrafos os estudos recentes mais imediatamente aderentes à visão principal que estamos expondo: de que os efeitos positivos do aumento do salário mínimo estariam se exaurindo

e de que há melhores alternativas à nossa disposição — mas são de interesse outros trabalhos. Destacamos Niklas Engbom e Christian Moser, "Earnings Inequality and the Minimum Wage: Evidence from Brazil". (*NBER Working Paper*, Cambridge, n. 28831, maio 2021, <https://www.nber.org/papers/w28831>); Ellora Derenoncourt et al., "Racial Inequality, Minimum Wage Spillovers, and the Informal Sector" (Social Protecion.org, 15 maio 2021, <https://socialprotection.org/fr/discover/publications/racial-inequality-minimum-wage-spillovers-and-informal-sector>); e Alessandra Scalioni Brito e Celia Lessa Kerstenetzky, "Has the Minimum Wage Policy Been Important for Reducing Poverty in Brazil? A Decomposition Analysis for the Period From 2002 to 2013" (*EconomiA*, Rio de Janeiro, v. 20, n. 1, pp. 27-43, jan./abr. 2019, <https://www.sciencedirect.com/science/article/pii/S151775801830081X>).

33. Hugo Jales, "Estimating the Effects of the Minimum Wage in a Developing Country: A Density Discontinuity Design Approach". *Journal of Applied Econometrics*, Chichester, v. 33, n. 1, pp. 29-51, 25 jul. 2017.

34. Fernando Saltiel e Sergio Urzúa, "The Effect of the Minimum Wage on Employment in Brazil". *CAF — Working Paper*, Caracas, n. 2017/22, 16 out. 2017.

35. Miguel Foguel, Gabriel Ulyssea e Carlos Henrique Courseil, "Salário mínimo e mercado de trabalho no Brasil". In: MONASTERIO, Leonardo Monteiro; NERI, Marcelo Côrtes; SOARES, Sergei Suarez Dilon (Orgs.). *Brasil em desenvolvimento 2014: Estado, planejamento e políticas públicas*. Brasília: Ipea, 2014. v. 1, pp. 295-323.

36. Entre as alternativas apontadas estão dois benefícios trabalhistas: o abono salarial e o salário-família, que poderiam elevar a renda de quem ganha cerca de um salário mínimo sem elevar custo dos empregadores. Ver Flávia Yuri Oshima e Guilherme Evelin, "Ricardo Paes de Barros: 'Os programas sociais precisam de relojoeiros'". *Época*, 30 abr. 2016, <https://epoca.oglobo.globo.com/ideias/noticia/2016/04/ricardo-paes-de-barros-os-programas-sociais-precisam-de-relojoeiros.html>.

37. Ligia Tuon, "É hora de mudar a política de reajuste do salário mínimo no Brasil?". *Exame*, 22 abr. 2019, <https://exame.com/economia/e-hora-de-mudar-a-politica-de-reajuste-do-salario-minimo-no-brasil/>. Ver

Notas

também Marcelo Moura, "As reformas propostas por Temer prejudicam os pobres?". *Época*, 28 abr. 2017, <https://epoca.oglobo.globo.com/economia/noticia/2017/04/reformas-propostas-por-temer-prejudicam-os-pobres-nao.html>.

38. Podcast Brasil, Economia e Governo, temporada 1, episódio 2, 15 fev. 2018, <https://www.brasil-economia-governo.com.br/?p=3168>.

39. Uma nova política de valorização não precisa necessariamente ser descartada, mas a anterior (regra de reajuste anual pela variação da inflação e do PIB) deve ser aprimorada. Uma possibilidade, discutida no Senado Federal em 2020, é a de reajuste condicional ao desemprego, que seria a base de uma política permanente de valorização do salário mínimo (Emenda nº 3 ao PL nº 3137, de 2019, da senadora Eliziane Gama). Ela faria com que o aumento do salário mínimo fosse maior quando o desemprego fosse menor. Assim, aumentos maiores seriam dados quando houvesse menor chance de efeitos adversos (desemprego baixo).

40. O Novo Bolsa Família teve um orçamento total acima de 150 bilhões de reais, contra cerca de 10 bilhões de reais de impacto dos aumentos do salário mínimo em 2023.

41. Em trabalho recente o Banco Mundial indica predileção por esse tipo de política: "Nos mercados de trabalho de países em desenvolvimento, onde [...] a maior parte da força de trabalho atua informalmente, os pisos salariais legais são instrumentos relativamente eficazes para combater a pobreza e a desigualdade que podem causar danos colaterais consideráveis. [...] Depois que muitos dos países da América Latina saíram do ciclo recente de alta das commodities, anos de alto crescimento, os aumentos nos salários mínimos haviam eliminado o emprego formal de muitos trabalhadores". Ver Truman Packard et al., *Protecting All: Risk Sharing for a Diverse and Diversifying World of Work*. Washington: World Bank Group, 2019, <https://openknowledge.worldbank.org/bitstream/handle/10986/32353/9781464814273.pdf?sequence=5&isAllowed=y>.

42. É oportuno lembrar que só é considerado desempregado aquele que não tem uma ocupação, aceitaria uma e busca por ela. Esse conceito naturalmente inclui apenas parte dos adolescentes, já que muitos se dedicam somente aos estudos. Ver IBGE, *Pesquisa Nacional*

por *Amostra de Domicílios Contínua* (*PNAD Contínua*): *Indicadores mensais produzidos com informações do 4º trimestre de 2021*. Rio de Janeiro: IBGE, 24 fev. 2022, <https://agenciadenoticias.ibge.gov.br/media/com_mediaibge/arquivos/d5e20bccb450b96295a3c7874bba086a.pdf>.

43. Naquele mesmo ano, segundo estudo do Ministério da Economia, a probabilidade de um jovem ser contratado em uma vaga com carteira assinada era 35% menor que a probabilidade de um não jovem, mesmo quando possuíam as mesmas características (como escolaridade). Esse "efeito juventude" piora depois de recessões no Brasil. (O corte entre jovem e não jovem no estudo é de 29 anos. Gênero e região são outras características controladas). Ver "Nota Técnica — Juventude e informalidade no Brasil: é possível reduzir as barreiras à entrada no mercado formal de trabalho?". Ministério da Economia, 15 jun. 2021, <https://www.gov.br/economia/pt-br/centrais-de-conteudo/publicacoes/notas-tecnicas/2021/nota_jovens_spe.pdf>

44. Conceito que considera remuneração, formalização, condições de trabalho e estabilidade. Ver Renée Pereira, "Salário baixo e alta informalidade: a cara do emprego dos jovens no Brasil". *O Estado de S. Paulo*, 14 dez. 2020, <https://www.estadao.com.br/infograficos/economia,salario-baixo-e-alta-informalidade-a-cara-do-emprego-dos-jovens-no-brasil,1138392>.

45. Com Paolo Pinotti, da Universidade Bocconi. Vencedor do prêmio Haralambos Simeonidis. Ver "The Effect of Job Loss and Unemployment Insurance on Crime in Brazil". *Econometrica*, Chicago, v. 90, n. 4, pp. 1393-1423, 28 jul. 2022, <https://onlinelibrary.wiley.com/doi/full/10.3982/ECTA18984>.

46. A adoção de contratos alternativos para os jovens, contudo, não é livre de controvérsias, nem nos países que as adotaram. Um dos motivos é o receio de precarização dos jovens, já que nem sempre apenas a tributação é diferenciada nesse contrato, mas também as vantagens recebidas (o que vai no sentido de reduzir o custo da contratação). É um dilema associado à chamada "flexibilização".

47. "Cresceu o número de microempreendedores individuais em 2020". Ministério da Economia, 2 mar. 2021, <https://www.gov.br/pt-br/noticias/trabalho-e-previdencia/2021/03/cresceu-o-numero-de-microempreendedores-individuais-em-2020>.

Notas 309

48. Vale ressaltar que o MEI não afasta o reconhecimento de vínculo empregatício: se ele for identificado pelo Judiciário, o trabalhador pode ter acesso a todos os direitos associados à contratação por carteira.

49. Pedro Fernando Nery, "Frentes de trabalho são opção para políticas de emprego". *O Estado de S. Paulo*, 25 jan. 2022, <https://economia.estadao.com.br/noticias/geral,frentes-de-trabalho-sao-opcao-para-politicas-de-emprego,70003959830>.

50. Pagando cerca de seiscentos reais por vaga. Exemplos são o Mais Empregos Ceará e EmpregaPE.

51. Hamilton Ferrari, "Imposto sindical cai 96% em 2 anos, de R$ 3,64 bilhões para R$ 128,3 milhões". *Poder360*, 29 jan. 2020, <https://www.poder360.com.br/economia/imposto-sindical-cai-96-em-2-anos-de-r-364-bilhoes-para-r-128-milhoes/>.

52. Uma juíza chegou a afirmar publicamente que a reforma não deveria ser aplicada pelos juízes porque era "o caminho mais rápido para a sua própria extinção" e porque não haveria mais como "justificar a existência de uma estrutura própria de poder". Ver Pedro Fernando Nery, "Sabotagem: A Justiça é contra a lei?". *O Estado de S. Paulo*, 20 ago. 2019, <https://economia.estadao.com.br/noticias/geral,sabotagem,70002974453>. Ver também Laís Alegretti, "Reforma trabalhista reduz processos e muda vida de advogados: 'Fonte secou'". *BBC News Brasil*, 8 jul. 2019, <https://www.bbc.com/portuguese/brasil-48830450>.

53. Possibilidade do trabalho intermitente — aqui comparado com o estágio de ensino superior.

54. Há vários mecanismos pelos quais a reforma — Lei nº 13467, de 2017 — visa ao aumento do emprego formal. Expor essas tecnicalidades pode fugir de nosso propósito aqui, mas algumas referências da época podem ser consultadas, como apresentações dos professores Sergio Firpo (Insper), "Crise econômica, desemprego e a reforma trabalhista" (Senado Federal, 23 maio 2017, <http://legis.senado.leg.br/sdleg-getter/documento/download/ea93fdb8-bf49-4e8f-a00c-3f22eeb2415f>); André Portela (FGV), "Instituições e economia: Algumas considerações sobre a reforma trabalhista" (Senado Federal, 23 maio 2017, <http://legis.senado.leg.br/sdleg-getter/documento/download/e1ccd1f8-5b79-4876-862d-627baa-2abf42>); Hélio Zylberstajn (USP), "Objetivos e impactos de refor-

mas trabalhistas" (Senado Federal, 11 maio 2017, <http://www 12.senado.leg.br/noticias/arquivos/2017/05/11/apresentacao-dezylberstajn>); José Pastore (USP), "Reforma trabalhista (PLC 28/2017)" (Senado Federal, 10 maio 2017, <http://legis.senado. leg.br/sdleg-getter/documento/download/3608ecab-3d36-4e15-a39f-7219f353db70>) e "Controvérsias sobre reformas trabalhistas" (Senado Federal, 10 maio 2017, <http://legis.senado.leg.br/ sdleg-getter/documento/download/5c8796e4-d7d4-46e6-a531-29f5f850035a>); José Márcio Camargo (PUC-Rio), "Mercado de trabalho e reforma trabalhista: Rotatividade, incerteza, informalidade e desemprego" (Senado Federal, 2017, <http://legis.senado. leg.br/sdleg-getter/documento/download/c34e317e-f7f4-4daf-a224-3e6bc3fc99f8>); e Pedro Fernando Nery, "Reforma trabalhista é aposta para crescimento do emprego" (Jota, 2 jul. 2017, <https:// www.jota.info/opiniao-e-analise/artigos/reforma-trabalhista-eaposta-para-crescimento-do-emprego-02072017>) e "Contos da Reforma Trabalhista" (Brasil, Economia e Governo, 5 fev. 2018, <https://www.brasil-economia-governo.com.br/?p=3157>).

55. Para ter noção de quão excepcional foi esse biênio, tenha em mente que desde 1992 o emprego formal cresce no Brasil em relação ao ano anterior, ou pelo menos se mantém estável. Em alguns períodos essa tendência refletiu um crescimento econômico mais robusto, em outros o mero crescimento da população brasileira (sem assim contribuir necessariamente para redução da informalidade e do desemprego). Mas períodos de destruição do emprego com carteira como 2015-16 ou 2020 são exceção.

56. De acordo com o Novo Caged (Cadastro geral de empregados e desempregados) (Brasília: Ministério do Trabalho e Previdência, dez. 2021), <http://pdet.mte.gov.br/images/Novo_CAGED/Dez2021/2-apresentacao.pdf>.

57. Parecer da Comissão de Assuntos Econômicos sobre o Projeto de Lei da Câmara nº 38, de 2017 (Reforma trabalhista), <https://legis. senado.leg.br/sdleg-getter/documento?dm=5302372&ts=163596364 0864&disposition=inline>.

58. Luiz Guilherme Gerbelli, "Zeina Latif: Saldo da reforma tributária é positivo, mas fica gosto amargo com número de exceções". *O Estado de S. Paulo*, 15 jul. 2023, <https://www.estadao.com.br/ economia/entrevista-zeina-latif-saldo-reforma-tributaria/>.

Notas

59. Marcelo Osakabe, "Regra da reforma trabalhista reduziu desemprego em 1,7 ponto, diz estudo". *Valor Econômico*, 4 maio 2022, <https://valor.globo.com/brasil/noticia/2022/05/04/regra-da-reforma-trabalhista-reduziu-desemprego-em-17-ponto-diz-estudo.ghtml>.

60. Aqui é considerada a taxa de desemprego natural. Grosso modo, a taxa de desemprego que prevaleceria na ausência de flutuações de curto prazo. Ver Bruno Ottoni e Tiago Barreira, "Projetando o impacto da reforma trabalhista brasileira". *Economic Analysis of Law Review*, Brasília, v. 12, n. 1, pp. 79-101, jan./abr. 2021, <https://portalrevistas.ucb.br/index.php/EALR/article/view/11855/>.

61. Ibid. Em outros países, como a Alemanha, as mudanças estruturais na legislação começaram a gerar reação mais significativa cerca de cinco anos após a sua vigência, apontam os autores.

62. Ver Fraser Institute, Economic Freedom Rankings, <https://www.fraserinstitute.org/economic-freedom/dataset>.

63. Nauro F. Campos e Jeffrey B. Nugent, "The Dynamics of the Regulation of Labor in Developing and Developed Countries since 1960". *IZA DP*, Bonn, n. 6881, set. 2012, <https://docs.iza.org/dp6881.pdf>; Nauro F. Campos e Jeffrey B. Nugent, "The Dynamics of the Regulation of Labour in Developing and Developed Countries since 1960". In: v IZA/ World Bank Conference, 2010, Cidade do Cabo, <http://www.iza.org/conference_files/worldb2010/campos_n2423.pdf>.

64. Outros que surgem no topo são de tradição anglo-saxônica, como Austrália, Canadá, Irlanda, Reino Unido e os próprios Estados Unidos, mas também o Japão e Tigres Asiáticos como Singapura e Hong Kong.

65. A Alemanha é, aliás, um *case* de reforma trabalhista bastante festejado: seus entusiastas atribuem às mudanças o crescimento econômico alemão recente e o consequente ganho de protagonismo na União Europeia. Entre 2005 e 2020, a taxa de desemprego alemã caiu continuamente, a um terço do que era. Isso ocorreu a despeito da crise do euro — período que foi dramático para vizinhos como Itália ou França. Ver Michael C. Burda e Jennifer Hunt, "What Explains the German Labor Market Miracle in the Great Recession?". *Brookings Papers on Economic Activity*, Washington, pp. 273-335, primavera 2011; Flore Bouvard et al., "How have the Hartz reforms shaped the German labour market?". *Trésor-Economics*,

Paris, n. 110, mar. 2013; Michael C. Burda, "The German Labor Market Miracle, 2003-2015: An Assessment". *SFB 649 Discussion Paper*, Kiel, n. 2016-005, fev. 2016; Ben Knight, "Hartz Reforms': How a Benefits Shakeup Changed Germany". *The Guardian*, 1º jan. 2013; OCDE, *OECD Economic Surveys*: Germany. Paris: OECD, abr. 2016; OCDE, *Germany Keeping the Edge: Competitiveness for Inclusive Growth*. Paris: OECD, fev. 2014; Christian Odendahl, "The Hartz Myth: A Closer Look at Germany's Labour Market Reforms". Centre for European Reform, jul. 2017.

66. Lei nº 14020, de 6 de julho de 2020.

67. Marta Cavallini, "Mais de 9,8 milhões de trabalhadores tiveram jornada reduzida ou contrato suspenso em 2020". G1, 28 jan. 2021, <https://g1.globo.com/economia/noticia/2021/01/28/mais-de-98-milhoes-de-trabalhadores-tiveram-jornada-reduzida-ou-contrato-suspenso-em-2020.ghtml>; "Novo Caged". Brasília: Ministério do Trabalho e Previdência, dez. 2012, <http://pdet.mte.gov.br/images/Novo_CAGED/Dez2021/2-apresentacao.pdf>.

68. *Referendo na medida cautelar na ação direta de inconstitucionalidade 6336.* Brasília: Supremo Tribunal Federal, 17 abr. 2021, <https://redir.stf.jus.br/paginadorpub/paginador.jsp?docTP=TP&docID=754462782>.

69. Além das referências apresentadas ao longo do capítulo, James Heckman e Carmen Pagés-Serra, "The Cost of Job Security Regulation: Evidence from Latin American Labor Markets" (*Economia*, Rio de Janeiro, v. 1, n. 1, pp. 109-54, 2000), e Juan Botero et al., "The Regulation of Labor" (*NBER Working Paper*, Cambridge, n. 9756, jun. 2003), são dois trabalhos influentes sobre a relação entre flexibilização e emprego. Bruno Ottoni, "Lei gera emprego sim" (Blog do Ibre, 17 jan. 2020, <https://blogdoibre.fgv.br/posts/lei-gera-emprego-sim>), e Bruno Ottoni e Tiago Barreira, "Projetando o impacto da reforma trabalhista brasileira" (*Economic Analysis of Law Review*, Brasília, v. 12, n. 1, pp. 79-101, jan./abr. 2021, <https://portalrevistas.ucb.br/index.php/EALR/article/view/11855>), apresentam em português e de forma resumida parte da literatura.

70. PL nº 5228, de 2019.

71. PL nº 324, de 2022.

72. PL nº 3717, de 2021. Seguiu para tramitação na Câmara.

73. As medidas valeriam por vinte anos, tendo como meta reduzir pela metade a taxa de pobreza das famílias com crianças chefiadas por mães solo.

Notas 313

74. Chama a atenção que iniciativas de flexibilização em 2019 e em 2021 foram empreendidas pelo governo por meio de "jabutis" (alterações profundas e súbitas perto da votação) em medidas provisórias, dando pouco tempo para compreensão das mudanças pelos parlamentares e pela opinião pública. Essa foi uma falha importante do Priore, que tinha entre suas vantagens ser desonerado, ser por prazo temporário, ser voltado para jovens e idosos e ser acompanhado de medidas de qualificação.

75. Estudo do economista Henrique Mota, *Mobile Broadband Expansion and Tasks: Evidence from Brazilian Formal Labor Markets* (Rio de Janeiro: PUC-Rio, 2021. 107 pp. Dissertação [Mestrado em Economia], <http://www.econ.puc-rio.br/uploads/adm/trabalhos/files/26_mai_2021_1912133_2021_Completo.pdf>), observa relação de causalidade entre a expansão do 4G e a redução do mercado formal nas áreas alcançadas.

76. Pedro Fernando Nery, "Não taxem os entregadores". *O Estado de S. Paulo*, 7 jul. 2020, <https://economia.estadao.com.br/noticias/geral,nao-taxem-os-entregadores,70003355951>.

77. Banco Mundial, *World Development Report 2019: The Changing Nature of Work*, <https://documents1.worldbank.org/curated/en/816281518818814423/2019-WDR-Report.pdf>.

78. Steve Lohr, "Economists Pin More Blame on Tech for Rising Inequality". *The New York Times*, 11 jan. 2022, <https://www.nytimes.com/2022/01/11/technology/income-inequality-technology.html>; Olivier Blanchard e Dani Rodrik, *Combating Inequality: Rethinking Government's Role*. Cambridge: The MIT Press, 2021.

79. "Relatório de Gestão do FAT". Portal do Fundo de Amparo ao Trabalhador, 11 fev. 2016, <https://portalfat.mte.gov.br/transparencia-e-prestacao-de-contas/relatorios-de-gestao/relatorio-de-gestao-do-fat/>.

80. OCDE, *OECD Economic Surveys: Denmark, 2019*. Paris: OECD, 2019, <https://www.oecd.org/economy/surveys/Denmark-2019-OECD-economic-survey-overview.pdf>.

81. Thais Carrança, "Trabalhador de baixa renda deveria ser foco, afirma Paes de Barros". *Valor Econômico*, 13 nov. 2019, <https://valor.globo.com/brasil/noticia/2019/11/13/trabalhador-de-baixa-renda-deveria-ser-foco-afirma-paes-de-barros.ghtml>.

82. Poul Nyrup Rasmussen, primeiro-ministro dinamarquês nos anos 1990, é considerado o idealizador da "flexigurança" (*flexicurity*). Na

década seguinte, foi presidente dos socialistas europeus, partido do Parlamento da União Europeia. Em uma definição da UE, flexigurança passa por flexibilidade para os empregadores com segurança para os empregados — o que obviamente depende de uma robusta cobertura no âmbito da seguridade social (tema para outros capítulos).

83. Nayrana Meireles, "Câmera flagra jovem sendo executado com 15 tiros em bar no Mocambinho". GPI, 9 maio 2022, <https://www. gp1.com.br/pi/piaui/amp/noticia/2022/5/9/camera-flagra-jovem-sendo-executado-com-15-tiros-em-bar-no-mocambinho-525121.html>.

5. Distrito Federal, a unidade mais rica da Federação [pp. 140-69]

1. Gabriela Guedes, "Mais caro que Jardins, novo bairro de Brasília é inaugurado com lama e problemas de infraestrutura". UOL, 3 fev. 2013, <https://noticias.uol.com.br/cotidiano/ultimas-noticias/2013/02/03/com-metro-quadrado-mais-caro-que-jardins-novo-bairro-de-brasilia-e-inaugurado-com-lama-e-problemas-de-infraestrutura. htm>.

2. "Secovis divulgam dados de imóveis em Brasília, Rio e São Paulo". Secovi Distrito Federal, 14 jul. 2022, <https://secovidf.com.br/secovis-divulgam-dados-de-imoveis-em-brasilia-rio-e-sao-paulo/>.

3. O exercício desta seção considera as despesas cujos dados permitem mais facilmente a desagregação regional. Inclui um montante superior a 1,4 trilhão de reais (algo como 80% da despesa primária da União). Estão aí os gastos com salários de servidores, benefícios da Previdência (como aposentadorias, pensões, auxílios), benefícios trabalhistas (como seguro-desemprego e abono salarial) e benefícios assistenciais (como o Bolsa Família e o BPC), além de contratos. Para esses itens do gasto público em que está mais acessível a alocação por UF, podemos dividir os valores pelo número de cidadãos de cada UF. O resultado é uma aproximação do quanto cada uma das 27 UFS se beneficia dos recursos federais. Por serem de 2019, os dados não são afetados pelos gastos temporários provocados pela pandemia.

4. O Amazonas abriga a Zona Franca de Manaus, onde a União deixa de recolher bilhões em tributos por ano, o que pode levar ao argumento de que, apesar do pouco gasto direto, seus cidadãos são alcançados por gastos "indiretos" — as renúncias fiscais. Mas

Notas

lembremos então o Pará, o penúltimo colocado no ranking, ou o Tocantins, também entre os quatro menos abastecidos pelo gasto federal (menos de 4 mil reais anuais por pessoa).

5. Depois do DF, são Rio de Janeiro, Rio Grande do Sul, Santa Catarina, São Paulo e Minas Gerais os que têm média maior.

6. Para receber o seguro-desemprego ou o abono salarial é primeiro preciso ter um emprego formal — o que, já vimos, é mais difícil fora dos centros urbanos mais industrializados.

7. Que não tem oficialmente uma capital. No caso brasileiro, Brasília conta com uma vantagem adicional — tão importante quanto pouco discutida: parte dos serviços públicos locais são custeados pelo governo federal, por determinação da Constituição. Assim, vêm de outros lugares do país bilhões para pagar polícias, bombeiros e até saúde.

8. Como mostram dados do imposto de renda analisados pelo economista Marcelo Neri. Ver "Lago Sul tem a maior concentração de renda no Brasil, diz estudo". *Correio Braziliense*, 2 ago. 2020, <https://www.correiobraziliense.com.br/app/noticia/economia/2020/08/02/internas_economia,877648/lago-sul-tem-a-maior-concentracao-de-renda-no-brasil-diz-estudo.shtml>.

9. Menor para o estadual, e negativa para o municipal.

10. Gabriel Nemer Tenoury e Naercio Menezes Filho, "A evolução do diferencial salarial público-privado no Brasil". *Policy Paper*, Insper, São Paulo, n. 29, nov. 2017, <https://www.insper.edu.br/wp-content/uploads/2018/09/Evoluc%CC%A7a%CC%83o-da-diferenc%CC%A7a-salarial-pu%CC%81blico-privada.pdf>.

11. Apresentados esses resultados, vale apontarmos alguns "poréns". Em que pese todo o esforço metodológico, pode ser difícil encontrar contrapartes realmente similares a ocupações do setor público. Por exemplo, qual é o equivalente no setor privado de um auditor do Tribunal de Contas da União (TCU)? Um procurador da Fazenda Nacional deve ser comparado com um advogado médio ou apenas com tributaristas, especializados em impostos?

12. *Gestão de pessoas e folha de pagamentos no setor público brasileiro: O que dizem os dados?* Brasília: Banco Mundial, 2019, <http://documents1.worldbank.org/curated/en/846691570645552393/pdf/Sum%c3%a1rio-Executivo.pdf>.

13. OCDE, *OECD Economic Surveys: Brazil 2020*. Paris: OECD, 2020, <https://static.poder360.com.br/2020/12/OECD-Economic-Surveys_-Brazil-2020-16dez2020.pdf>.

14. Ipea, *Mercado de trabalho: Conjuntura e análise*. Brasília: Ipea, abr. 2020, <http://repositorio.ipea.gov.br/bitstream/11058/9991/1/bmt_68_Heterogeneidade_jornada.pdf>.

15. Pedro Herculano Guimarães Ferreira Souza e Marcelo Medeiros, "Diferencial salarial público-privado e desigualdade de renda per capita no Brasil". *Estudos Econômicos*, São Paulo, v. 43, n. 1, pp. 5-28, 2013, <https://www.scielo.br/scielo.php?script=sci_arttext&pid=S0101-41612013000100001>. Estudos posteriores desses autores passaram a incluir dados do imposto de renda, o que, em relação a pesquisas baseadas em pesquisas domiciliares, poderia levar a uma estimativa menor, já que capturaria melhor rendas elevadas do setor privado.

16. Essa questão pode ser visualizada ainda deixando-se de analisar a participação dos servidores no bolo dos mais ricos e passando-se a analisar, no bolo dos servidores, a participação dos que são ricos. Cálculos de Gabriel Tenoury colocam mais da metade dos servidores brasileiros entre o quarto mais rico da população: no caso dos federais, são 80% os que estão entre os 25% mais ricos. Ainda, mais da metade dos servidores federais integraria o grupo dos 10% brasileiros mais ricos. Cerca de 10% dos servidores pertenceriam ao 1% mais rico. Para os estudos citados, vale a ressalva de que a participação de servidores nesses grupos (seja alta classe alta ou 1% mais rico) tende a diminuir em cortes com rendas suficientemente elevadas. Imagine por exemplo rendas mensais acima de 1 milhão de reais, que estão dentro de "alta classe alta" ou do "1% mais rico", pois são um subgrupo destes, mas em que predominarão outros tipos de ocupação.

17. Mercado Popular, "A elite de servidores na República dos Concurseiros". Jusbrasil, 16 set. 2015, <https://mercadopopular.jusbrasil.com.br/artigos/232896325/a-elite-de-servidores-na-republica-dos-concurseiros>.

18. Ancelmo Gois, "Servidores públicos são quase um quarto do 1% mais rico do Brasil". *O Globo*, 11 dez. 2016, <https://blogs.oglobo.globo.com/ancelmo/post/servidores-publicos-sao-quase-um-quarto-do-1-mais-rico-do-brasil.html>.

Notas 317

19. O PLS 611, de 2007, foi aprovado em 2009 no Senado. Na Câmara acabou sendo arquivado como PLP 549, de 2009.
20. Item "Pessoal e encargos" da série da Secretaria do Tesouro Nacional.
21. Cálculos para o rendimento médio mensal em 2019, com base na PNAD Contínua. Por Cleiton Rocha.
22. Fabiana Pulcineli, "'Tudo dentro da legalidade', diz TJ sobre ganhos acima de R$ 100 mil". *O Popular*, 31 jul. 2020, <https://www.opopular.com.br/noticias/politica/tudo-dentro-da-legalidade-diz-tj-sobre-ganhos-acima-de-r-100-mil-1.2095342>; Daniel Weterman, "Braga Netto e militares do governo receberam supersalários de até R$ 1 milhão no auge da pandemia". *O Estado de S. Paulo*, 11 ago. 2022, <https://www.estadao.com.br/politica/braga-netto-e-militares-do-governo-receberam-supersalarios-de-ate-r-1-milhao-no-auge-da-pandemia/>; Vinicius Sassine, "Procuradores que recebem até R$ 100 mil falam em esmola e protestam contra celular funcional de R$ 3.600". *Folha de S.Paulo*, 28 fev. 2021, <https://www1.folha.uol.com.br/poder/2021/02/procuradores-que-recebem-ate-r-100-mil-falam-em-esmola-e-protestam-contra-celular-funcional-de-r-3600.shtml>. Laílton Costa, "Desembargadores podem ganhar bônus acima de R$ 300 mil para se aposentar". *O Estado de S. Paulo*, 15 abr. 2021, <https://politica.estadao.com.br/noticias/geral,tribunais-criam-indenizacao-a-juizes-por-aposentadoria,70003681863>. Jenifer Ribeiro dos Santos, "Supersalários: Adidos militares no exterior recebem até R$ 370 mil em um mês". *Gazeta do Povo*, 8 nov. 2020, <https://www.gazetadopovo.com.br/vozes/lucio-vaz/supersalarios-adidos-militares-exterior/>.
23. PL nº 3123, de 2015.
24. Nosso exercício aqui usa valores referentes a todas as esferas, não apenas à União. A base é o ano de 2021 da página Grandes Números DIRPF, da Receita Federal do Brasil, <https://www.gov.br/receitafederal/pt-br/centrais-de-conteudo/publicacoes/estudos/imposto-de-renda/estudos-por-ano/grandes-numeros-do-IRPF-2008-a-2022>. Não há, porém, diferença relevante entre os anos. A variação mais interessante parece ser das carreiras da diplomacia, afetadas pelo câmbio.
25. Rendimentos isentos podem derivar de outras atividades privadas, mas há limitação ao exercício delas no caso dessas carreiras.

Seria o caso de recebimento de lucros e dividendos de empresas. A própria similaridade entre os valores para membros do Judiciário e membros do Ministério Público, carreiras "simétricas", sugere que os pagamentos do Estado compõem parte significativa dos rendimentos isentos.

26. Entretanto, parte dos pagamentos aqui é efetivamente reembolso para fins de moradia no exterior, embora seja natural discutir se os valores alocados estão desproporcionais. O número inclui diplomatas, mas também outras carreiras afins. Ver Vinicius Sassine, "No exterior, 445 servidores recebem supersalários". *O Globo*, 5 mar. 2013, <https://oglobo.globo.com/brasil/no-exterior-445-servidores-recebem-supersalarios-7752420>.

27. "PL dos Supersalários pode poupar R$ 2,6 bi dos cofres". Centro de Liderança Pública, 20 abr. 2021, <https://www.clp.org.br/nota-tecnica-pl-dos-supersalarios-pode-poupar-r-26-bi-dos-cofres/>. O Centro de Liderança Pública (CLP) estima que a correta regulamentação do limite no âmbito federal geraria uma economia de 1 bilhão de reais por ano. Certamente é um valor expressivo, mas que representa menos de 0,5% do gasto anual com o funcionalismo federal. Segundo cálculos do economista Daniel Duque, 54% daqueles que recebem acima do limite máximo são vinculados ao Estado. Ver Manoel Ventura e Gabriel Shinohara, "Gratificações e benefícios criam supersalários que superam teto salarial de servidores". *O Globo*, 11 out. 2020, <https://oglobo.globo.com/economia/gratificacoes-beneficios-criam-supersalarios-que-superam-teto-salarial-de-servidores-24687424>.

28. Edna Simão, "Folha de servidor no nível da OCDE 'daria' R$ 287,8 bi ao Brasil". *Valor Econômico*, 26 out. 2020, <https://valor.globo.com/brasil/noticia/2020/10/26/folha-de-servidor-no-nivel-da-ocde-daria-r-2878-bi-ao-brasil.ghtml>.

29. PL nº 3563, de 1953.

30. Ana Carla Abrão Costa, "Reforma administrativa no Brasil". In: SALTO, Felipe Scudeler; PELLEGRINI, Josué Alfredo (Orgs.). *Contas públicas no Brasil*. São Paulo: Saraiva, 2020. pp. 231-51.

31. Que implicaria redução da jornada semanal do servidor em 20%. Frise-se, porém, que esse tipo de campanha tipicamente almeja a redução da jornada sem impactos remuneratórios.

32. PL nº 1409, de 2021.

Notas 319

33. PLP nº 62, de 2021.

34. Outro argumento seria o de que o Estado não tem restrições para se financiar, não precisando escolher entre um grupo ou outro. Esse é um argumento típico dos que entendem que a dívida pública brasileira ainda pode subir muito, ou que o Brasil hoje economiza com gastos públicos para gastar com credores. Nenhuma das visões adere bem à realidade. É possível entender mais sobre essas controvérsias em Alexandre Schwartsman, "O futuro condena" (InfoMoney, 2 jun. 2021, <https://www.infomoney.com.br/colunistas/alexandre-schwartsman/o-futuro-condena/>); Alexandre Andrade e Rafael Bacciotti, "A política fiscal no Brasil e a relação com o crescimento econômico" (In: SALTO, Felipe Scudeler; PELLEGRINI, Josué Alfredo (Orgs.). *Contas públicas no Brasil*. São Paulo: Saraiva, 2020. pp. 60-87.); e Pedro Fernando Nery, "As três balelas da auditoria da dívida" (*Gazeta do Povo*, 12 fev. 2019, <https://www.gazetadopovo.com.br/vozes/pedro-fernando-nery/as-3-balelas-da-auditoria-da-divida/>).

35. Ver, entre outros, Alberto Alesina, Carlo Favero e Francesco Giavazzi, *Austerity: When it Works and When it Doesn't* (Princeton: Princeton University Press, 2019); Regis Barnichon, Davide Debortoli e Christian Matthes, "Understanding the Size of the Government Spending Multiplier: It's in the Sign". (*Federal Reserve Bank of San Francisco Working Paper*, n. 1, jan. 2021, <https://www.frbsf.org/economic-research/publications/working-papers/2021/01/>); Carlos Góes, "Gastar mais pode melhorar a economia do Brasil?" (*Folha de S.Paulo*, 5 jun. 2018); Marcos Côrtes Neri, Fabio Monteiro Vaz e Pedro Herculano Guimarães Ferreira de Souza, "Efeitos macroeconômicos do Programa Bolsa Família: Uma análise comparativa das transferências sociais" (In: CAMPELLO, Tereza; NERI, Marcelo Côrtes (Orgs.). *Programa Bolsa Família: Uma década de inclusão e cidadania*. Brasília: Ipea, 2013. pp. 193-206); Rodrigo Octávio Orair, Fernando de Faria Siqueira e Sergio Wulff Gobetti, "Política fiscal e ciclo econômico: uma análise baseada em multiplicadores de gasto público" (In: XXI Prêmio Tesouro Nacional de Monografias, 2016, Brasília); Rodrigo Octávio Orair e Fernando de Faria Siqueira, "Investimento público no Brasil e suas relações com ciclo econômico e regime fiscal" (*Economia e Sociedade*, v. 27, n. 3, pp. 939-69, 2018); e Marina da Silva Sanches, *Política fiscal e dinâmica do produto*: uma análise baseada em

multiplicadores fiscais no Brasil (São Paulo: FEA-USP, 2020. 196 pp. Dissertação [Mestrado em Ciências]).

36. Pedro Fernando Nery, "Vacina pública ou privada?". *O Estado de S. Paulo*, 19 jan. 2021, <https://www.estadao.com.br/economia/pedro-fernando-nery/vacina-publica-ou-privada/>.

37. A Lei nº 8958, de 1994, permite que fundações privadas, sem fins lucrativos, sejam criadas para "apoiar" o funcionamento de universidades e outros órgãos de pesquisa.

38. Mauricio Bugarin e Fernando B. Meneguin, "Incentivos à corrupção e à inação no serviço público: Uma análise de desenho de mecanismos". *Estudos Econômicos*, São Paulo, v. 46, n. 1, pp. 43-89, 2016.

39. Imaginemos que há um espectro, de um extremo em que predominam as vantagens da estabilidade a outro extremo onde predominam suas desvantagens. Dispor as ocupações do setor público de modo correto nesse espectro é o desafio. Uma forma exageradamente incorreta, a título de ilustração, seria um arranjo em que o especialista da Anvisa, que regulamenta e fiscaliza fabricantes de vacina, não tem estabilidade, mas o funcionário de fábrica do imunizante é um concursado do Estado e a possui.

40. Geralda Doca, "Concursos: governo quer reduzir número de carreiras de servidores federais e permitir contratação com CLT". *O Globo*, 2 out. 2023, <https://oglobo.globo.com/economia/noticia/2023/10/02/concursos-governo-quer-reduzir-numero-de-carreiras-de-servidores-federais-e-permitir-contratacao-com-clt.ghtml>.

41. Juscelino Kubitschek, *Por que construí Brasília*. Rio de Janeiro: Bloch, 1975.

42. Antonio Temóteo, "Governo gasta R$ 8,3 bi/ano com profissões como datilógrafo e linotipista". UOL, 13 maio 2021, <https://economia.uol.com.br/noticias/redacao/2021/05/13/governo-servidor-cargo-extinto-padeiro-acougueiro-chaveiro-barbeiro.htm>.

43. Atualmente, a Constituição até prevê que em situações assim o servidor seja colocado "em disponibilidade", isto é, afastado recebendo apenas parcialmente sua remuneração. Essa modalidade poderia ser interessante para o ajuste fiscal. Contudo, a Constituição determina também que essa situação seja apenas temporária, devendo ele ser reaproveitado, o que não é simples já que a mesma Constituição estabelece que a seleção para cargos efetivos é por concurso público. Assim, o instituto da disponibilidade é pouco usado na prática.

Notas

44. "Quem é o chefe da diretoria da PRF investigado por bloqueios nas estradas e exonerado por Bolsonaro". *O Globo*, 20 dez. 2022, <https://oglobo.globo.com/politica/noticia/2022/12/quem-e-o-chefe-da-diretoria-da-prf-investigado-por-bloqueios-nas-estradas-e-exonerado-por-bolsonaro.ghtml>.
45. Como a quantidade de recursos financeiros envolvidos e os efeitos de rede (ricos convivendo com ricos por exemplo).
46. Marcello Corrêa, "'O Estado se tornou um reforçador de desigualdade por não prover serviços de boa qualidade', diz economista". *O Globo*, 16 ago. 2020, <https://oglobo.globo.com/economia/o-estado-se-tornou-um-reforcador-de-desigualdade-por-nao-prover-servicos-de-boa-qualidade-diz-economista-24589218>.
47. PLP nº 92, de 2007, do Poder Executivo. Chegou a ser aprovado em comissões da Câmara mas não foi ao plenário. Outra possibilidade de flexibilização nas contratações dentro do atual texto da Constituição é, como vimos, a expansão do uso de bolsas. Essa é uma espécie de vínculo temporário usado em órgãos como o Ipea e que foi a base para o programa Mais Médicos. Depois de grande controvérsia, o STF entendeu que o Mais Médicos era constitucional, dando especial ênfase à concretização do direito à saúde, superando o argumento de que violava o concurso público. É uma modalidade de trabalho que tem como vantagens a contratação mais célere e menos onerosa.
48. Assim entendidas as áreas "em que seja necessário o uso do poder de polícia".
49. A nota média varia com a cidade; o limite de 4,65 era o que existia em grandes cidades brasileiras em 2021.
50. Emenda constitucional nº 19, de 1998.
51. Professores das universidades de Nottingham, University College London e do Sul da Dinamarca pesquisaram 23 mil servidores de países em desenvolvimento e identificaram alta relevância para a avaliação. Seriam quatro as políticas de pessoal mais inclinadas a tornar os servidores "mais motivados, comprometidos, satisfeitos, competentes e éticos". Avaliar os servidores é uma delas, que seria de tal forma importante que é equiparada pelos autores às políticas de reduzir as pressões políticas, combater o nepotismo e pagar salários compatíveis com os do setor privado. Mais do que ganhos em performance, a avaliação dos servidores teria levado

a ganhos de satisfação dos próprios avaliados. Ver Jan-Hinrik Meyer-Sahling, Christian Schuster e Kim Sass Mikkelsen, "Civil Service Management in Developing Countries: What Works? Evidence from a Survey with 23,000 Civil Servants in Africa, Asia, Eastern Europe and Latin America". *Report for the UK Department for International Development*, 14 mar. 2019.

52. Não há respostas simples, mas a experiência internacional pode ajudar. Uma análise do constitucionalista João Trindade Cavalcante Filho ("Avaliação de desempenho de servidores públicos no Brasil e no direito comparado". *Textos para Discussão*, Núcleo de Estudos e Pesquisas da Consultoria Legislativa, Brasília, n. 298, abr. 2021) mostra que quase todos os países da OCDE fazem avaliações, que podem ser usadas não só para desligamento de servidores mas também para fins de promoção e até de remuneração. O jurista analisa especificamente a possibilidade de importar aspectos da avaliação feita em Portugal, Chile e Espanha, países que possuem modelos de funcionalismo mais parecidos com o brasileiro e que são considerados referência nesse ponto.

53. PLP nº 248, de 1998.

54. Vale ressaltar, porém, que não é proibido avaliar servidores hoje no Brasil — apenas a avaliação para fins de desligamento é que não foi regulamentada. Ver Eduardo Cucolo, "Reforma fiscal do serviço público é possível, diz Bresser-Pereira". *Folha de S.Paulo*, 1º jan. 2020, <https://www1.folha.uol.com.br/mercado/2020/01/reforma-fiscal-do-servico-publico-e-possivel-diz-bresser-pereira.shtml>.

55. PL nº 3563, de 1953. Por outro lado, é preciso cautela também para não superestimar os efeitos que incentivos podem ter, sejam eles prêmios ou punições. A área conhecida como economia comportamental, que integra a economia com a psicologia, tem mostrado muitos casos em que motivações extrínsecas não são capazes de superar motivações intrínsecas (por exemplo, se dedicar a um trabalho porque ele é considerado prazeroso ou relevante para uma causa). Parte dos estudos na área de economia comportamental identifica também casos em que a ênfase em motivações extrínsecas pode ser negativa para a produtividade. Poderíamos imaginar um servidor que perde a alegria de fazer um trabalho bem-feito e foca na melhor forma de atender aos critérios objetivos de uma avaliação. Resumi parte desses achados em Pedro

Fernando Nery, "Quanto deve custar um juiz?". Brasil, Economia e Governo, 15 dez. 2015.

56. Negros eram 52% dos ocupados com carteira no setor privado, mas só 45% no setor público, no segundo trimestre de 2023, pelos dados da PNAD Contínua (elaboração própria). Especificamente no Executivo federal, um levantamento com dados de 2020 apontava apenas 35% de negros entre os servidores, <https://agenciabrasil.ebc.com.br/direitos-humanos/noticia/2023-10/negros-sao-minoria-no-servico-publico-federal-e-tem-menores-salarios>.

57. Pela natureza especializada dos cargos, mas que são formalmente concursos.

58. Veja por exemplo a análise de Vinícius Amaral, um especialista crítico da PEC da Reforma Administrativa, e que reconhece que o modelo atual dá maior poder aos servidores em atividade, afetando sua remuneração: "Um dos efeitos da criação das novas formas de contratação [...] é a perda de poder de barganha dos atuais servidores. Isso ocorre, essencialmente, porque a Administração passará a contar com a alternativa de substituir esses servidores pelos novos contratados, seja como estratégia de longo prazo, seja como ação de curto prazo para fazer frente a movimentos reivindicatórios. [...] A utilização dessas novas formas de contratação, ou mesmo a simples ameaça de seu uso, tende a enfraquecer a posição de negociação dos servidores, levando à compressão de suas remunerações". Ver Vinícius Leopoldino do Amaral, *Aspectos fiscais da PEC 32/2020 ("reforma administrativa") e proposta de medidas alternativas* (Brasília: Senado Federal, 2021). Note que esse trabalho, comentando especificamente a PEC do governo Bolsonaro indicada em seu título, é em geral crítico às visões mais ortodoxas sobre reforma administrativa.

59. Julia Lindner, "Mulheres vítimas de violência conquistam emprego no Senado em programa que reserva 2% das vagas". *O Globo*, 25 nov. 2020, <https://oglobo.globo.com/sociedade/mulheres-vitimas-de-violencia-conquistam-emprego-no-senado-em-programa-que-reserva-2-das-vagas-1-24764296>.

60. Proposta de emenda não numerada à PEC nº 32, de 2020, da deputada Tabata Amaral, <https://drive.google.com/file/d/1hbACGQsLaWHx Hgb-bTz4zEGSgS5IDKjc/view>.

61. Legislativo e Judiciário possuem normas próprias, mas que podem ser facilmente revogadas.

62. Assim, se a população negra em âmbito nacional é de cerca de 55%, a reserva seria de pelo menos 27% em um concurso federal. Já em estados em que essa proporção de pretos e pardos é maior, as cotas podem alcançar quase 40% (caso de Amazonas, Bahia e Pará).

63. O governo Lula, em março de 2023, estabeleceu cotas raciais para posições de chefia, que valerão para o Executivo federal.

64. Proposta de emenda não numerada à PEC nº 32, de 2020, da deputada Tabata Amaral, <https://drive.google.com/file/d/1hbACGQsLa WHxHgb-bTz4zEGSgS5IDKjc/view>.

65. George A. Akerlof e Rachel E. Kranton, *A economia da identidade: Como a nossa personalidade influencia nosso trabalho, salário, bem-estar e a economia global*. Rio de Janeiro: Elsevier, 2010.

66. Chang-Tai Hsieh et al., "The Allocation of Talent and U.S. Economic Growth". *Econometrica*, Chicago, v. 87, n. 5, pp. 1439-74, 30 set. 2019.

6. Maranhão, o estado mais pobre [pp. 170-99]

1. Daniela Amorim, "PIB per capita do DF é 2,2 vezes maior que a média do país e 5,3 vezes maior que o do Maranhão". Terra, 17 nov. 2023, <https://www.terra.com.br/economia/pib-per-capita-do-df-e-22-vezes-maior-que-a-media-do-pais-e-53-vezes-maior-que-o-do-maranhao,d26f0fab22d6ce234e8fa4d5b0bc14ea bazh4qfg.html>.

2. Ver <https://twitter.com/apyus/status/1275909123633229826>.

3. Luiz Antonio Pinto de Oliveira e Antônio Tadeu Ribeiro de Oliveira (Orgs.), *Reflexões sobre os deslocamentos populacionais no Brasil*. Rio de Janeiro: IBGE, 2011, <https://biblioteca.IBGE.gov.br/visualizacao/livros/liv49781.pdf>.

4. Robert Edgar Conrad, *Os últimos anos da escravatura no Brasil, 1850--1888*. Rio de Janeiro: Civilização Brasileira, 1978.

5. "MPT aponta que o Maranhão continua sendo o maior fornecedor de mão de obra escrava do Brasil". GI MA, 30 jul. 2020, <https://g1.globo.com/ma/maranhao/noticia/2020/07/30/mpt-aponta-que-o-maranhao-continua-sendo-o-maior-fornecedor-de-mao-de-obra-escrava-do-brasil.ghtml>.

Notas

6. Pedro Ferreira de Souza discorre sobre o cômputo de linhas de pobreza em "Pobreza e desigualdade", capítulo de SHIKIDA, Claudio D.; MONASTERIO, Leonardo; NERY, Pedro Fernando (Orgs.). *Guia brasileiro de análise de dados*. Brasília: Enap, 2021. pp. 38-80, <https://repositorio.enap.gov.br/handle/1/6039>.

7. Essas linhas foram atualizadas pelo Banco Mundial em setembro de 2022, para 6,85 dólares e 2,15 dólares. O ano de referência da PPC mudou de 2011 para 2017.

8. A OCDE define PPC como uma taxa de conversão que tenta "equalizar o poder de compra de diferentes moedas, eliminando as diferenças nos níveis de preços entre países".

9. IBGE, *Síntese de indicadores sociais: Uma análise das condições de vida da população brasileira — 2022*. Rio de Janeiro: IBGE, 2022, <https://static.poder360.com.br/2022/12/sintese-indicadores-sociais-2022-ibge-2dez2022.pdf>.

10. IBGE, *Síntese de indicadores sociais: Uma análise das condições de vida da população brasileira — 2020*. Rio de Janeiro: IBGE, 2020, <https://biblioteca.ibge.gov.br/visualizacao/livros/liv101760.pdf>.

11. Há ainda outras linhas. Uma terceira linha do Banco Mundial, intermediária (3,20 dólares PPC), pode ser usada como linha de pobreza (283 reais mensais em 2021). E ainda há as linhas do Bolsa Família, que costumam ficar abaixo das do Banco Mundial reportadas pelo IBGE. Isso quer dizer que pessoas consideradas pobres ou extremamente pobres nas contas do órgão estatístico oficial podem não receber benefícios voltados aos pobres ou extremamente pobres, que usam linhas mais restritivas.

12. Mas vale uma ressalva: embora haja áreas do país em que a pobreza e a extrema pobreza são mais pronunciadas, esse é um problema de quase todo o Brasil.

13. Aline Torres, "BBB21: Vivendo em mansão de R$ 8,5 milhões, Fiuk diz que passa necessidade". Em Off, 3 maio 2021, <https://emoff.meionorte.com/bbb21/bbb21-vivendo-em-mansao-de-r-85-milhoes-fiuk-diz-que-passa-necessidade/>; Leonardo Rocha, "BBB21: Fiuk revela dificuldades financeiras com a pandemia: 'Perdi tudo'". POPline, 29 abr. 2021, <https://portalpopline.com.br/bbb-21-fiuk-revela-dificuldades-financeiras-com-a-pandemia-perdi-tudo/>.

14. Ver <https://twitter.com/goescarlos/status/1476991111860264968>.

15. Ver <https://twitter.com/goescarlos/status/1487970135797157893>.

Coco Bambu é uma rede de restaurantes com unidades em bairros de maior renda nas cidades brasileiras, frequentemente baseado em shoppings. Já o D.O.M, localizado em São Paulo, é um restaurante de cozinha autoral que já foi considerado um dos melhores do mundo, em que o menu completo fica, em 2023, por setecentos reais por pessoa (sem bebida). De outra forma: o Coco Bambu é costumeiramente o restaurante mais bem avaliado de uma cidade no TripAdvisor, enquanto o D.O.M é um restaurante com estrelas *Michelin*.

16. Ver <https://www.instagram.com/tv/CTfJsGDHrCJ/>.

17. É claro, porém, que medidas de combate à desigualdade e à pobreza serão mais legítimas e mais poderosas se enfrentarem os mais ricos dos ricos: o 0,1%, ou o 0,01%. Contudo, é evidente também que medidas focadas em um grupo muito pequeno podem não distribuir tantos recursos quanto os necessários para a agenda discutida neste livro, ou não sanar outras injustiças que existem fora dessa ponta do topo.

18. Branko Milanović, *The Haves and the Have-Nots: A Brief and Idiosyncratic History of Global Inequality*. Nova York: Basic Books, 2011.

19. No jargão, a distribuição *funcional* da renda foi perdendo espaço na análise para a distribuição *pessoal* da renda.

20. Ver <https://www.visualcapitalist.com/wp-content/uploads/2021/08/Global-Wealth-Distribution.html>.

21. OECD, *OECD Regions at a Glance 2016*. Paris: OECD, 2016, <https://www.oecd-ilibrary.org/docserver/reg_glance-2016-20-en.pdf?expires=1649282968&id=id&accname=guest&checksum=61C89D9AB9184F8F98D3E57AF7865B1E>.

22. Alain Bertaud, "Cities as Labor Markets". *Working Paper*, Marron Institute of Urban Management, Nova York, n. 2, 19 fev. 2014, <https://marroninstitute.nyu.edu/uploads/content/Cities_as_Labor_Markets.pdf>.

23. É igualmente prejudicado quando a mobilidade urbana é deficiente, tornando demorados e caros os deslocamentos.

24. Chang-Tai Hsieh e Enrico Moretti, "Housing Constraints and Spatial Misallocation". *American Economic Journal: Macroeconomics*, Nashville, v. 11, n. 2, pp. 1-39, abr. 2019, <https://www.aeaweb.org/articles?id=10.1257/mac.20170388>. Ver também Bryan Caplan, "Hsieh Replies to Greaney". *Substack*, 16 nov. 2023, <https://betonit.substack.com/p/hsieh-replies-to-greaney>.

Notas

25. Ainda que essa solução não pareça ter um impacto elevado em ordem de grandeza diante do tamanho do problema habitacional.
26. Ver <https://twitter.com/caosplanejado/status/151071983263488 8195>.
27. Veja que um dos efeitos que estamos desconsiderando nessa simplificação é a migração para dentro e para fora da cidade. Se a construção de imóveis afeta significativamente a imigração, ou se a sua não construção afeta a emigração, os preços poderiam responder em outra direção — já que a demanda é influenciada por esses movimentos.
28. Na pesquisa *Déficit habitacional no Brasil*, <http://fjp.mg.gov.br/deficit-habitacional-no-brasil/>.
29. Bernardo Alves Furtado, Vicente Correia Lima Neto e Cleandro Krause. *Estimativas do déficit habitacional brasileiro (2007-2011) por municípios (2010)*. Brasília: Ipea, maio 2013, <https://www.ipea.gov.br/portal/images/stories/PDFs/nota_tecnica/130517_notatecnica-diruro1.pdf>.
30. Veja que o número poderia ser ainda maior — por exemplo, se considerássemos no parâmetro de ônus excessivo referente ao aluguel um valor mais baixo, como 20% da renda comprometida. Ou ainda se considerássemos as pessoas que não moram nas grandes cidades mas gostariam de se mudar se tivessem condições financeiras para lá viver. Podemos ter como referências povoados do Maranhão ou tantos outros do país de onde brasileiros podem querer emigrar.
31. Raj Chetty, Nathaniel Hendren e Lawrence F. Katz, "The Effects of Exposure to Better Neighborhoods on Children: New Evidence from the Moving to Opportunity Experiment". *American Economic Review*, Pittsburgh, v. 106, n. 4, pp. 855-902, abr. 2016, <https://www.aeaweb.org/articles?id=10.1257/aer.20150572>.
32. Raj Chetty e Nathaniel Hendren, "The Impacts of Neighborhoods on Intergenerational Mobility I: Childhood Exposure Effects". *The Quarterly Journal of Economics*, Oxford, v. 133, n. 3, pp. 1107-62, 2018, <https://scholar.harvard.edu/files/hendren/files/movers_paper1.pdf>.
33. Raj Chetty e Nathaniel Hendren, "The Impacts of Neighborhoods on Intergenerational Mobility II: County-Level Estimates". *The Quarterly Journal of Economics*, Oxford, v. 133, n. 3, pp. 1163-1228, 2018, <https://academic.oup.com/qje/article/133/3/1163/4850659?login=true>; Raj Chetty et al., "Childhood Environment and Gender Gaps in Adulthood". *American Economic Review*, Pittsburgh, v. 106, n. 5, pp.

282-88, maio 2016, <https://www.aeaweb.org/articles?id=10.1257/aer.p20161073>.

34. Anita Minh et al., "A Review of Neighborhood Effects and Early Child Development: How, Where, and for Whom, Do Neighborhoods Matter". *Health & Place*, Amsterdam, v. 46, pp. 155-74, jul. 2017, <https://www.sciencedirect.com/science/article/pii/S1353829216303525#f0005>.

35. Novos estudos publicados em 2022 dão destaque para o papel das amizades como possível mecanismo a explicar os resultados anteriores: Raj Chetty et al., "Social Capital I: Measurement and Associations with Economic Mobility". *NBER Working Papers*, Cambridge, n. 30313, jul. 2022, <https://www.nber.org/papers/w30313#fromrss>; Raj Chetty et al., "Social Capital II: Determinants of Economic Connectedness". *NBER Working Papers*, Cambridge, n. 30314, jul. 2022, <https://www.nber.org/papers/w30314#fromrss>.

36. Aqui, inventor é definido como aquele que detém uma patente: Alex Bell et al., "Who Becomes an Inventor in America? The Importance of Exposure to Innovation." *The Quarterly Journal of Economics*, Oxford, v. 134, n. 2, pp. 647-713, maio 2019, <https://academic.oup.com/qje/article/134/2/647/5218522>.

37. Carlos Góes, "A loteria do nascimento determina o tamanho de nossos sonhos". *O Globo*, 29 jan. 2022, <https://oglobo.globo.com/economia/a-loteria-do-nascimento-determina-tamanho-de-nossos-sonhos-25372215>.

38. Ver <https://www.whitehouse.gov/briefing-room/statements-releases/2021/09/01/fact-sheet-biden-harris-administration-announces-immediate-steps-to-increase-affordable-housing-supply/> e <https://www.whitehouse.gov/briefing-room/statements-releases/2022/05/16/president-biden-announces-new-actions-to-ease-the-burden-of-housing-costs/>.

39. Andrew Ackerman e Nicole Friedman, "Bidens's Infrastructure Plan Seeks to Ease Housing Shortage with Looser Zoning Rules". *The Wall Street Journal*, 7 abr. 2021, <https://www.wsj.com/articles/biden-seeks-to-ease-housing-shortage-with-looser-zoning-rules-11617796817>.

40. Richard D. Kahlenberg, "Tearing Down the Walls: How the Biden Administration and Congress Can Reduce Exclusionary Zoning". The Century Foundation, 18 abr. 2021, <https://tcf.org/content/

Notas

report/tearing-walls-biden-administration-congress-can-reduce-exclusionary-zoning/?session=1&session=1>.

41. Ver <https://www.youtube.com/watch?v=qjXZo8jsskA>; <https://www.portugal.gov.pt/pt/gc23/comunicacao/noticia?i=governo-aprova-pacote-mais-habitacao>; <https://leginfo.legislature.ca.gov/faces/billNavClient.xhtml?bill_id=202120220SB10Senate>; <https://leginfo.legislature.ca.gov/faces/billNavClient.xhtml?bill_id=202320240SB50>.

42. Ver <https://www.ipea.gov.br/acessooportunidades/>.

43. Santosh Anagol, Fernando V. Ferreira e Jonah M. Rexer, "Estimating the Economic Value of Zoning Reform". *NBER Working Papers*, Cambridge, n. 29440, out. 2021, <https://www.nber.org/system/files/working_papers/w29440/w29440.pdf>.

44. Somos Cidade, "Restrições de zoneamento empurram população para áreas periféricas". ArchDaily, 26 mar. 2022, <https://www.archdaily.com.br/br/977879/restricoes-de-zoneamento-empurram-populacao-para-areas-perifericas>.

45. Os estudos analisam a Lei dos Doze Bairros (Lei nº 16719, de 30 de novembro de 2001); o efeito foi heterogêneo entre casas e apartamentos. Ver Raissa N. D. Dantas et al., "Height Restrictions and Housing Prices: A Difference-In-Discontinuity Approach". *Economics Letters*, Amsterdam, v. 164, pp. 58-61, mar. 2018, <https://www.sciencedirect.com/science/article/abs/pii/S0165176518300028>; Raissa Numeriano Dubourcq Dantas, *The Effects of Land-Use Regulation on Local Real Estate Market: Empirical Evidence from Brazil*. Recife: UFPE, 2016. 43 pp. Dissertação (Mestrado em Ciências Econômicas), <https://reposito-rio.ufpe.br/bitstream/123456789/22088/1/Raissa%20Dantas%20-%2012%20bairros%20-%20FINAL%20-%20com%20folha%20de%20aprova%C3%A7%C3%A3o%20e%20ficha%20catalogr%C3%A1fica%20%282%29.pdf>.

46. Ricardo Carvalho de Andrade Lima e Raul da Mota Silveira Neto, "Zoning Ordinances and the Housing Market in Developing Countries: Evidence from Brazilian Municipalities". *Journal of Housing Economics*, v. 46, dez. 2019, <https://www.sciencedirect.com/science/article/abs/pii/S1051137718302080>.

47. Ciro Biderman, "Regulation and Informal Settlements in Brazil: A Quase-Experiment Approach". FGV, 2008, <https://bibliotecadigital.fgv.br/dspace/bitstream/handle/10438/19943/CEPESP_Biderman.%20

Regulation%20and%20informal%20density%20and%20scattered%20 development.pdf>.

48. Tiago Cavalcanti, Daniel da Mata e Marcelo Santos, "On the Determinants of Slum Formation". *The Economic Journal*, Londres, v. 129, n. 621, pp. 1971-91, jul. 2019, <https://onlinelibrary.wiley.com/doi/abs/10.1111/ecoj.12626>; Alberto Rivera-Padilla, "Slums, Allocation of Talent, and Barriers to Urbanization". *European Economic Review*, Amsterdam, v. 140, nov. 2021, <https://www.sciencedirect.com/science/article/abs/pii/S0014292121002166>.

49. Respectivamente, a Lei nº 10257, de 10 de julho de 2001, e a Lei nº 13089, de 12 de janeiro de 2015.

50. IBGE, *Síntese de indicadores sociais: Uma análise das condições de vida da população brasileira — 2020*. Rio de Janeiro: IBGE, 2020, <https://biblioteca.ibge.gov.br/visualizacao/livros/liv101760.pdf>.

51. Fernando Canzian, "'Total de favelas dobra no Brasil em dez anos e 20 milhões estão passando fome". *Folha de S.Paulo*, 13 out. 2021, <https://www1.folha.uol.com.br/mercado/2021/10/total-de-favelas-dobra-no-brasil-em-dez-anos-e-20-milhoes-estao-passando-fome.shtml>.

52. Anthony Ling, "Quais são as cidades brasileiras com moradia mais acessível?". Caos Planejado, 15 abr. 2019, <https://caosplanejado.com/quais-sao-as-cidades-brasileiras-com-moradia-mais-acessivel/>.

53. Alain Bertaud, *Order without Design: How Markets Shape Cities*. Cambridge, MA: MIT Press, 2018.

54. PLP nº 134, de 2021. O projeto ainda tramitava em 2023.

55. Taylor Orth, "Is High Density Worse for the Environment, Traffic, and Crime? Most Americans Think So". YouGov, 13 abr. 2022, <https://today.yougov.com/topics/politics/articles-reports/2022/04/13/high-density-worse-environment-traffic-and-crime>.

56. Ramana Gudipudi et al., "City Density and CO_2 efficiency". *Energy Policy*, Amsterdam, v. 91, pp. 352-61, abr. 2016, <https://www.sciencedirect.com/science/article/abs/pii/S0301421516300167?via%3Dihub>.

57. Com base em números de cidades americanas. Ver Sungwon Lee e Bumsoo Lee, "The Influence of Urban Form on GHG Emissions in the U.S. Household Sector". *Energy Policy*, Amsterdam, v. 68, pp. 534-49, maio 2014, <https://www.sciencedirect.com/science/article/abs/pii/S0301421514000299>.

Notas

58. Aleix Bassolas et al., "Hierarchical Organization of Urban Mobility and its Connection with City Livability". *Nature Communications*, Londres, v. 10, n. 4817, 2019, <https://www.nature.com/articles/s41467-019-12809-y>.

59. Cabe aqui uma necessária ressalva quanto às tecnologias usadas na construção, já que a edificação de novos prédios também deixa sua própria pegada climática (como pelo cimento empregado).

60. Amanda Polato, "Mais de 8 milhões de brasileiros viviam em áreas de risco em 2010, diz IBGE". G1, 28 jun. 2018, <https://g1.globo.com/economia/noticia/mais-de-8-milhoes-de-brasileiros-viviam-em-areas-de-risco-em-2010-diz-ibge.ghtml>.

61. Raul Juste Lores, "Os privilegiados da Vila Madalena". *Folha de S.Paulo*, 12 abr. 2012, <https://rauljustelores.blogfolha.uol.com.br/2012/04/12/os-privilegiados-da-vila-madalena/>.

62. Enquanto detentora de ativos de valor superior a 1 milhão de reais.

63. Anthony Ling, "A promoção da (des)igualdade pelo planejamento urbano". Caos Planejado, 23 nov. 2020, <https://caosplanejado.com/a-promocao-da-desigualdade-pelo-planejamento-urbano/>.

64. Pedro Mendonça et. al., "A verticalização de mercado em São Paulo é branca". Labcidade, 6 dez. 2021, <http://www.labcidade.fau.usp.br/a-verticalizacao-de-mercado-em-sao-paulo-e-branca/>.

65. Raul Juste Lores, "Os privilegiados da Vila Madalena". *Folha de S.Paulo*, 12 abr. 2012, <https://rauljustelores.blogfolha.uol.com.br/2012/04/12/os-privilegiados-da-vila-madalena/>.

66. John Fritze e David Jackson, "'Suburban Lifestyle Dream': Trump Attacks Fair Housing Rule in Tweet Critics Call 'Vile'". *USA Today*, 29 jul. 2020, <https://www.usatoday.com/story/news/politics/elections/2020/07/29/trump-slams-housing-rule-latest-message-suburban-voters/5536731002/>.

67. Já um proeminente comentarista da *Fox News*, ao criticar o adensamento e a verticalização tentados por Obama, associou as construções a populações de drogados — desdenhando dos democratas que defendem o adensamento em prol dos combates à mudança climática, aos custos de moradia e à injustiça racial. Ver <https://www.youtube.com/watch?v=W3q-qfLtB00&t=1s>.

68. Raul Juste Lores, "Os privilegiados da Vila Madalena". *Folha de S.Paulo*, 12 abr. 2012, <https://rauljustelores.blogfolha.uol.com.br/2012/04/12/os-privilegiados-da-vila-madalena/>.

69. Limitar tamanho dos imóveis nas torres e, quem sabe, exigir um número máximo de vagas — e não números mínimos — devem ser uma aspiração.

70. Quer dizer, até um ponto que não inviabilize o retorno financeiro das construções ou gere outros efeitos adversos. Anthony Ling, "A cota não tão solidária do Plano Diretor de São Paulo". Caos Planejado, 7 jul. 2014, <https://caosplanejado.com/a-cota-nao-tao-solidaria-do-plano-diretor-de-sao-paulo/>.

71. Eli Mackinnon, "The Twilight of Shenzhen's Great Urban Village". *Foreign Policy*, 16 set. 2016, <https://foreignpolicy.com/2016/09/16/china-demolition-economy-the-twilight-of-shenzhens-great-urban-village-baishizhou/amp/>; Emily Feng, "Shenzhe's Largest 'Urban Village' Thrives Despite Demolition Orders". *Financial Times*, 27 jul. 2018, <https://www.ft.com/content/c44936ba-5f2b-11e8-9334-2218e7146b04>.

72. Farhad Manjoo, "America's Cities Are Unlivable. Blame Wealthy Liberals". *New York Times*, 22 maio 2019, <https://www.nytimes.com/2019/05/22/opinion/california-housing-nimby.html>.

73. Apesar das mudanças das últimas décadas, veja que a taxa de trabalhadores brasileiros ocupados na agropecuária — de mais de 10% — é ainda várias vezes maior que a de países desenvolvidos (na França são 3%, no Reino Unido 2%, nos Estados Unidos 1%). Fernando Veloso et al., "O Brasil em comparações internacionais de produtividade: Uma análise setorial". Observatório da Produtividade Regis Bonelli, 1º jun. 2017, <https://ibre.fgv.br/observatorio-produtividade/artigos/o-brasil-em-comparacoes-internacionais-de-produtividade-uma>; IBGE, *Pesquisa Nacional por Amostra de Domicílios Contínua: Primeiro Trimestre de 2021*. Rio de Janeiro: IBGE, 27 maio 2021, <https://biblioteca.IBGE.gov.br/visualizacao/periodicos/2421/pnact_2021_1tri.pdf>.

7. Nova Petrópolis, a cidade com mais aposentados [pp. 200-28]

1. Larissa Werren, Mariane Salerno e Rogério Guimarães, "A cidade dos velhinhos". R7 Estúdio, 20 jun. 2020, <https://estudio.r7.com/a-cidade-dos-velhinhos-10082020>; Heloísa Mendonça, "A cidade onde metade da população depende da Previdência (e que atrai

Notas

idosos pela qualidade de vida)". *El País*, 10 abr. 2019, <https://brasil. elpais.com/brasil/2019/04/04/politica/1554337299_606661.html>.

2. Nos Top 25 nacional vem acompanhada, aliás, por outros 22 municípios do Rio Grande do Sul.

3. De acordo com o Datasus.

4. Outros fatores que podem influenciar são afetos a normas sociais, sindicalização. A região Sul do Brasil em especial se desenvolveu muito a partir do cooperativismo.

5. Para 2020.

6. Na verdade, mesmo após a reforma essa aposentadoria diferente continuará existindo em alguns casos por mais alguns anos.

7. Agora outro porém, porque é preciso qualificar o termo "ricos". Não estamos falando em geral de um multimilionário, mas sim de trabalhadores que estão em melhores condições do que outros trabalhadores.

8. Considerando apenas as programadas operadas pelo INSS (excluindo aposentadoria por incapacidade), conceito em que incluímos o BPC — como explicamos adiante.

9. Pedro Fernando Nery, "Por que catarinenses se aposentam três anos antes que os outros brasileiros?", *Gazeta do Povo*, 27 nov. 2018, <https://www.gazetadopovo.com.br/vozes/pedro-fernando-nery/ por-que-catarinenses-se-aposentam-3-anos-antes-que-os-outros-brasileiros/>.

10. Estimativa para 2019 com base em dados do governo federal.

11. Essa estatística considera, além das aposentadorias, também as pensões, e reflete não apenas a quantidade de beneficiários, mas também maiores valores médios dos benefícios.

12. Segundo o Relatório Resumido de Execução Orçamentária (RREO). Consideramos nesse número o regime geral da Previdência Social (setor privado), os regimes próprios de servidores e militares (setor público) e também o Benefício de Prestação Continuada (BPC) somente no caso de idosos — que para fins deste capítulo consideramos uma aposentadoria operada pelo INSS. Não incluímos nesse dado números de estados e municípios.

13. Nesse tipo de comparação se consideram tipicamente também os gastos de estados e municípios.

14. Taís Laporta, "Gasto brasileiro com Previdência é o mais alto entre países de população jovem". GI, 16 jun. 2017, <https://g1.globo.com/

economia/noticia/gasto-brasileiro-com-previdencia-e-o-mais-alto-entre-paises-de-populacao-jovem.ghtml>.

15. Parecer da Comissão de Constituição, Justiça e Cidadania, sobre a PEC nº 6, de 2019, <https://legis.senado.leg.br/sdleg-getter/docum ento?dm=8003672&ts=1630452483016&disposition=inline>.

16. Peter H. Lindert, *Making Social Spending Work*. Cambridge: Cambridge University Press, 2021.

17. Fora a aposentadoria por invalidez (atualmente aposentadoria por incapacidade), que é um benefício de risco, podemos falar em quatro tipos de aposentadorias programadas: a por tempo de contribuição, a urbana por idade, a rural por idade e o BPC (formalmente um benefício assistencial, mas uma aposentadoria de fato).

18. Para quem teve menos do que quinze anos com carteira assinada ao longo da vida.

19. Mesmo as idades mínimas fixadas para aqueles que foram de fato afetados pela reforma estão abaixo das praticadas por países desenvolvidos, e agora se aproximarão da praticada há muitos anos por vários países emergentes. No caso dos homens, a regra de 65 anos não só já valia para os brasileiros mais pobres, como já era adotada por vizinhos como Argentina, Chile, México e Paraguai.

20. Aos 52 anos de idade, a taxa de brancos aposentados é 40% maior do que a de negros aposentados. Dez anos depois, aos 62 anos, as taxas se aproximam, com uma diferença de 8% somente (ainda em favor dos brancos). Os cálculos são do pesquisador Luis Henrique Paiva, com base no ano de 2015, apresentados em Paulo Tafner e Pedro Fernando Nery, *Reforma da Previdência: Por que o Brasil não pode esperar?* (Rio de Janeiro: Elsevier, 2018).

21. Para os homens, a discrepância também existe. O homem que se aposenta por tempo de contribuição conseguia o benefício em média aos 56 anos. Já o homem que consegue o BPC o fazia em média aos 68. O primeiro costuma viver mais dezoito anos depois dos 65 (83 anos de expectativa de vida), e o segundo somente catorze anos (79 anos de expectativa de vida). As estimativas são do economista Rodrigo Godoy Coelho. Esse resultado coaduna com as estatísticas mostradas anteriormente, indicando idades de aposentadoria mais altas em estados amazônicos (pelo peso do BPC) e mais baixas na região Sul (pelo peso da aposentadoria por tempo de contribuição). Baseado no sistema AEPS InfoLogo, com dados para 2017.

Notas   335

22. A idade mínima dos homens foi fixada em 65 anos, a mesma que já existia para o BPC. Mas a idade mínima das mulheres, inclusive as servidoras públicas, ficou em 62 anos — ainda abaixo da exigida para mulheres no BPC (65 anos).

23. Uma crítica poderia apontar que a reforma deveria buscar a igualdade por outro caminho, permitindo que todos, inclusive os mais pobres, se aposentassem aos cinquenta e poucos anos, e não elevando a idade de aposentadoria dos mais ricos. Essa proposta não foi apresentada por nenhum grupo político, tão notório é o desequilíbrio financeiro e atuarial do sistema — como continuaremos a compreender nas próximas páginas.

24. Ver <https://www.youtube.com/watch?v=WY7kFcet2dQ>. A deputada foi, dentro da bancada feminina, a que teve mais emendas aceitas alterando o texto da reforma. Se considerados os deputados, ficaria em quinto lugar, atrás de Paulo Pimenta (PT), Tadeu Alencar (PSB), Daniel Almeida (PCdoB) e Rodrigo Coelho (Podemos).

25. Tábua de Mortalidade de 2022, <https://www.ibge.gov.br/estatisticas/sociais/populacao/9126-tabuas-completas-de-mortalidade.html>.

26. A regra do BPC continuou em 65 para homens e mulheres. A regra da aposentadoria rural por idade continuou em sessenta anos para homens e 55 para mulheres. A regra da aposentadoria urbana por idade também não foi modificada para homens, mantida em 65 anos, mas foi alterada de sessenta para 62 anos para mulheres (com transição).

27. Nunca é demais lembrar que o foco da reforma não são os benefícios que já existem, mas sim benefícios futuros. Para além das regras de concessão, uma afirmação comum contrária à reforma é a de que ela reduziria o valor das aposentadorias, ou exigiria tempo demasiado de contribuição para manter os valores anteriores. O argumento é falacioso, e bem rebatido pelo relator da reforma no Senado, na página 15 do texto. Parecer da Comissão de Constituição, Justiça e Cidadania, sobre a PEC nº 6, de 2019, <https://legis.senado.leg.br/sdleg-getter/documento?dm=8003672&ts=1630452483016&disposition=inline>.

28. Não por uma redução no atual fluxo de recursos recebidos, mas porque o crescimento desse fluxo seria mais lento.

29. Peter H. Lindert, *Making Social Spending Work*. Cambridge: Cambridge University Press, 2021.

30. A proteção não contributiva, vale frisar, não implica que o beneficiado não financiou o sistema, mas apenas que não financiou diretamente. Sabemos que a tributação indireta é pesada no Brasil: isso quer dizer que os mais pobres podem pagar parte relevante de sua renda para a Seguridade Social sem percebê-lo, por exemplo nos tributos incidentes sobre o consumo e escondidos no preço dos produtos.

31. Na verdade, a própria proteção contributiva é largamente deficitária: quer dizer que quem não contribui custeia boa parte dos pagamentos, já que a receita dos que contribuem não é suficiente (por exemplo o juiz de 40 mil reais). Hoje parece que vivemos no pior dos mundos, em que há predominância de uma proteção contributiva com pouco foco nos mais pobres, mas custeada parcialmente por desprotegidos que não têm acesso a ela. Como argumentei em um bom debate com a deputada Sâmia Bomfim, temos assim um verdadeiro "imposto sobre grandes pobrezas". A discussão se deu em três textos: Pedro Fernando Nery, "Os 10 enganos de Sâmia Bomfim sobre a Previdência". *Gazeta do Povo*, 2 abr. 2019, <https://www.gazetadopovo.com.br/vozes/pedro-fernando-nery/os-10-enganos-de-samia-bonfim-sobre-a-previdencia/>; Sâmia Bomfim, "Os equívocos de Pedro Nery sobre a reforma da Previdência". *Gazeta do Povo*, 9 abr. 2019, <https://www.gazetadopovo.com.br/opiniao/artigos/os-equivocos-de-pedro-nery-sobre-a-reforma-da-previdencia-d2ec9to4lo1don7j68vsc80t2/?ref=link-interno-materia>; Pedro Fernando Nery, "Tréplica a Sâmia Bomfim sobre a Previdência". *Gazeta do Povo*, 10 abr. 2019, <https://www.gazetadopovo.com.br/vozes/pedro-fernando-nery/treplica-a-samia-bomfim-sobre-a-previdencia/>.

32. Carlos Góes, "Quem paga os custos da reforma da Previdência?". *Folha de S.Paulo*, 28 jul. 2019, <https://www1.folha.uol.com.br/opiniao/2019/07/quem-paga-os-custos-da-reforma-da-previdencia.shtml>.

33. Estimativas para os benefícios do Regime Geral, quanto ao impacto fiscal dos dez primeiros anos da reforma. Ver Pedro Fernando Nery, "A meia reforma da Previdência de 2019". In: SALTO, Felipe Scudeler; PELLEGRINI, Josué Alfredo (Orgs.). *Contas públicas no Brasil*. São Paulo: Saraiva, 2020.

Notas 337

34. *Dívida pública federal: Apresentação para investidores*. Brasília: Tesouro Nacional, 15 jun. 2023, <http://sisweb.tesouro.gov.br/apex/cosis/thot/transparencia/arquivo/29148:967303:inline:13334956199133>.

35. Larissa Quintino, "Mercado financeiro prevê PIB de 2,3% em 2020". *Veja*, 30 dez. 2019, <https://veja.abril.com.br/economia/mercado-financeiro-preve-crescimento-do-pib-de-23-em-2020/>; Darlan Alvarenga e Daniel Silveira, "PIB do Brasil despenca 4,1% em 2020". GI, 3 mar. 2021, <https://g1.globo.com/economia/noticia/2021/03/03/pib-do-brasil-despenca-41percent-em-2020.ghtml>.

36. Érica Fraga, "Brasil desperdiça metade do talento das crianças, diz diretora do Banco Mundial". *Folha de S.Paulo*, 30 out. 2020, <https://www1.folha.uol.com.br/mercado/2020/10/brasil-desperdica-metade-do-talento-das-criancas-diz-diretora-do-banco-mundial.shtml>.

37. Jéssica Sant'Ana, "Reforma começa a fazer efeito e rombo da Previdência deve ficar estável em 2021". *Gazeta do Povo*, 24 set. 2020, <https://www.gazetadopovo.com.br/economia/rombo-previdencia-estavel-2021-efeito-reforma/>; Letícia Fontes, "Custo da covid supera economia com reforma da Previdência". *O Tempo*, 1º mar. 2021, <https://www.otempo.com.br/economia/custo-da-covid-supera-economia-com-reforma-da-previdencia-1.2453016>.

38. Ele salienta, porém, que os efeitos de maior prazo da reforma continuarão sendo sentidos. Adriana Fernandes e Idiana Tomazelli, "Reforma da Previdência garantiu 'colchão' para elevar gastos na pandemia". *O Estado de S. Paulo*, 13 nov. 2020, <https://economia.estadao.com.br/noticias/geral,reforma-da-previdencia-garantiu-colchao-para-elevar-gastos-na-pandemia,70003512601>.

39. Sem ela, o governo teria tido dificuldade de emitir títulos da dívida para financiar a sua ação na pandemia. Adriana Fernandes e Idiana Tomazelli, "Reforma da Previdência garantiu 'colchão' para elevar gastos na pandemia". *O Estado de S. Paulo*, 13 nov. 2020, <https://economia.estadao.com.br/noticias/geral,reforma-da-previdencia-garantiu-colchao-para-elevar-gastos-na-pandemia,70003512601>.

40. Alexandro Martello, "Até 2030, gasto com pandemia deve neutralizar economia com reforma da Previdência". GI, 28 nov. 2020, <https://g1.globo.com/economia/noticia/2020/11/28/ate-2030-gasto-com-pandemia-deve-neutralizar-economia-com-reforma-da-previdencia.ghtml>.

41. Adriana Fernandes e Idiana Tomazelli, "Reforma da Previdência garantiu 'colchão' para elevar gastos na pandemia". *O Estado de S. Paulo*, 13 nov. 2020, <https://economia.estadao.com.br/noticias/geral,reforma-da-previdencia-garantiu-colchao-para-elevar-gastos-na-pandemia,70003512601>.

42. Luiza Nassif-Pires, Luísa Cardoso e Ana Luíza Matos de Oliveira, "Gênero e raça em evidência durante a pandemia no Brasil: O impacto do Auxílio Emergencial na pobreza e extrema pobreza". *Nota de Política Econômica*, Made, São Paulo, n. 10, 22 abr. 2021, <https://madeusp.com.br/publicacoes/artigos/genero-e-raca-em-evidencia-durante-a-pandemia-no-brasil-o-impacto-do-auxilio-emergencial-na-pobreza-e-extrema-pobreza/>.

43. Alexandro Martello, "Até 2030, gasto com pandemia deve neutralizar economia com reforma da Previdência". GI, 28 nov. 2020, <https://g1.globo.com/economia/noticia/2020/11/28/ate-2030-gasto-com-pandemia-deve-neutralizar-economia-com-reforma-da-previdencia.ghtml>.

44. Essas iniciativas vão ao encontro da visão da OCDE, para quem o Brasil poderia aproveitar o momento de repactuação das regras previdenciárias para alterar de forma mais profunda o gasto social, tornando-o o mais "inclusivo": "A pobreza é maior entre crianças e jovens. Limitar futuros aumentos nos benefícios que atingem principalmente a classe média poderia contribuir para ampliar as transferências sociais de maior impacto na redução da desigualdade e de maior foco nas crianças e jovens, como o programa de transferência condicionada de renda Bolsa Família". OCDE, *OECD Economic Surveys: Brazil 2020*. Paris: OECD, 2020, <https://static.poder360.com.br/2020/12/OECD-Economic-Surveys_-Brazil-2020-16dez2020.pdf>.

45. A proposta é discutida de forma autônoma no Senado, como PEC nº 146, de 2019.

46. PEC nº 133, de 2019. O BUI também é tema da PEC nº 34, de 2020.

47. Pela ótica da idade mediana, temos que o crescimento no Brasil é previsto para ser da ordem de treze anos até o ano de 2050, no cálculo da ONU. Segundo as projeções da instituição, um dos maiores crescimentos do mundo no período (nos Estados Unidos a alta esperada é de apenas quatro anos). ONU, *World Population Prospects — The 2017 Revision: Key Findings and Advance Tables*. Nova York:

Notas

ONU, 2017, <https://desapublications.un.org/publications/world-population-prospects-2017-revision>.

48. ONU, Population Division: World Population Prospects 2022, <https://population.un.org/wpp/DataQuery/>.

49. Efetivamente, a OCDE previa que sem a reforma o gasto com Previdência no Brasil — da ordem de 14% do PIB — iria dobrar em uma geração: "Na próxima década, o gasto previdenciário teria sido dez pontos maior em percentual do PIB se não fosse a reforma". OCDE, "Key Policy Insights". In: _____. *OECD Economic Surveys: Brazil 2020*. Paris: OECD, 2020. pp. 14-59, <https://www.oecd-ilibrary.org/sites/1e6f3216-en/index.html?itemId=/content/component/1e6f3216-en>.

50. Parecer da Comissão de Constituição, Justiça e Cidadania, sobre a PEC nº 6, de 2019, <https://legis.senado.leg.br/sdleg-getter/documento?dm=8003672&ts=1630452483016&disposition=inline>.

51. José Eustáquio Diniz Alves, "As cidades mais envelhecidas do Brasil". Portal do Envelhecimento e Longeviver, 3 ago. 2018, <https://www.portaldoenvelhecimento.com.br/as-cidades-mais-envelhecidas-do-brasil/>.

52. Vale ver, a propósito, "Consulta sobre separação do Sul do resto do país tem 95% de 'sim'". G1, 5 out. 2016, <http://g1.globo.com/rs/rio-grande-do-sul/noticia/2016/10/consulta-sobre-separacao-do-sul-do-resto-do-pais-tem-95-de-sim.html>.

53. Por exemplo idade mínima dos homens ou as novas regras para a pensão por morte.

54. *A Nova Previdência combate privilégios*. Brasília: Ministério da Economia, 29 abr. 2019, <https://www.gov.br/economia/pt-br/centrais-de-conteudo/publicacoes/notas-informativas/2019/ni-nova-previdencia-e-combate-a-privilegios-v10.pdf/view>.

55. Assim, o subsídio pode ser muito grande no caso de servidores que se aposentam cedo e que passaram boa parte da carreira trabalhando em um cargo menos bem remunerado do que aquele em que se aposentam. Ou ainda no caso de servidores cujos cargos receberam aumentos salariais relevantes ao longo do tempo (casos em que o maior salário da vida também se distancia da média).

56. Subsídio aqui é "a diferença atuarial, em valor presente, entre o ganho esperado na aposentadoria e o montante total contribuído, somando-se as contribuições do trabalhador e a patronal". *A Nova*

Previdência combate privilégios. Brasília: Ministério da Economia, 29 abr. 2019, <https://www.gov.br/economia/pt-br/centrais-de-conteudo/publicacoes/notas-informativas/2019/ni-nova-previdencia-e-combate-a-privilegios-v10.pdf/view>.

57. Valor que depende naturalmente da longevidade de cada um e da existência de pensionistas (bem como da longevidade destes).

58. Nessa frase, o autor usa os termos *pensions* e *pensioners*, que podem aludir não só a aposentadorias e aposentados como também a pensões por morte e pensionistas. Optei pela tradução mais simples.

59. Peter H. Lindert, *Making Social Spending Work.* Cambridge: Cambridge University Press, 2021. Vale ressaltar que juízes (bem como membros do Ministério Público) na verdade não possuem há algumas décadas regras favorecidas em relação aos servidores públicos do seu ente (nem quanto a requisitos de concessão do benefício, nem quanto ao seu cálculo). Há, porém, um subsídio maior decorrente da remuneração ser relativamente mais alta.

60. Previdência e aposentadoria nesse parágrafo aparecem entre aspas porque não há formalmente um regime previdenciário instituído.

61. Equiparação em termos do cálculo do benefício e da possibilidade de acúmulo.

62. Judite Cypreste, "Registros mostram 400 filhas pensionistas de militares como sócias de empresas milionárias". *Metrópoles*, 19 jul. 2021, <https://www.metropoles.com/brasil/registros-mostram-400-filhas-pensionistas-de-militares-como-socias-de-empresas-milionarias>.

63. Guilherme Caetano, "Condenado por tortura na ditadura militar, Ustra segue poupado por segmentos da direita". *O Globo*, 8 ago. 2019, <https://oglobo.globo.com/politica/condenado-por-tortura-na-ditadura-militar-ustra-segue-poupado-por-segmentos-da-direita-23864669>; "Coronel Ustra deixa pensão de R$ 30 mil para filhas ao se tornar um dos 'marechais' do Exército". TV Cultura, 6 ago. 2021, <https://cultura.uol.com.br/noticias/34989_coronel-ustra-deixa-pensao-de-r-30-mil-para-filhas-ao-se-tornar-um-dos-marechais-do-exercito.html>.

64. Respectivamente PL nº 1409, de 2021, e PLP nº 62, de 2021. Até 2023, não haviam sido aprovados.

65. Eduardo Barreto, "Militar incluiu serviços de saúde em sua empresa após jantar da propina". *Metrópoles*, 4 jul. 2021, <https://www.metropoles.com/colunas/guilherme-amado/militar-incluiu-servicos-de-saude-em-sua-empresa-apos-jantar-da-propina>.

Notas

66. André Borges, "Militares turbinam salários com cursos e se aposentam com remunerações até 66% maiores". *O Estado de S. Paulo*, 27 set. 2022, <https://www.estadao.com.br/economia/reforma-de-bolsonaro-permite-que-militares-turbinem-salarios-antes-de-aposentadoria/>.
67. Antes, não havia idade mínima para policiais civis.
68. *A Nova Previdência combate privilégios*. Brasília: Ministério da Economia, 29 abr. 2019, <https://www.gov.br/economia/pt-br/centrais-de-conteudo/publicacoes/notas-informativas/2019/ni-nova-previdencia-e-combate-a-privilegios-v10.pdf/view>.
69. Cabe aqui ressalvar que a análise por quintos tem limitações. Marcelo Medeiros discute em *Os ricos e os pobres* (São Paulo: Companhia das Letras, 2023) que essa estratificação possui "classes demais na base e classes de menos no topo", apontando para uma homogeneidade entre os quintos mais pobres e heterogeneidade no quinto mais rico. Ele salienta que, para certas análises, seria mais pertinente uma divisão em quintos de renda do que em quintos de população.
70. Com base em 2015. *Efeito redistributivo da política fiscal no Brasil*. Brasília: Ministério da Fazenda, 2017, <https://www.gov.br/fazenda/pt-br/centrais-de-conteudos/publicacoes/boletim-de-avaliacao-de-politicas-publicas/arquivos/2017/efeito_redistributivo_12_2017.pdf>.
71. Arminio Fraga Neto, "Estado, desigualdade e crescimento no Brasil". *Novos Estudos Cebrap*, São Paulo, v. 38, n. 3, pp. 613-34, 2019, <https://novosestudos.com.br/produto/115/#gsc.tab=0>.
72. Veja, assim, que essa nova reforma não visaria reduzir as transferências para lugares como a nossa Nova Petrópolis — o que ocorreu na reforma anterior. Do ponto de vista regional, seu impacto seria mais sentido em Brasília e outras capitais.
73. Gabriela Coelho, "Procurador da 'Lava Jato' anuncia aposentadoria para atuar com compliance". Consultor Jurídico, 19 mar. 2019, <https://www.conjur.com.br/2019-mar-19/decano-lava-jato-anuncia-aposentadoria-atuar-compliance>; Ricardo Brandt e Fausto Macedo, "Decano da Lava Jato se aposenta do MPF e vai dar consultoria anticorrupção para empresas". *O Estado de S. Paulo*, 18 mar. 2019, <https://politica.estadao.com.br/blogs/fausto-macedo/decano-da-lava-jato-se-aposenta-do-mpf-e-vai-dar-consultoria-anti-corrupcao-para-empresas/>.

74. Ademais, mesmo servidores mais jovens, que têm seus benefícios já limitados ao teto do INSS, contam com uma vantagem pouco discutida. Eles podem receber mais que esse valor se pouparem, em um sistema a eles disponibilizado — no qual o governo pode fazer complementos mensais de quase 10% da remuneração. Esse parâmetro pode ser ajustado: é possível manter esse regime de previdência complementar atrativo sem exigir tanto dos demais cidadãos. Esse modelo já representa um custo crescente que chega a centenas de milhões por ano. Fundação de Previdência Complementar do Servidor Público Federal do Poder Executivo, *Orçamento 2021: Receitas, despesas e gestão do orçamento*. Brasília: Funpresp, dez. 2020, <https://www.funpresp.com.br/wp-content/uploads/2021/02/Orcamento-2021.pdf>.

75. A reforma de 2019 criou uma nova contribuição, denominada extraordinária, para custear déficits, e que ainda não foi instituída: ela poderia ser usada para esse fim.

76. "Resultados para vereador em Nova Petrópolis – Rio Grande do Sul". *Gazeta do Povo*, 27 nov. 2020, <https://www.gazetadopovo.com.br/eleicoes/2020/resultado/rs/nova-petropolis/vereador/>.

77. "Em decisão, juiz diz que país vive 'merdocracia neoliberal neofacista'". *Correio Braziliense*, 20 jan. 2020, <https://www.correiobraziliense.com.br/app/noticia/politica/2020/01/20/interna_politica,822056/em-decisao-juiz-diz-que-pais-vive-merdocracia-neoliberal-neofascista.shtml>.

78. Luís Gomes, "Maria Lúcia Fattorelli: 'Se aprovar essa reforma da Previdência, o Brasil quebra'". Sul21, 10 jun. 2019, <https://sul21.com.br/entrevistasz_areazero/2019/06/maria-lucia-fattorelli-se-aprovar-essa-reforma-da-previdencia-o-brasil-quebra/>.

79. Thomas Piketty et al., "A quem interessa aumentar a desigualdade?". *Valor Econômico*, 11 jul. 2019, <https://valor.globo.com/opiniao/coluna/a-quem-interessa-aumentar-a-desigualdade.ghtml>.

80. Pedro Fernando Nery, Paulo Tafner e Arminio Fraga, "A lacroeconomia de Piketty". *O Estado de S. Paulo*, 13 jul. 2019, <https://economia.estadao.com.br/noticias/geral,a-lacroeconomia-de-piketty,70002920302>.

81. Outra tecnicalidade que o artigo confunde é associar o fator previdenciário ao cálculo da aposentadoria por idade, e não da aposentadoria por tempo de contribuição.

Notas 343

82. A versão comentada era a que ia ao plenário da Câmara, já mais parecida com o texto final e mais distante do texto proposto pelo governo Bolsonaro. Uma mudança relevante, porém, ocorreu depois: o fim do aumento do tempo de contribuição para homens da atual geração que já está no mercado de trabalho. O aumento, de cinco anos para homens naquele momento da tramitação, era criticado pelos autores — não sem razão, embora houvesse uma incrível extrapolação em afirmar que isso provocaria aposentadorias somente aos 75 anos de idade.

83. Em verdade, a reforma promoveu algum aumento da tributação dos mais ricos, quando se considera não só a elevação da contribuição previdenciária sobre os maiores salários do funcionalismo, mas também o aumento da tributação sobre o lucro dos bancos (majorada em 33%).

8. Severiano Melo, a cidade com mais auxílio emergencial
[pp. 229-63]

1. Marcos Paulo de Lucca-Silveira e Rogério Barbosa, "Do Auxílio Emergencial à Renda Básica: Aspectos normativos do debate contemporâneo no Brasil". Rede Brasileira de Renda Básica, 18 jul. 2020, <https://rendabasica.com.br/do-auxilio-emergencial-a-renda-basica-aspectos-normativos-do-debate-contemporaneo-no-brasil-por-marcos-paulo-de-lucca-silveira-e-rogerio-barbosa/>.

2. Luiza Nassif-Pires, Luísa Cardoso e Ana Luíza Matos de Oliveira, "Gênero e raça em evidência durante a pandemia no Brasil: O impacto do Auxílio Emergencial na pobreza e extrema pobreza". *Nota de Política Econômica*, Made, São Paulo, n. 10, 22 abr. 2021, <https://madeusp.com.br/wp-content/uploads/2021/04/NPE-010-VF.pdf>.

3. Cássia Almeida, "Auxílio Emergencial reduz pobreza e desigualdade cai a menor patamar da história, mas custo é insustentável". *O Globo*, 16 ago. 2020, <https://oglobo.globo.com/economia/auxilio-emergencial-reduz-pobreza-desigualdade-cai-menor-patamar-da-historia-mas-custo-insustentavel-24589106>.

4. Em relação ao nível efetivamente observado. Ver Naercio Menezes Filho, Bruno K. Komatsu e João Pedro Rosa, "Reducing Poverty and Inequality during the Coronavirus Outbreak: The Emergency

Aid Transfers in Brazil". *Policy Paper*, Insper, São Paulo, n. 54, fev. 2021, <https://www.insper.edu.br/wp-content/uploads/2021/02/Policy_Paper_54.pdf>.

5. O que tende a estar relacionado também ao benefício ter sido pago em dobro para as famílias chefiadas por mãe solo. O PL nº 547, 2022, do senador Alexandre Silveira (PSD-MG), instituiria a cota dobrada de forma permanente.

6. "A distribuição do Auxílio Emergencial". Brasília: Ministério do Desenvolvimento e Assistência Social, Família e Combate à Fome, 12 fev. 2021, <https://www.gov.br/cidadania/pt-br/servicos/sagi/a-distribuicao-do-auxilio-emergencial>.

7. Os cálculos são de Carlos Góes, da Universidade da Califórnia em San Diego. Ver<https://mobile.twitter.com/goescarlos/status/1404526558358822912>.

8. Naercio Menezes Filho, "O fundo do poço?". *Valor Econômico*, 19 fev. 2021, <https://valor.globo.com/opiniao/coluna/o-fundo-do-poco.ghtml>.

9. Esta seção é baseada em meu ensaio "Desigualdade em V: O experimento legislativo de um país menos injusto em 2020", publicado no *Estado da Arte*, 21 nov. 2020, <https://estadodaarte.estadao.com.br/desigualdade-v-pedro-nery/>.

10. Até a pandemia, os valores pagos eram muito baixos: cem reais ou, se houvesse na família criança, adolescente ou grávida, cinquenta reais por dependente. Ainda assim, era muito difícil receber o Bolsa: para os cem reais, era preciso ser *extremamente* pobre, que considerava para a linha de extrema pobreza uma renda mensal de cem reais. Quem ganhava mais que isso só podia receber o benefício por dependente, o de cinquenta reais, e somente se vivesse abaixo da linha da pobreza (renda mensal de duzentos reais por pessoa na família).

11. Pelo Regimento Interno da Câmara dos Deputados, a regra é que o projeto emendado pelo Senado volte a ela, sendo exceção a emenda de redação, que "visa a sanar vício de linguagem, incorreção de técnica legislativa ou lapso manifesto". Não havendo definição legal do que é um trabalhador informal, tínhamos o "lapso manifesto" para esclarecer que o conceito inclui o desempregado.

12. Ao contrário da definição do IBGE, o informal seria assim um grupo que incluiria desempregados, desalentados e os fora da força de trabalho — e não um grupo complementar a esses.

Notas

13. Anna Fruttero, Alexandre Ribeiro Leichsenring e Luis Henrique Paiva, "Social Programs and Formal Employment: Evidence from the Brazilian Bolsa Família Program". *IMF Working Papers*, Washington, n. 2020/099. 19 jun. 2020, <https://www.imf.org/en/Publications/WP/Issues/2020/06/19/Social-Programs-and-Formal-Employment-Evidence-from-the-Brazilian-Bolsa-Famlia-Program-49512>.

14. Podcast Economisto, temporada 1, episódio 2, jun. 2020, <https://www.idp.edu.br/podcasts/economisto/temporada-1-episodio-2-auxilio-emergencial-e-bolsa-familia-com-luiz-henrique-paiva/>.

15. Pablo Acosta, "Estudos descartam que benefício social provoque efeito preguiça nos mais pobres". *Folha de S.Paulo*, 14 jun. 2021, <https://www1.folha.uol.com.br/colunas/pablo-acosta/2021/06/estudos-descartam-que-beneficio-social-provoca-efeito-preguica-nos-mais-pobres.shtml>. Sobre a oferta de trabalho e esses benefícios, ver também Luis F. B. Oliveira e Sergei O. S. Soares. "O que se sabe sobre os efeitos das transferências de renda sobre a oferta de trabalho". *Texto para Discussão*, Ipea, Brasília, n. 1738, 2012; e Alan de Brauw et al., "Bolsa Familia and Household Labor Supply". *Economic Development and Cultural Change*, Chicago, v. 63, n. 3, pp. 423-57, 2015.).

16. François Gerard, Joana Naritomi e Joana Silva, "Cash Transfers and Formal Labor Markets: Evidence from Brazil". *CEPR Discussion Paper*, n. DP16286, 1º jun. 2021, <https://papers.ssrn.com/sol3/papers.cfm?abstract_id=3886759>.

17. Clare Balboni et al., "Why Do People Stay Poor?". *The Quarterly Journal of Economics*, Oxford, v. 137, n. 2, pp. 785-844, maio 2022, <https://doi.org/10.1093/qje/qjab045>.

18. Peter H. Lindert, *Making Social Spending Work*. Cambridge: Cambridge University Press, 2021.

19. Luciana Dyniewicz, "Trazido à tona pela pandemia, debate sobre renda básica precisa ir além da forma de financiamento, afirmam especialistas". *O Estado de S. Paulo*, 9 out. 2020, <https://www.estadao.com.br/infograficos/economia,trazido-a-tona-pela-pandemia-debate-sobre-renda-basica-precisa-ir-alem-da-forma-de-financiamento-afirmam-especialistas,1123175>; "Programa de responsabilidade social: Diagnóstico e proposta". CDPP, 18 set. 2020, <https://cdpp.org.br/pt/2020/09/18/programa-de-responsabilidade-social-diagnostico-e-proposta-2/>.

20. Lane Kenworthy, *Social Democratic Capitalism*. Nova York: Oxford University Press, 2019.

21. Ver <https://www.youtube.com/watch?v=nSwabpTncdk>.

22. Romero Cavalcanti Barreto da Rocha, "Programas condicionais de transferência de renda e fecundidade: Evidências do Bolsa Família". *Economia Aplicada*, São Paulo, v. 22, n. 3, pp. 175-202, 2018, <https://www.revistas.usp.br/ecoa/article/view/168739>; Patrícia Simões e Ricardo Brito Soares, "Efeitos do programa Bolsa Família na fecundidade das beneficiárias". *Revista Brasileira de Economia*, Rio de Janeiro, v. 66, n. 4, pp. 445-68, out./dez. 2012, <https://www.scielo.br/j/rbe/a/JBY5LPpQ3Rz8YXSyVLDhzFP/?format=pdf&lang=pt>; Bruna Signorini e Bernardo Queiroz, "O impacto do programa Bolsa Família sobre a fertilidade das beneficiárias". *One Pager*, International Policy Centre for Inclusive Growth, Brasília, n. 138, fev. 2012, <http://ipcig.org/publication/26745?language_content_entity=pt-br>; José Eustáquio Diniz Alves e Suzana Marta Cavenaghi, "Dinâmica demográfica e políticas de transferência de renda: O caso do Programa Bolsa Família no Recife". *Revista Latinoamericana de Población*, Buenos Aires, ano 3, n. 4-5, pp. 165-88, 2009, <https://revistarelap.org/index.php/relap/article/view/224/680>.

23. Luis Antonio Winck Cechin et al., "O impacto das regras do programa Bolsa Família sobre a fecundidade das beneficiárias". *Revista Brasileira de Economia*, Rio de Janeiro, v. 69, n. 3, pp. 303-29, jul./set. 2015, <https://www.scielo.br/j/rbe/a/JQXHxwgt46FBD9yT5qsDmhx/?format=pdf&lang=pt>.

24. Naercio Menezes Filho, "Brasil novo ou Brasil velho?". *Valor Econômico*, 21 fev. 2020, <https://valor.globo.com/opiniao/coluna/brasil-novo-ou-brasil-velho.ghtml>.

25. Frise-se ainda que há tetos nos pagamentos. O teto, de três dependentes, mudou na última década para cinco. Veja que quando Bolsonaro criticava as transferências, dava a entender que limites não existiam: "O cara tem três, quatro, cinco, dez filhos. E é problema do Estado. [...] Fez oito filhos, aqueles oito filhos vão ter que creche, escola, depois cota lá na frente. Para ser o que na sociedade? Para não ser nada". Ver <https://www.youtube.com/watch?v=nSwabpTncdk>.

26. "IMDS estuda a primeira geração de crianças do Bolsa Família".

Notas

IMDS, 14 mar. 2022, <https://imdsbrasil.org/em-pauta/materias/31/imds-estuda-a-primeira-geracao-de-criancas-do-bolsa-familia>.

27. Douglas Gravas, "Só um quinto dos 'filhos' do Bolsa Família continuava no programa depois de 14 anos". *Folha de S.Paulo*, 13 mar. 2022, <https://www1.folha.uol.com.br/mercado/2022/03/so-um-quinto-dos-filhos-do-bolsa-familia-continuava-no-programa-depois-de-14-anos.shtml>.

28. Raul da Mota Silveira Neto e Carlos Roberto Azzoni, "Os programas sociais e a recente queda na desigualdade regional de renda no Brasil". In: CAMPELLO, Tereza; NERI, Marcelo Côrtes. *Programa Bolsa Família: Uma década de inclusão e cidadania*. Brasília, Ipea, 2013. pp. 217-32.

29. Cássia Almeida, "Programas sociais com contrapartidas melhoram indicadores de educação e saúde". *O Globo*, 23 ago. 2020, <https://oglobo.globo.com/economia/programas-sociais-com-contrapartidas-melhoram-indicadores-de-educacao-saude-24601787>.

30. Rodrigo Zeidan, "Sordidez de vilão de James Bond". *Folha de S.Paulo*, 22 fev. 2020, <https://www1.folha.uol.com.br/colunas/rodrigo-zeidan/2020/02/sordidez-de-vilao-de-james-bond.shtml>.

31. Cristiano Romero, "Em defesa do Bolsa Família". *Valor Econômico*, 12 ago. 2020, <https://valor.globo.com/brasil/coluna/em-defesa-do-bolsa-familia.ghtml>.

32. Ver <https://twitter.com/FilipeCampante/status/1493615601801175042>.

33. Maria Caridad Araujo e Karen Macours, "Education, Income and Mobility: Experimental Impacts of Childhood Exposure to Progresa after 20 Years". *Working Paper*, Paris School of Economics, Paris, n. 2021-57, 2021, <https://www.povertyactionlab.org/sites/default/files/research-paper/Education_Income_Mobility_2021.pdf>.

34. Ver <https://www.youtube.com/watch?v=Y6Iu4hFOOQ4> e <https://www.youtube.com/watch?v=ueT9WE6N4e8>.

35. Emenda constitucional nº 114, de 16 de dezembro de 2021.

36. Letícia Bartholo, "Direitos improvisados". *Quatro cinco um*, 1º mar. 2022, <https://quatrocincoum.com.br/br/artigos/desigualdades/direitos-improvisados>.

37. PEC nº 29, de 2020.

38. Emenda nº 462 à Medida Provisória nº 1061, de 2021.

39. Pedro Fernando Nery, "País poderia ter um regime de metas para a pobreza, mas Bolsonaro vetou". *O Estado de S. Paulo*, 18 jan. 2022, <https://economia.estadao.com.br/noticias/geral,pais-poderia-ter-um-regime-de-metas-para-a-pobreza-mas-bolsonaro-vetou,70003953481>.

40. Papa Francisco, *Vamos sonhar juntos: O caminho para um futuro melhor*. Rio de Janeiro: Intrínseca, 2020.

41. Outro termo usado como sinônimo de renda mínima é "renda garantida".

42. Veja que na Constituição brasileira o termo "renda básica" é empregado para designar um benefício que não demanda contribuições como contrapartidas, e não como um benefício pago a todas as pessoas. Os dois usos da expressão "renda básica" (sem contribuição/ contrapartida ou universal para todos) são aceitos.

43. Lei nº 10835, de 8 de janeiro de 2004.

44. Luis Henrique Paiva et al., "A reformulação das transferências de renda no Brasil: Simulações e desafios". *Texto para Discussão*, Ipea, Brasília, 2021, <https://www.ipea.gov.br/portal/images/stories/PDFs/pubpreliminar/210521_publicacao_preliminar_a_reformulacao_das_transferencias.pdf>.

45. Jason DeParle, "A Historic Decrease in Poverty". *The New York Review of Books*, 18 nov. 2021, <https://www.nybooks.com/articles/2021/11/18/historic-decrease-in-poverty/>.

46. Renata Cafardo, "Com escolas fechadas na pandemia, geração de alunos perderá R$ 700 bilhões em renda". *O Estado de S. Paulo*, 1º jun. 2021, <https://educacao.estadao.com.br/noticias/geral,com-escolas-fechadas-na-pandemia-geracao-de-alunos-perdera-r-700-bilhoes-em-renda,70003733397>; Francis Maia, "Nível de aprendizado cai e compromete a renda futura de 35 milhões de jovens, diz especialista". Assembleia Legislativa do Estado do Rio Grande do Sul, 12 ago. 2021, <https://ww4.al.rs.gov.br/noticia/325221>.

47. Guilherme Lichand et al., "The Impacts of Remote Learning in Secondary Education: Evidence from Brazil during the Pandemic". Inter-American Development Bank, jun. 2021, <https://publications.iadb.org/publications/english/document/The-Impacts-of-Remote-Learning-in-Secondary-Education-Evidence-from-Brazil-during-the-Pandemic.pdf>.

48. Anaïs Fernandes e Álvaro Fagundes, "Brasileiro é 3º que mais perderá renda por escola fechada, diz FMI". *Valor Econômico*, 18 maio

Notas 349

2022, <https://valor.globo.com/brasil/noticia/2022/05/18/brasileiro-e-30-que-mais-perdera-renda-por-escola-fechada-diz-fmi.ghtml>.

49. Considerando apenas de março de 2020 a fevereiro de 2021: "Covid-19 and School Closures". Unicef, 2 mar. 2021, <https://data.unicef.org/resources/one-year-of-covid-19-and-school-closures/>.

50. "Aumenta em 1 milhão o número de crianças de 6 e 7 anos não alfabetizadas, na percepção dos responsáveis". Todos pela Educação, 8 fev. 2022, <https://todospelaeducacao.org.br/noticias/aumenta-em-1-milhao-o-numero-de-criancas-nao-alfabetizadas/>. Resultados alarmantes também aparecem em estudo da Fundação Lemann: "O impacto da pandemia na alfabetização no Brasil". Fundação Lemann, 8 nov. 2021, <https://fundacaolemann.org.br/noticias/o-impacto-da-pandemia-na-alfabetizacao-no-brasil>.

51. Guilherme Lichand, "Desafios e prioridades para a educação pós-pandemia". *Valor Econômico*, 17 jun. 2022, <https://valor.globo.com/opiniao/coluna/desafios-e-prioridades-para-a-educacao-pos-pandemia.ghtml>.

52. Branko Milanović, *The Haves and the Have-Nots: A Brief and Idiosyncratic History of Global Inequality*. Nova York: Basic Books, 2011.

53. Lane Kenworthy, *Social Democratic Capitalism*. Nova York: Oxford University Press, 2019.

54. IMDS, "Relação entre a educação de pais e filhos: Mobilidade intergeracional de educação no Brasil e no mundo". IMDS, dez. 2021, <https://imdsbrasil.org/doc/IMDS%20-%20Sinopse%20de%20 Indicadores%2002%20-%20DEZ-2021.pdf>.

55. Alexandre Rands Barros, *Desigualdades regionais no Brasil: natureza, causas, origens e soluções*. Rio de Janeiro: Elsevier, 2011.

56. Marcos Mendes, "Mais salário, menos educação". *Folha de S.Paulo*, 15 fev. 2020, <https://www1.folha.uol.com.br/colunas/marcos-mendes/2020/02/mais-salario-menos-educacao.shtml>.

57. Pedro Ferreira e Renato Fragelli, "Crescimento é (quase) tudo". *Valor Econômico*, 17 out. 2019, <https://epge.fgv.br/files/default/crescimento-e-quase-tudo.pdf>.

58. Ver <https://twitter.com/lmonasterio/status/1521628055453765634>.

59. Isabela Palhares, "96% dos alunos da rede estadual de SP concluíram ensino médio sem saber resolver equação de 1º grau". *Folha de S.Paulo*,

7 mar. 2022, <https://www1.folha.uol.com.br/educacao/2022/03/96-dos-alunos-da-rede-estadual-de-sp-concluiram-ensino-medio-sem-saber-resolver-equacao-de-10-grau.shtml>; TV Globo, "Em teste, estudantes do ensino médio acertam apenas 27% das questões de matemática básica". G1, 19 maio 2022, <https://g1.globo.com/educacao/noticia/2022/05/19/em-teste-para-avaliar-impactos-da-pandemia-estudantes-do-ensino-medio-acertam-apenas-27percent-das-questoes-de-matematica-basica.ghtml>.

60. Felippe Hermes, "O Brasil planejou ser desigual e, infelizmente, conseguiu". InfoMoney, 21 jul. 2020, <https://www.infomoney.com.br/colunistas/felippe-hermes/o-brasil-planejou-ser-desigual-e-infelizmente-conseguiu/>.

61. José Francisco Soares, Maria Teresa Gonzaga Alves e José Aguinaldo Fonseca, "Trajetórias educacionais como evidência da qualidade da educação básica brasileira". *Revista Brasileira de Estudos de População*, Rio de Janeiro, v. 38, e0167, 2021, <https://www.scielo.br/j/rbepop/a/9ZRM8LBTqQMHMDQNJDwjQZQ/?format=pdf&lang=pt>.

62. Rob A. Wilson e Geoff Briscoe, "The Impact of Human Capital on Economic Growth: A Review". In: Descy, Pascaline; Tessaring, Manfred (Eds.). *Impact of Education and Training: Third Report on Vocational Training Research in Euroupe – Background Report*. Luxemburgo: Office for Official Publications of the European Communities, 2004. pp. 9-70, <http://cedefop.europa.eu/files/BgR3_Wilson.pdf>.

63. Lucianne Carneiro, "Estudo mostra ganhos com educação básica". *Valor Econômico*, 14 mar. 2022, <https://valor.globo.com/brasil/noticia/2022/03/14/estudo-mostra-ganhos-com-educacao-basica.ghtml>.

64. Naercio Menezes Filho, "O poder transformador da educação". *Valor Econômico*, 18 mar. 2022, <https://valor.globo.com/opiniao/coluna/o-poder-transformador-da-educacao.ghtml>.

65. Como vimos anteriormente no livro, o emprego formal tende a ser tão maior quanto maior for a produtividade (ou seja, o quanto cada contratado reverte em faturamento para o emprego) e quanto menor for o custo (delimitado, entre outros, pelas legislações tributária e trabalhista). A educação atua sobre a produtividade. Fernando Veloso, Fernando de Holanda Barbosa Filho e Paulo Peruchetti,

Notas

"Impactos da educação no mercado de trabalho". Blog do Ibre, 3 jan. 2022, <https://blogdoibre.fgv.br/posts/impactos-da-educacao-no-mercado-de-trabalho>.

66. Marcelo Medeiros, "Por que investir em educação não é suficiente para reduzir desigualdade". *Folha de S.Paulo*, 3 jun. 2022, <https://www1.folha.uol.com.br/ilustrissima/2022/06/por-que-investir-em-educacao-nao-e-suficiente-para-reduzir-desigualdade.shtml>.

Epílogo [pp. 265-6]

1. O Congresso avançou nessa última durante 2023, com a PEC da Reforma Tributária (PEC nº 45, de 2019). Contudo, mesmo aprovada, ela depende da correta regulamentação por leis complementares nos próximos anos.

Índice remissivo

4G, rede de, 135-6, 313n

A quem interessa aumentar a desigualdade? (Piketty), 227

abono salarial, 126, 128, 289n, 306n, 314-5n

Abrão, Ana Carla, 152, 159, 161

Abreu, Irajá, 134

accountability, 163

Acemoglu, Daron, 137

Acosta, Pablo, 240

Acre, 44

acumulação de ativos, 103

adensamento *ver* densidade urbana; verticalização

administração pública, 42

adolescentes, 46-7, 110-2, 124, 167, 187, 209, 211, 245-6, 254; *ver também* jovens

advogados, 30, 39, 96, 99, 128, 173, 315n

África, 19

"agência", conceito de, 304n

Agência de Proteção do Público, 40

Aghion, Philippe, 277n, 293n

aglomerações urbanas e "economias de aglomeração", 178-9, 184

"aglomerado subnormal", 112, 191; *ver também* favelas

agricultura e agropecuária, 57, 229, 332n

agronegócio, 106, 275n

Água Verde, bairro da (Curitiba), 80

Akerlof, George, 167

Alamp (Associação Literária e Artística de Mulheres Potiguares), 9, 12

Alemanha, 19, 32, 34, 67, 131, 204, 311n

Alencar, Tadeu, 335n

Alesina, Alberto, 293n

Aleurodicus cocois (mosca-branca), 229

alíquota: efetiva, 29-30, 99, 274n; máxima, 30, 34-5, 94, 96, 274n; média, 30; nominal, 29-30; ótima, 96; progressiva, 100; *ver também* imposto de renda; tributação

Almeida, Daniel, 335n

aluguel, 101, 180-1, 184-5, 189-92, 270n

Amapá, 203

Amaral, Tabata, 33, 35, 39, 104, 134, 153, 166, 207, 216, 221

Amaral, Vinícius, 323n

Amazon (empresa norte-americana), 101

Amazonas, estado do, 45, 55, 57-8, 74, 141-2, 324n

Amazonas, rio, 44

Amazônia, 44, 46, 54-6, 58-9, 75, 169, 171, 179, 206, 232

América Latina, 19, 29, 78, 92, 94, 307n, 334n

Anagol, Santosh, 188

analfabetismo, 257

Andes, 44

Andrade, Alexandre, 319n

Anós Casero, Paloma, 51

aplicações financeiras, 49, 97, 177

Apodi (RN), 10

aposentadorias e pensões, 13, 20, 22, 127, 142, 200-1, 203, 205, 208-12, 218-22, 225-6, 228, 238, 248, 289n, 297n, 314n, 334n, 340n, 343n

Appy, Bernard, 74
Ápyus, Marlos, 171
Aquarius (filme), 194
arcabouço fiscal, 252
Arellano-Bover, Jaime, 302n
Argentina, 19, 92, 334n
Arida, Pérsio, 89
arrecadação, 27, 31-2, 35, 38-9, 50, 59, 67, 73, 93, 95, 97, 100-1, 105, 252, 298n
Assunção, Juliano, 278n
AstraZeneca, 154
Atlas do Desenvolvimento Humano, 16, 74, 79, 111, 291n
Austrália, 19, 34, 73, 199, 260, 311n
Áustria, 34
Auxílio Brasil, 124, 216, 247, 249, 251, 255; *ver também* Bolsa Família
auxílio emergencial, 9-11, 13, 25, 29, 33, 59, 95, 104, 107, 117, 119, 124, 134, 138, 212-6, 221, 225, 229-35, 237-8, 254-5
avaliação de desempenho, 162-4
Award For Outstanding Achievement In Social Security (prêmio do ISSA), 246

Baby's First Years (projeto social norte-americano), 284n
Bacciotti, Rafael, 319n
Bahia, 324n
baleia metálica, escultura de (avenida Faria Lima, São Paulo), 26
Banco Central, 30, 163, 224, 232
Banco Mundial, 51, 136, 144, 173, 214, 240, 295n, 307n, 325n
Banco Santos, 77, 108
bancos, 15, 34, 60, 98, 200, 343n
Bangladesh, 242, 302n
banqueiros, 77-8, 93, 173
Barbosa, Rogério, 25, 231
Barreira, Tiago, 130
Barros, Ricardo Paes de, 23, 89, 122, 137, 257
Bartholo, Letícia, 245, 250

Belém (PA), 76, 198-9
Bélgica, 131
Belmonte, Paula, 215
Belo Horizonte (MG), 185
"bem-estar", análises de, 84, 240, 265-6, 302n; *ver também* Estado de bem-estar social
Benefício Primeira Infância, 63
benefício universal infantil (BUI), 60-1, 216, 252, 254, 284n, 338n; *ver também* infância
benefícios universais e semiuniversais, 61; *ver também* programas sociais
bens e serviços, 16, 27, 190, 265
Bertaud, Alain, 178, 191
Bezos, Jeff, 101
BID (Banco Interamericano de Desenvolvimento), 257
Biden, Joe, 53, 187
Biderman, Ciro, 190
Big Data, 42
biodiversidade, 55-7
biomas brasileiros, 171
Blanchard, Olivier, 137
Bolsa Escola, 47
Bolsa Família, 10, 41, 47-8, 51, 54, 59, 61-3, 78, 107, 120, 124, 137, 146, 149, 158, 204, 212, 216, 225, 229-32, 235-6, 238-41, 243-54, 298n, 314n, 325n, 337n
Bolsa Floresta (Guardiões da Floresta), 58, 284n
Bolsonaro, Jair, 28, 34, 39, 55, 57, 63, 133, 151-2, 160, 171, 210, 216, 222, 241, 243, 249, 251-2, 323n, 343n, 346n
Bomfim, Sâmia, 336n
borracha, ciclo da, 46
Boston (Massachusetts, EUA), 65
Botelho, Vinícius, 48-9, 52-3
bots (robôs da internet), 170, 180
BPC (Benefício de Prestação Continuada), 206-7, 223, 314n, 333-5n
Braga, Eduardo, 34, 66, 134, 250

Índice remissivo

Braga, Sônia, 194
Brasília, 11, 16, 76, 140, 143, 146, 149,
  151, 157, 168-9, 179, 185, 315n, 341n;
  ver também Distrito Federal
Bresser-Pereira, Luiz Carlos, 162
Britto, Diogo, 125
Brooklin, bairro do (São Paulo),
  15, 27
Bruxelas (Bélgica), 143
Buffett, Warren, 49, 101
Bugarin, Mauricio, 156

Caatinga, 171
CadÚnico (Cadastro Único para
  Programas Sociais do Governo
  Federal), 135, 236, 245
Caicedo, Felipe, 278n
cajueiros do Nordeste, 10, 229-30,
  238, 255
Califórnia (EUA), 65, 143
Câmara dos Deputados, 31, 134, 146,
  148, 150, 163, 210, 215-6, 220-1, 234,
  235, 237, 321n, 343-4n
Camargo, José Márcio, 309n
Campante, Filipe, 246
Canadá, 34, 60, 178, 199, 311n
Caos Planejado (site), 79, 183, 191
capital humano, 23, 51, 53, 66, 79, 86,
  102, 115, 159-60, 177, 233, 298n
capitalismo/capitalistas, 90, 176-7;
  "capitalismo social", 91
carbono, emissão e captura de, 58,
  75, 193-4, 284n
Cardoso, Fernando Henrique, 162-3
Cardoso, Luísa, 215
Cármen Lúcia, 132
Carutapera (MA), 170, 198-9
Carvalho, Adriana, 303n
Carvalho Junior, Pedro de, 104-5
Casero, Paloma Ana, 214
Castanhari, Felipe, 176
Catar, 19, 44
catástrofes, 26
Cavalcanti, Tiago, 190
Ceará, 255

Cemaden (Centro Nacional de
  Monitoramento e Alertas de
  Desastres Naturais), 194
Centro Internacional de Políticas
  para o Crescimento Inclusivo, 61
Centro-Oeste do Brasil, 141
Centro-Sul do Brasil, 58, 72, 142, 259
Cerrado, 171
ChatGPT, 137
Chetty, Raj, 81, 186, 197
Chile, 19, 32, 92, 94, 178, 260, 290n,
  322n, 334n
China, 57, 197
Cidade Jardim, bairro de (São
  Paulo), 292n
cidades como mercados de traba-
  lho, 177-8, 180
classe média, 172, 208, 337n
CLT (Consolidação das Leis do Tra-
  balho), 126-9, 134, 136
"coeficiente de aproveitamento" de
  terrenos, 181
Coelho, Rodrigo (ex-deputado), 335n
Coelho, Rodrigo Godoy (economista), 334n
combate à desigualdade, 49, 83-4,
  89, 92, 172, 225, 265, 326n
Complexo Prisional de Pedrinhas
  (São Luís, MA), 171
comunismo/comunistas, 28, 82, 89
concursos públicos, 149, 154, 164-6,
  320-1n
condomínios, 79, 140, 197
Congresso Nacional, 33, 123, 130,
  134, 148, 150, 213, 227, 234, 351n; ver
  também Câmara dos Deputados;
  Senado
Constituição brasileira (1988), 18, 94,
  99, 104, 132, 135, 146-7, 162, 184, 216,
  219, 252, 298n, 315n, 320n, 348n
consumo, 25-8, 36, 54, 56, 59, 81, 84,
  102, 142, 153, 175, 193-4, 230, 233,
  240, 266, 276n, 336n; desigualdade
  de, 23, 272n
"contágio social", 81

cooperativismo, 203, 333n
Cordel das Rosas, 12
Coreia do Sul, 19, 94, 198, 260
Coronavac (vacina), 154
corrupção, 11, 82, 156
covid-19, pandemia de, 9-13, 17, 22, 24-6, 29, 42, 44, 48, 50-1, 59, 61, 71, 77, 80, 103, 107, 109-10, 112, 117-20, 124, 129, 131-4, 138, 147, 152, 154, 174, 192, 198, 204, 209, 213-5, 220-2, 224, 229-35, 238, 241, 243, 252, 254-7, 260, 263, 266, 272n, 302n, 305n, 314n
CPI da Pandemia, 222
creches, 46-7, 64-7, 94, 116, 118, 134, 258
crescimento econômico, 32, 38-9, 49, 54, 57, 85-9, 95, 168, 182, 186, 197-8, 277n, 310-1n
crianças *ver* infância
criminalidade, 111, 124-5, 192; *ver também* violência
crise do euro, 311n
Croácia, 57
Cruzeiro do Sul (AC), 44, 56, 75
Cuiabá (MT), 26
Cunha, Flávio, 52
Curitiba (PR), 80
custo de vida, 25, 55, 173, 184, 190, 251

Da Mata, Daniel, 190
datilógrafos, 158
Davies, Richard, 13
Deaton, Angus, 81
déficit habitacional, 185
déficit previdenciário, 217, 221; *ver também* reforma da Previdência
democracia(s), 31, 34, 41, 61, 73, 88, 93, 101, 131, 155, 159, 175, 224, 258
densidade urbana, 178, 181, 183-4, 187, 189, 192-3, 195-8
DeParle, Jason, 254
desajuste fiscal, 33
desemprego, 25, 50, 68, 71-3, 112, 115-6, 120, 124-6, 128, 130, 132-3, 137, 144, 202, 234-6, 238, 270-1n,

289n, 307n, 310-1n, 314-5n, 344n; estrutural, 253
desenvolvimento humano, 15, 49, 64, 73, 89, 131, 244, 254, 269n, 292n; alto, 15-6, 91; *ver também* lugares mais desenvolvidos; lugares menos desenvolvidos
desigualdade "boa" versus desigualdade "ruim", 86-7, 89-90, 92
desigualdade de renda, 17, 23-5, 31, 33, 36, 48, 87, 90, 107-8, 143, 153, 160-1, 168, 231, 259, 271n, 278n
Desigualdade em V: O experimento legislativo de um país menos injusto em 2020 (Nery), 344n
Desigualdade vista do topo, A (Souza), 18
desigualdades, tipos de, 107-9
desmatamento, 54, 57-9
desoneração, 74, 134, 290n
Determinantes da mortalidade, Os (Deaton et al.), 81
dez reais, imposto dos, 106-7
Dia de Tiradentes, 169
Diamond, Peter, 35
diferencial salarial público-privado, 145
Dinamarca, 32, 56, 73, 131, 137, 225
dinheiro, 16, 18, 24, 28, 37, 54, 59, 62, 64, 70, 80, 82, 84, 90, 94, 97-8, 103-4, 114, 124-5, 151, 180, 187, 191, 215, 222, 228, 232-4, 239, 246-8, 252-3, 302n
Diniz, José Eustáquio, 218, 244
direita política, 62, 69, 97, 161, 196, 246, 297n; extrema-direita, 196
direito e não direito a programas sociais, 247-9
direito privado, 155-6, 162
"disponibilidade", servidores em, 320n
distribuição de renda, 13, 17, 20-2, 28, 32-5, 43, 48, 51, 58-9, 64, 86, 88, 104, 113, 115, 126, 145, 153, 165, 172-3, 175, 177, 204, 210, 215-6, 230,

Índice remissivo

238-9, 243, 245-7, 249, 254, 258-9, 266, 278n; distribuição *funcional* versus distribuição *pessoal*, 326n; *ver também* redistribuição; renda
Distrito Federal, 140-2, 145-6, 149, 151, 160-2, 266; *ver também* Brasília
ditadura militar brasileira (1964-85), 18, 221
dívida pública, 33, 213, 319n
Duas ideias fixas (Werneck), 290n
Duque, Daniel, 51, 145, 318n

Econometrica (revista), 96
economia brasileira, 97, 251
"economias de aglomeração", 178
educação, 35, 46, 49, 51-3, 64-6, 70, 74, 81, 88, 92, 102, 107-8, 112-3, 149, 161, 199, 211, 246, 254-62, 266, 299n; déficit de aprendizagem, 257; ensino médio, 12, 65, 114, 246, 260; ensino superior, 113-4; escolaridade, 9, 49, 90, 124, 144, 186, 259-61, 296n; infantil, 53, 64-6, 102, 258; pré-escola, 46, 64, 118; sistema educacional deficiente, 114, 125; *spillover* dos ganhos da, 261
"efeito preguiça" de benefícios sociais, 240, 242
eletrodomésticos, 233, 243-4
elisão (fuga da tributação), 39-40
elites, 19-20, 27, 29, 32, 34-5, 55, 63, 72, 79, 105, 145, 149, 151, 161, 172, 177, 187, 190, 225, 258, 276n
Embrapa (Empresa Brasileira de Pesquisa Agropecuária), 238
Emenda das Oportunidades, 33, 59, 93
"emendas de redação", 234, 237, 344n
emprego formal, 25, 27-8, 36, 46, 59, 67-70, 114, 117, 119, 124, 129, 132, 134, 136, 201-2, 206, 208, 213, 230, 232, 235-8, 246, 261, 276n, 307n, 309n, 315n, 334n
empreiteiras, 181
empresários, 30, 33-4, 37, 93, 135, 143, 249

empresas, 15, 30, 36-7, 39, 68, 70-1, 114, 120, 123-4, 127-9, 135, 137, 155-6, 159, 161, 164, 166, 198, 221-2, 245, 289n, 318n; estatais, 162, 222; privadas, 128, 155
energia elétrica, 23, 45, 55, 58
Entremundo (documentário), 79
escolaridade *ver* educação
escravidão, 278n
Espanha, 100, 178, 322n
esquerda política, 69, 97, 128, 161, 187-8, 208, 246, 297n
Estado de bem-estar social, 64-5, 96, 131, 137, 159, 205
Estado de S. Paulo, O (jornal), 195
Estado, papel do, 27, 31
Estados Unidos, 35, 41, 53, 57, 61-2, 82, 94, 99-101, 143, 168, 182, 186, 193, 217, 260, 305n, 311n, 332n
Estatuto das Cidades, 190
Etiópia, 44
euro, crise do, 311n
Europa, 34, 57, 59, 94, 118, 131, 153, 159, 225, 293n; União Europeia, 143, 261, 311n
evasão fiscal, 39-40
excluídos versus incluídos, 69, 124, 130, 133, 173, 178
Executivo, Poder, 148, 166, 235, 324n
expectativa de vida, 77-139, 207-9, 334n; *ver também* longevidade
Extreme Economies (Davies), 13

faixas etárias, desigualdade entre, 124
Fantástico (programa de TV), 77
Faria Lima, avenida (São Paulo), 15, 26, 42
Faria Limer (arquétipo), 16
FAT (Fundo de Amparo ao Trabalhador), 248, 289n
favelas, 78-9, 109, 112, 190-1, 235, 301n
Fazendo o gasto social funcionar (Lindert), 205
fecundidade, taxas de, 243-4, 291n, 304n

felicidade média da sociedade, 84, 265-6; *ver também* "bem-estar", análises de; Estado de bem-estar social

Ferreira, Edemar Cid, 77

Ferreira, Fernando, 188

Ferreira, Pedro Cavalcanti, 88, 259

Ferreira, Sergio Guimarães, 296n

FGTS (Fundo de Garantia por Tempo de Serviço), 113, 126, 128, 159, 235, 289n

filhas pensionistas de militares, 221

Finlândia, 31-2, 34, 48, 56, 60

Fiocruz (Fundação Oswaldo Cruz), 154

Firjan (Federação de Indústrias do Estado do Rio de Janeiro), 44-6, 74

Firpo, Sergio, 309n

flexibilização de legislações trabalhistas, 127, 131-2, 162, 308n, 313n

Florianópolis (SC), 80

FMI (Fundo Monetário Internacional), 23, 29, 86-7, 137, 239-40, 257

Folha de São Paulo (jornal), 77, 131, 235, 237

fome, 24-5, 46, 226, 235, 263

Forbes (revista), 77

força de trabalho, 49, 51, 53, 71-2, 115-6, 122, 129, 133, 162, 168, 182, 202, 222, 238, 262, 307n, 344n; *ver também* mercado de trabalho

Forças Armadas, 142, 165-6, 218, 220, 222; *ver também* militares

Forquesato, Pedro, 39

Fortaleza (CE), 111

Fórum Econômico Mundial, 92

Fox News (telejornal), 331n

Fraga, Armínio, 30, 88, 224, 227

Fragelli, Renato, 88, 259

França, 31, 34, 39, 94, 217, 311n, 332n

França, Michael, 52, 66, 90

Francisco, papa, 5, 252-3

Friedman, Milton, 253

Frühlingsfest (festa da primavera em Nova Petrópolis), 200

fuga de capitais, 32, 97, 99

Fujiwara, Thomas, 278n

Fulni-ô (indígenas), 140

funcionários públicos *ver* servidores públicos

"fundação estatal de direito privado", 162

Fundação João Pinheiro, 269n, 327n

future leaders, 93

G-20 (vinte maiores economias do mundo), 257

Gaiger, Fernando, 23

Gália, Rua (Morumbi, São Paulo), 77

Gama, Eliziane, 33, 59, 94, 100, 307n

gasto federal, 141-2, 145-6, 315n

gasto previdenciário total do Brasil, 204

gasto público, 32-3, 43, 49, 67, 201, 211, 223, 225, 314n, 319n

gasto social, 33, 62, 205, 211, 219, 337n

gastos tributários, 37, 249, 276n

Geórgia, 57

Giambiagi, Fabio, 123

Gini, índice de, 22-3, 25, 31, 48, 231, 272n, 277-8n

Girard, François, 240

Glamurama (site), 77

Globo, O (jornal), 150

Gobetti, Sergio, 275n

Góes, Carlos, 23, 87, 172, 174-6, 187, 212, 305n, 344n

Gontijo, Elaine, 237

Goulart, Tomás, 278n

governo federal, 48, 141, 158, 187, 214, 230, 246, 315n

grandes fortunas *ver* riqueza

Grécia, 303n

Gruber, Jonathan, 290n

Guedes, Paulo, 28, 38

Guia Brasileiro de Análise de Dados, 271n, 325n

Gutierre, Narlon, 214

Índice remissivo

habilidades cognitivas e não cognitivas, 49, 52
Haddad, Fernando, 188-9
Heckman, James, 49-50, 52, 65
Henningsen, Jørgen, 59
heranças, tributação de, 59, 92-6, 108, 113
Hermes, Felippe, 260
Hirschman, Albert, 38
Holanda, 34, 118
Holanda, Magaly, 9-13, 229-30, 255-6, 262-3, 265
homens brancos, 36, 167-8
Hong Kong, 16, 311n
Hospital Albert Einstein (Morumbi, São Paulo), 78
Hsieh, Chang-Tai, 168, 182
Huck, Luciano, 42
Hurst, Erik, 168

IBGE (Instituto Brasileiro de Geografia e Estatística), 10-1, 21, 66, 112, 117, 172-3, 191, 209, 218, 230, 237-8, 244, 271n, 289n, 292n, 325n, 344n
Icaraí, bairro de (Niterói), 80
ICMS (Imposto sobre Circulação de Mercadorias e Prestação de Serviços), 67, 230
"ICMS Primeira Infância" (Rio Grande do Sul), 67
Ideb (Índice de Desenvolvimento da Educação Básica), 12
IDH (Índice de Desenvolvimento Humano), 16
idosos, 80, 136, 174, 201, 204, 209-10, 216-7, 313n, 333n
IGF (imposto sobre grandes fortunas), 96-104, 106
Igreja católica, 242
IMDS (Instituto Mobilidade e Desenvolvimento Social), 50, 245, 259
imóveis, 42, 92, 105, 107, 147, 180-5, 189, 192, 196, 332n
imposto de renda, 21, 27-31, 33-4, 36, 39, 41, 61-2, 73, 100, 143, 148, 230,

253, 271n, 275n, 316n; "negativo", 253
impostos, 27, 29, 40, 50, 62, 67, 253, 315n; ver também tributação
Índia, 19, 197
indicadores sociais, 22-3
indígenas, 45, 47, 140, 166-8
"indústria da desigualdade", 40
infância, 34, 47-9, 51, 259; desenvolvimento infantil, 54, 68, 211, 233, 245, 266; educação infantil, 53, 64-6, 102, 258; mortalidade infantil, 49, 78, 111, 246, 304n; pobreza infantil, 33-4, 60, 67, 153, 245, 284n, 337n; primeira infância, 47, 49-51, 53, 59, 66-7, 94, 100, 108, 118, 231, 247, 258; trabalho infantil, 49, 246; ver também benefício universal infantil (BUI)
Infinite Residence Club (Brasília), 140
inflação, 24-5, 152, 230, 247, 250-1, 271n, 307n
informação, acesso à, 16, 40, 42, 81, 163
informalidade, 68, 71-2, 133, 190, 202, 308n, 310n, 344n
infraestrutura, 16, 45-6, 55, 74, 106, 111, 191-2, 233, 290n
Inglaterra ver Reino Unido
Insper (Instituto de Ensino e Pesquisa), 23, 48, 52, 66, 87, 130, 144, 190, 231, 259, 261, 309n
INSS (Instituto Nacional do Seguro Social), 20, 22, 200, 203, 206, 212, 218-9, 225-6, 248, 333n, 342n
Instituto Butantan, 154
Instituto Escolhas, 106-7
Instituto Meu Sertão, 262
inteligência artificial, 135, 137, 253
internet, 54-5, 119, 165, 170, 180, 198-9, 233
invalidez, aposentadoria por, 127, 289n, 334n
investimentos, 56, 87, 98, 211, 255, 258, 275n

investment center, 42-3
Ipea (Instituto de Pesquisa Econômica Aplicada), 18, 23, 31, 48, 51, 60, 100, 104, 123, 144, 185, 188, 190, 254, 260, 269n, 292n, 321n
Ipixuna (am), 44-7, 54-7, 59, 64, 66-7, 72, 74-6, 113, 254, 266
iptu (Imposto Predial e Territorial Urbano), 104-7, 298n
Irlanda, 32, 34, 311n
isenção fiscal, 29-30, 33-4, 37, 72, 95, 101, 275-6n
issa (Associação Internacional de Seguridade Social), 246
Itaim Bibi, bairro do (São Paulo), 15, 269n
Itália, 19, 134, 311n
Itaú (rn), 10
itr (Imposto sobre a Propriedade Territorial Rural), 106-7, 298n

Japão, 19, 34, 57, 94, 199, 204, 260, 311n
Jardim Botânico, bairro do (Rio de Janeiro), 79
Jardim Paulista, bairro do (São Paulo), 269n
Jardins, bairro dos (São Paulo), 15, 27
Jenifer (moradora de Mocambinho), 112, 119, 138-9
Jereissati, Tasso, 34, 60, 63, 95, 205, 210, 251
Jones, Charles, 168
jovens, 35, 69, 71, 78, 93, 100, 109-11, 113-4, 116, 123-5, 129, 133-4, 138-9, 164, 167, 189, 201, 208-9, 211, 216, 219, 239, 257, 261, 266, 289n, 313n, 337n
Judiciário, Poder, 129, 148, 309n, 318n, 323n
juízes *ver* magistrados
juros, taxa de, 98, 177, 213, 252, 275n
Juruá, rio, 44-6, 55, 76
Justiça do Trabalho, 129
justiça social, 42

Kajuru, Jorge, 33, 153, 221
Kariri-Xocó (indígenas), 141
Kenworthy, Lane, 91, 243, 258
Klenow, Peter, 168
Komatsu, Bruno, 231
Kranton, Rachel, 167
Kulina do Médio Juruá (terra indígena), 45

"lacroeconomia", 226-7
Lago Sul (Brasília), 143
Latif, Zeina, 88
latifúndios improdutivos, 298n
Laudares, Humberto, 278n
Lava Jato, Operação, 226
legislação trabalhista, 126-7, 129, 131-2, 162, 211, 266, 308n, 313n
Legislativo, Poder, 208, 323n
Lei Bruno Covas (Nova Lei do Primeiro Emprego), 134
Lei de Acesso à Informação (lai), 40, 42, 163
Lei de Responsabilidade Social, 34, 95, 243, 251
Lei dos Direitos da Mãe Solo, 66, 134
Lençóis Maranhenses, 171
liberalismo/liberais, 88, 91-2, 131; neoliberalismo, 29, 94, 162
licença-maternidade e licença-paternidade, 116, 126, 128, 303n
Lichand, Guilherme, 257
Lima, Pedro Cunha, 216
Lima, Ricardo, 189
Lindert, Peter, 205, 211, 219, 223, 242
Ling, Anthony, 79, 183, 195
"linha de extrema riqueza" no Brasil, 20
Lira, Arthur, 31
Livramento, povoado de (Carutapera, ma), 170-1, 199
Locks, Gedeão, 96
London School of Economics, 241, 277n
Londres, 191

Índice remissivo

longevidade, 77, 79-83, 111, 291n, 340n; *ver também* expectativa de vida

Lores, Raul Juste, 194, 196-7

Los Angeles (Califórnia), 191

lucros e dividendos, 30-1, 33, 38-9, 59, 72, 97, 101, 274n, 276n, 318n

lugares mais desenvolvidos, 15-43, 55, 75, 269n, 291n

lugares menos desenvolvidos, 44-76, 269n, 291n

Lula da Silva, Luiz Inácio, 124, 161, 247, 253, 301n, 321n, 324n

"luta de classes" moderna, 177

Luz, Mariana, 53

Macedo, Guilherme, 237

Machado, Laura Muller, 23

Madalozzo, Regina, 303n

Made (Centro de Pesquisa em Macroeconomia das Desigualdades da USP), 36, 105

mães solo, 66, 117

Magaly (cordelista) *ver* Holanda, Magaly

magistrados, 147-8, 220, 226, 309n

Maláui, 19

Manaus (AM), 55, 105, 314n

Manjoo, Farhad, 198

mansões, 79-80, 82, 104, 108; Mansão Safra (Morumbi, São Paulo), 77

Maranhão, 168, 170-99, 266, 327n

Marrero, Gustavo, 86

Mata da Praia, bairro da (Vitória), 80

Maternidade Dona Evangelina Rosa (Mocambinho, Teresina), 111

Mato Grosso, 57-8

Matos, Ana Luíza, 215

Matray, Adrien, 39

Mawetek (terra indígena), 45

Medeiros, Marcelo, 84, 96, 99, 145, 261

MEI (Microempreendedor Individual), 119, 126-8, 133-6, 138, 309n

Meloni, Luis, 39

Mendes, Marcos, 87, 243, 259

Meneguin, Fernando, 156

Menezes, Naercio, 48-50, 59, 96, 144, 231, 233-4, 244, 261

mercado de trabalho, 24, 32, 51-2, 65, 68-9, 72-3, 112-4, 117-8, 120-1, 124-6, 131-5, 142, 165, 168, 173, 178, 201-2, 206-7, 211, 239-40, 243, 302n, 307n

meritocracia, 90, 96, 242-3

México, 19, 32, 65, 247, 334n

microeconomia, 70, 184

migração, 133, 180, 198, 327n

Milanović, Branko, 17, 26, 87, 176, 258

militares, 147, 166, 218, 220-2, 225, 333n; *ver também* Forças Armadas

Minas Gerais, 179, 315n

Ministério da Cidadania, 48

Ministério da Economia, 28, 38, 124

Ministério Público, 148, 172, 226, 340n

miséria *ver* pobreza

MIT (Massachusetts Institute of Technology), 65, 137, 241

mobilidade social, 90, 92, 186, 245

mobilidade urbana, 197, 326n

Mocambinho, bairro de (Teresina), 110-3, 119, 125, 135, 138, 266

Moçambique, 19

Monasterio, Leonardo, 260

monopsônio, 289n, 305n

moradias, oferta de, 180, 185, 189

Moretti, Enrico, 182

Morgan, Marc, 19, 23, 96, 270n

mortalidade infantil, 46, 49, 78, 111, 246, 304n

Morumbi, distrito e bairro do (São Paulo), 77-80, 82, 92, 95, 108-10, 113, 135, 266, 292n; favela do, 79

mosca-branca (praga das lavouras), 10, 229

Mota, Henrique, 313n

mudanças climáticas, 58, 67, 104, 178, 193-4, 331n

mulheres, 116, 166, 206-7, 216;
emprego feminino, 116-8, 134;
negras, 36, 117, 215
Musk, Elon, 45, 101, 253

Naritomi, Joana, 240
narrativas e resistência a reformas, 38
Nassif-Pires, Luiza, 215
Natal (RN), 13, 111
Nature (revista), 194
negros e negras, exclusão social de,
35-6, 51, 69, 72, 113, 125, 164, 166-8,
174, 207, 259, 334n
"neném-geladeira", 243-4
neoliberalismo, 29, 94, 162
Neri, Marcelo, 122, 143
Nery, Pedro Fernando, 169, 319n,
322n, 336n
New York Times, The (jornal), 41,
198, 254
Nexo Jornal, 21
NIMBY ("Não no meu quintal", acrô-
nimo inglês), 192, 194, 196
Niterói (RJ), 80
Nogueira, José, 224
Nordeste do Brasil, 12, 46, 50, 69, 71,
111-2, 122, 141-2, 174, 212, 215, 229,
232, 241, 243, 259-60, 295n
Norte do Brasil, 46, 50, 55, 205, 212,
215, 295n
Noruega, 16, 41, 56, 100
Nova Petrópolis (RS), 200-1, 203, 206,
210, 212, 215, 226, 228, 230-1, 238,
262, 266, 341n
Nova York (NY), 143, 178, 191
Nova Zelândia, 60, 73, 131

Obama, Barack, 196
Objetivos de Desenvolvimento do
Milênio da ONU, 60
Ocasio-Cortez, Alexandria, 35
OCDE (Organização para a Coope-
ração e Desenvolvimento Eco-
nômico), 61, 92, 137, 144, 149, 259,
271n, 276n, 322n, 337n, 339n

Ohtake, Ruy, 78
OIT (Organização Internacional do
Trabalho), 51, 60
ONU (Organização das Nações Unidas), 60, 217
opinião pública, 147, 181, 190, 195,
237, 313n
oportunidades, desigualdade de,
86-7, 89-91, 108
Opportunity Insights (organização
para mobilidade social), 186
Orair, Rodrigo, 96
orçamento, 63, 94, 128, 146, 158, 173,
204, 232, 238, 247-8
Ottoni, Bruno, 124, 130

Pacajá (AM), 75-6
País, El (jornal), 200
países desenvolvidos, 27, 48, 55, 59,
64, 70-1, 94, 97, 118, 224, 258, 260,
278n, 332n, 334n
Paiva, Luis Henrique, 239, 334n
Palácio de Versalhes, 77
Palácio dos Bandeirantes (Morum-
bi, São Paulo), 79
pandemia ver covid-19, pandemia de
Pará, 198, 315n, 324n
Paraguai, 334n
Paraisópolis, favela de (São Paulo),
78, 109
Paris, 178
Parque do Carmo, bairro do (São
Paulo), 292n
Parque Paraisópolis (São Paulo), 109
Partido Democrata (EUA), 100
Pastore, José, 309n
patrimônio, 42, 77, 82-3, 97-106, 108,
113, 135, 174-6, 181, 187, 189, 266,
271n, 299n
Pau dos Ferros (RN), 13
PCdoB (Partido Comunista do
Brasil), 335n
PEC do benefício universal infantil,
34, 95
PEC do teto de pobreza infantil,
34, 60

Índice remissivo

PEC dos Precatórios, 249-50

percepções equivocadas sobre pobreza e riqueza, 172, 174, 176

Pereira, Rafael, 188

periferias, 59, 180, 183-4, 300n

Pernambuco, 189

Peru, 44

pessoa física, 30-1, 34, 37, 73, 101, 127

pessoa jurídica, 31, 34, 37, 101, 126, 173

Petrópolis (RJ), 200

Piauí, 111

PIB (Produto Interno Bruto), 15, 25-6, 48, 53, 58, 85-9, 95, 102-3, 115, 137, 141, 145, 153-4, 167-8, 171, 174, 177-9, 182, 184-5, 192, 204, 214, 232, 258, 261, 276n, 297n, 307n, 339n; *per capita*, 145, 168, 171, 174, 192

Piketty, Thomas, 42, 96, 227-8

Pimenta, Paulo, 335n

Pinheiros, distrito e bairro de (São Paulo), 15-6, 20, 27-8, 43, 46, 55, 75-6, 266, 269n

Pinotti, Paolo, 308n

Pisa (Programme for International Student Assessment), 260

plano diretor em São Paulo, 188

Plano Piloto (Brasília), 15-6, 140

Plano Real, 89

PNAD (Pesquisa Nacional por Amostra de Domicílios), 240, 271n, 317n

PNE (Plano Nacional de Educação), 66

PNUD (Programa das Nações Unidas para o Desenvolvimento), 48, 269n, 291n

pobreza, 17, 24, 33-4, 46-8, 50-1, 54, 57, 59-63, 67-8, 81-5, 112-3, 117-8, 121, 123-4, 133, 136, 153, 172-6, 191, 197, 211, 215, 231, 233-5, 239-40, 242-5, 246, 250-2, 254, 257, 266, 284n, 307n, 326n, 337n; erradicação da, 68, 153, 252; extrema, 24, 33, 46, 51, 68, 153, 172-4, 215, 231, 234, 251, 344n; infantil, 33-4, 60, 67, 153, 245,

284n, 337n; linhas da, 50, 61-3, 117, 173, 250, 325n, 344n; miséria, 25, 48, 58, 63-4, 78, 84, 91, 111, 242; multidimensional, 108, 176; redução da, 60, 233, 244-6

Podemos (partido), 335n

poder aquisitivo, 16, 143, 152, 190

Poder da destruição criativa, O (Aghion), 277n

Poeta, Patrícia, 77

Polícia Federal, 223

Polícia Rodoviária Federal, 160

políticas públicas, 30, 38, 40, 64, 66, 120-1, 154, 186, 211, 239, 249, 277n, 298n

populismo, 88

Por que as pessoas continuam pobres? (MIT/LSE), 241

Por que o Brasil cresce pouco (Mendes), 243

Portal da Transparência, 41

Portela, André, 309n

Porto Alegre (RS), 55

Portugal, 33, 57, 179, 266, 322n

PPC (Paridade do Poder de Compra), 173, 325n

Prates, Ian, 25

precarização, 308n

prefeituras, 104-5

"prêmio salarial", 144, 146, 149, 152, 154, 160, 165, 168

Previdência Social, 13, 108, 126, 128, 173, 200-2, 204-8, 210-7, 226-8, 232, 248, 270n, 289n, 314n, 333-4n, 339-40n

"previdência" militar, 221

privatizações, 157

produtividade, 50, 53, 68, 70-1, 107, 114-5, 120, 123, 127, 167, 178-9, 182, 185, 190, 197, 257, 261, 322n, 350n

profissionais liberais, 30, 289n

Programa Mais Médicos, 321n

programas sociais, 10, 29, 34, 40, 63, 68, 91, 95, 115, 117, 134, 142, 224,

236, 240, 242-3, 245; *ver também*
auxílio emergencial; Bolsa
Família
Progresa (programa social mexicano), 246-7
Projeto Acesso a Oportunidades, 188
prosperidade, 50, 56, 74, 82, 92, 206
PSB (Partido Socialista Brasileiro),
33, 104, 134, 153, 216, 221, 335n
PSD (Partido Social Democrático),
73, 94, 100, 134, 344n
PSDB (Partido da Social Democracia
Brasileira), 33-4, 60, 63, 95, 129,
192, 205, 210, 215-6, 235, 251
PT (Partido dos Trabalhadores), 23,
253, 335n

qualidade de vida, 13, 16, 45, 53, 75,
83, 169, 189
Quanto deve custar um juiz? (Nery),
322n
Quartel-General do Exército Brasileiro, 140
Queiroz, Bernardo, 244

racismo, 196, 278n; *ver também* negros e negras, exclusão social de
Reagan, Ronald, 297n
Receita Federal, 29, 106, 271n, 296n,
317n
recessão, 112, 118, 124, 214, 231, 237,
303n
Recife (PE), 105, 189, 194
redistribuição, 23, 38, 84-5, 103, 176;
ver também distribuição de renda
reforma administrativa, 13, 150-2,
154, 157-8, 160-2, 164, 166, 168, 173,
266, 323n
reforma bancária, 265
reforma da Previdência, 13, 202, 204,
207-8, 210, 212-6, 226-8, 232, 266
*Reforma da Previdência — Por que o
Brasil não pode Esperar?* (Paiva),
334n

reforma trabalhista, 126, 128, 130,
132, 134-5, 137, 301-2n, 305n, 311n
reforma tributária, 13, 27, 34, 38-9,
69, 135, 173, 227-8, 351n
regional, desigualdade, 245, 259
Reino Unido, 32, 60, 94, 311n, 332n
Reis, Rodrigo, 278n
renda, 299n; básica, 34, 94, 100,
153, 232, 237, 249-50, 252-4, 276n,
348n; concentração de, 19-20,
87, 149; dos mais pobres, 224,
231; dos mais ricos, 29, 39, 224;
familiar, 117, 244-5, 270n; geração
de, 46, 68, 114, 118, 126, 177, 190,
262; líquida, 27; mensal, 21,
31; *per capita*, 62, 244, 270-1n;
programas de transferência de,
47, 58; projeto da renda básica
permanente, 34, 232; real, 25,
190-1; "renda básica de cidadania", 34, 253; rendas "invisíveis",
270n; rendas não monetárias",
24; universal, 48, 61, 252-4; *ver
também* desigualdade de renda;
distribuição de renda; imposto
de renda; redistribuição
rentistas, 177
República Centro-Africana, 19
responsabilidade fiscal e responsabilidade social, 33, 50
Retórica da Intransigência, A (Hirschman), 38
Rexer, Jonah, 188
Rezende, Amaury, 37
ribeirinhos, 55
Rigoni, Felipe, 215
Rio de Janeiro (RJ), 15, 50, 80, 105, 141
Rio de Janeiro, estado do, 315n
Rio Grande do Norte, 9, 13, 254
Rio Grande do Sul, 67, 203, 218, 315n,
333n
riqueza, 11, 17, 20, 43, 56, 80, 87, 92-3,
96-7, 99-101, 103, 107, 174, 181, 242,
265, 269n, 271n; grandes fortunas,
103-4, 218-9; linha da, 174; "linha

Índice remissivo

de extrema riqueza" no Brasil, 20; ultrarricos, 35, 61, 79, 228
risco-país, 213
Rocha, Fabiana, 39
Rocha, Romero, 244
Rodrigues, Randolfe, 251
Rodríguez, Juan Gabriel, 86
Rodrik, Dani, 293n
Rolim, Leonardo, 214-5
Romney, Mitt, 62
Roraima, 203
Rosa, João Pedro, 231
Rousseff, Dilma, 122-3, 147, 161, 290n
RREO (Relatório Resumido de Execução Orçamentária), 333n

Saez, Emmanuel, 35, 40, 96, 276n
Safra, Joseph, 77
"salário de reserva", 241
salário do presidente da República, 251
salário mínimo, 20-2, 25, 30, 70, 74, 113, 117, 120-3, 125-8, 175, 212, 223, 245, 250, 306n
salário-família, 126, 128, 289n, 306n
Salomão, Luciano, 261
Salto, Felipe, 215
Salvador (BA), 55
Sampaio, Breno, 125
Santa Catarina, 203, 315n
Santos, Marcelo, 190
Santuário Sagrado dos Pajés — Pajé Santxiê Tapuya (terra indígena), 140
São Francisco (Califórnia), 182
São Paulo (SP), 13, 15-6, 27, 44, 75-6, 80, 178, 185, 188, 269n
São Paulo Futebol Clube, 79
São Paulo nas Alturas (Lores), 194
São Paulo, estado de, 146, 315n
saúde, 23-4, 44, 46, 64, 66, 74, 78, 80-1, 107-8, 145, 156, 161, 184, 192, 207, 233, 246, 261, 272n, 274n, 299n, 315n
Scheidel, Walter, 26

Schwartsman, Alexandre, 319n
Segunda Guerra Mundial, 27
segurança pública, 125
seguridade social, 216, 246
Selic (taxa básica de juros), 252
Sen, Amartya, 88, 115, 118, 299n
Senado, 11, 59-60, 66, 73, 93-5, 129, 134, 146-7, 149, 163, 166, 204-5, 213, 217, 221, 234-5, 237, 249, 284n, 307n, 309n, 338n, 344n
Serra Gaúcha, 200
"serviços ambientais" ou "serviços ecossistêmicos", 58
serviços públicos, 23, 79, 112, 151, 155-6, 161, 192, 230, 315n
servidores públicos, 22, 40, 46, 143-6, 149, 152-6, 158-9, 163-5, 167-8, 172, 212, 219-21, 223, 225, 316n, 318n, 321-2n, 340n, 343n
Setor Noroeste (Brasília), 140-1, 143, 145
Seul, 178, 198
Severiano Melo (RN), 9-14, 229-30, 238, 254, 262, 266
shecession, 118
Shenzhen (China), 197
Sicredi (Sistema de Crédito Cooperativo), 203
Signorini, Bruna, 244
Silva, Joana, 240
Silveira Neto, Raul, 189
Silveira, Alexandre, 344n
Simões, Patrícia, 244
Singapura, 191, 311n
Siqueira, Rozane, 224-5
SIS (Síntese de Indicadores Sociais), 289n
Sistema de Metas de Emprego, 73
Soares, Ricardo, 244
Soares, Sergei Suarez, 51, 60-2
social-democracia, 131
sonegação, 35, 40
Souza, Pedro Ferreira de, 18, 23, 123, 145, 271n, 325n

STF (Supremo Tribunal Federal),
132, 321n
subprefeituras de São Paulo, 269n
Sudeste do Brasil, 66, 71
Suécia, 34, 56, 217
Suíça, 16, 31
Sul do Brasil, 71, 205, 212, 218
Suplicy, Eduardo, 34, 253
SUS (Sistema Único de Saúde), 107,
142, 157, 160, 298n

Tafner, Paulo, 50, 227, 245
TCU (Tribunal de Contas da União),
315n
Telegram, 170
Tenoury, Gabriel, 144, 316n
"Teorema de Góes", 174
teoria econômica, 39, 84
Teresina (PI), 110-2, 123, 138, 301n
terras indígenas, 45, 140
Tesla, 101
Tesla Pi Phone (projeto de Elon
Musk), 45
Tesouro Nacional, 214, 228, 317n
teto de gastos, 60, 104, 252
teto salarial, 146-9
Thaynara (moradora de Ipixuna),
44-6, 54, 59, 67
Thedim, Manuel, 145
tigres asiáticos, 311n
"tirania das baixas expectativas",
187
Tocantins, 315n
Tóquio, 178, 191
trabalhadores, 29, 36, 70-1, 73-4, 115,
120, 122-3, 126-9, 131-3, 136, 146,
154, 176-7, 197, 212, 217, 234-7, 253,
261, 289n, 301-2n, 307n, 309n, 332-
3n, 339n, 344n
trabalho infantil, 49, 246
trabalho, tributação do, 72-4
transferência de renda ver distribuição de renda; redistribuição
transporte fluvial, 55

tributação, 26-8, 30, 32-3, 36, 38-40,
59, 69, 71-3, 82, 92, 95, 97, 99-102,
106, 113, 121, 134-6, 226, 265-6,
270n, 276-7n, 296-7n, 308n, 343n;
carga tributária, 28, 32, 36, 102,
228; indireta, 336n; sistema
tributário, 27-8, 31, 35-7, 40-1, 68,
72, 104-6, 113, 252; ver também
impostos
trickle-down economics, 297n
Trump, Donald, 196
Turquia, 270n
Tuxá (indígenas), 141
TV Record, 200
Twitter, 170, 199

Uber, 162
UDH ("unidades de desenvolvimen-
to humano"), 269n, 292n
União Europeia ver Europa
Unidade mais pobre da Federação,
170-99
Unidade mais rica da Federação,
140-69
Ustra, Carlos Alberto Brilhante, 221
utilidade marginal da renda, 293n

vacinas, 47, 121, 154-5, 157, 222, 246,
255
Vale do Javari, 45
Valor Econômico (jornal), 227
Vargas, Getúlio, 18, 150-1, 155, 164
Veloso, Fernando, 296n
verbas indenizatórias, 148, 152-4
verticalização, 195-7
Vieira, Alessandro, 33-4, 60, 95, 216,
235
Vieira, Tuca, 78
Vila Firmino Filho, favela de (Tere-
sina), 300n
Vila Guilherme, bairro de (São
Paulo), 292n
Vila Irmã Dulce, favela de (Teresi-
na), 301n

Índice remissivo

Vila Madalena, bairro de (São Paulo), 27

Vila Missionária, bairro de (São Paulo), 208

Vila Olímpia, bairro de (São Paulo), 15, 27

vínculo empregatício, 309n

vinte mil reais (perdidos em remuneração ao longo da vida laboral), 256, 258

violência, 42, 55, 78, 81, 112-3, 124-5, 138, 166, 176, 196, 209, 232, 261, 271n, 302n; doméstica, 166; ver também criminalidade

Virgínia (EUA), 143

Vitor (morador de Carutapera), 170-1, 178, 180, 198-9

Vitória (ES), 80

vulnerabilidade, 51, 117, 221, 226, 249; grupos mais vulneráveis, 166-8, 215

Warren, Elizabeth, 100

wealth tax, 99-100

Werneck, Rogério, 290n

World Inequality Database (Laboratório da Desigualdade no Mundo), 19-20

Zeidan, Rodrigo, 246

Zona Franca de Manaus, 314n

Zona Oeste de São Paulo, 15

Zona Sul do Rio de Janeiro, 15

Zuckerberg, Mark, 253

Zucman, Gabriel, 40, 100, 276n

Zylberstajn, Hélio, 309n

1ª EDIÇÃO [2024] 1 reimpressão

ESTA OBRA FOI COMPOSTA POR MARI TABOADA EM DANTE PRO
E IMPRESSA EM OFSETE PELA GRÁFICA PAYM SOBRE PAPEL PÓLEN
DA SUZANO S.A. PARA A EDITORA SCHWARCZ EM MAIO DE 2024.

A marca FSC® é a garantia de que a madeira utilizada na fabricação do papel deste livro provém de florestas que foram gerenciadas de maneira ambientalmente correta, socialmente justa e economicamente viável, além de outras fontes de origem controlada.